Luiz Roberto da Costa Júnior

PARTIDAS ESPETACULARES DE

RASHID NEZHMETDINOV

O enxadrista que derrotou três vezes o campeão mundial Mikhail Tal

EDITORA CIÊNCIA MODERNA

Partidas Espetaculares de Rashid Nezhmetdinov

Editor: Paulo André P. Marques
Produção Editorial: Dilene Sandes Pessanha
Capa: Daniel Jara
Diagramação: Carlos Arthur Candal

FICHA CATALOGRÁFICA

COSTA JÚNIOR, Luiz Roberto Guimarães da.

Partidas Espetaculares de Rashid Nezhmetdinov

Rio de Janeiro: Editora Ciência Moderna Ltda., 2024.

1. Xadrez
I — Título

ISBN: 978-65-5842- 341-6 CDD 794.1

Editora Ciência Moderna Ltda.
R. Alice Figueiredo, 46 – Riachuelo
Rio de Janeiro, RJ – Brasil CEP: 20.950-150
Tel: (21) 2201-6662/ Fax: (21) 2201-6896
E-MAIL: LCM@LCM.COM.BR
WWW.LCM.COM.BR

01/24

INTRODUÇÃO

Rashid Gibyatovich Nezhmetdinov nasceu em Aktjubinsk, no Império Russo, em 15 de dezembro de 1912. Atualmente, a cidade é mais conhecida como Aktobe e fica no Cazaquistão. Filho de uma família tártara, ele e os dois irmãos ficaram órfãos. Rashid Nezhmetdinov foi morar com um tio numa pequena cidade perto do rio Volga. Entre os anos de 1917-1922, a Guerra Civil Russa devastou a região provocando fome e milhares de mortes. Seu irmão mais velho Kavi Nadzhmi – que depois se tornaria poeta, tradutor e jornalista – servia no Exército Vermelho e tinha arrumado um lugar para o irmão mais novo no orfanato em Kazan, capital da República do Tartaristão, que faz parte da atual Federação da Rússia.

Nezhmetdinov desenvolveu interesse por história, literatura e matemática. Aprendeu a falar tártaro e iniciou-se no islamismo. Após o fim do conflito na Rússia, Nadzhmi foi viver em Kazan e levou Nezhmetdinov para morar com ele. Aos 11 anos, Nezhmetdinov encontrou no chão uma página da coluna de xadrez, na revista *Smena*, com figuras e sinais ininteligíveis. Ele ficou obcecado para descobrir os códigos secretos. As regras de xadrez estavam escritas em russo, uma língua que ele desconhecia na época. Desde então, o xadrez tornou-se uma obsessão para Nezhmetdinov. Ele passou a frequentar o clube de xadrez local, onde observava os jogadores e ia absorvendo e aprendendo sobre o jogo. Por causa de seu talento, Nezhmetdinov chamou a atenção de um jogador chamado Samsonov e, por este motivo, acabou sendo aceito como membro do clube de xadrez.

Nezhmetdinov começou sua carreira enxadrística no Palácio dos Pioneiros. Ele tinha um talento natural tanto para o xadrez como para o jogo de damas. Em 1927, aos 15 anos de idade, Nezhmetdinov ganhou o Torneio dos Pioneiros de Kazan ao vencer todas as 15 partidas. Jogou também um torneio de jogo de damas, vencendo a semifinal e terminou em segundo lugar na final. Jogou ainda o campeonato russo de jogo de damas, no qual terminou em sexto lugar. Vários anos depois, Nezhmetdinov abriria mão do jogo de damas para concentrar-se apenas no xadrez. Em janeiro de 1928, Nezhmetdinov terminou em segundo lugar no campeonato de xadrez da cidade de Kazan.

Seu irmão Nadzhmi ganhava muito pouco como editor de um jornal e não tinha como seguir sustentando o irmão. Nezhmetdinov, então, filiou-se ao Partido Comunista e mudou-se para a Ucrânia. Lá, aproveitando-se desta credencial política, conseguiu um emprego para trabalhar como foguista numa usina siderúrgica e aproveitava o tempo livro para jogar no Clube de Xadrez de Odessa.

Em 1933, Nezhmetdinov tornou-se campeão de Odessa, tanto de xadrez como do jogo de damas. Como jogador de Categoria 1, ele retornou a Kazan. Deu aulas no instituto de Pedagogia local e criou um círculo de xadrez informal. Durante dois anos, ele dedicou-se muito ao jogo de damas, mas percebeu que o alcance do xadrez era muito maior por causa impacto de revistas com colunas sobre o nobre jogo de tabuleiro. Em 1937, a cidade de Kazan enfrentou as cidades de Stalingrado, Saratov e Kuibyshev em matches de xadrez com vários tabuleiros, onde Nezhmetdinov conseguiu dez pontos em doze partidas.

Como jogador de Categoria 1 de xadrez, ele jogou um torneio em Rostov-on-Don, onde venceu nove de dez partidas disputadas na competição. Isso deu-lhe o título de Candidato a Mestre em 1939. Entretanto, a convocação militar para a 2ª Guerra Mundial interrompeu o seu desenvolvimento enxadrístico, durante cinco anos e meio. Quando terminou o conflito mundial, ele estava em Berlim junto às tropas soviéticas. Em 1946, Nezhmetdinov ganhou o Campeonato do Distrito Militar de Berlim, com 14 vitórias em 15 partidas e terminou à frente do futuro campeão ucraniano Issac Lipnitsky. Após a desmobilização militar, Nezhmetdinov retornou para a vida civil.

Em 1947, Nezhmetdinov terminou em terceiro lugar na final do campeonato russo e em segundo lugar no torneio de Candidatos a Mestre. Após conseguir esta segunda norma de mestre, ele recebeu um telegrama da Federação Soviética de Xadrez informando que jogaria um match contra Vladas Mikenas e não mais contra Georgy Lisitsin, que tinha sido anteriormente indicado como seu oponente.

Durante o curto tempo de preparação para o match, após revisar seu material, Nezhmetdinov encontrou um artigo escrito por Mikenas sobre a Defesa Alekhine na *Shakhmaty v URSS*, uma popular revista de xadrez da época. Em 1937, Vladas Mikenas havia causado sensação internacional ao jogar a Defesa Grunfeld contra Alexander Alekhine e derrotado o ex-campeão mundial num torneio em Kemeri (URSS), cidade que atualmente faz parte da Letônia. Alexander Alekhine recuperaria o título mundial na disputa contra o então campeão mundial Max Euwe, no match revanche que foi realizado nos últimos meses daquele mesmo ano.

Em 1948, para confirmar o título de Mestre Soviético, Nezhmetdinov precisava derrotar Mikenas. Entretanto, o match terminou em empate de 7 a 7 (+4=6-4), mesmo após as duas sensacionais vitórias de brancas contra a Defesa Alekhine, utilizada por seu adversário, nas partidas 1 e 11. Portanto, Nezhmetdinov não recebeu o título de Mestre Soviético. Apesar do contratempo, ele seguiu preparando-se para novos desafios. Melhorou sua energia física para evitar esgotamento mental. Criou um repertório de abertura para jogar de pretas. Fez uma imersão profunda nos estudos de finais compostos por Leonid Kubbel, tentando resolver apenas com visualização mental.

Em 1950, Nezhmetdinov ganhou novamente o direito de jogar a final do prestigiado campeonato russo. Ele conquistou o título de campeão russo de 1950 e, assim, tornou-se Mestre Soviético. Nezhmetdinov voltou a vencer o campeonato russo em 1951, 1953, 1957 e 1958. Desta forma, ele tornou-se pentacampeão russo. Ao lado destes excelentes resultados, pode-se acrescentar também que Nezhmetdinov alcançou o segundo lugar por três vezes (1954, 1956 e 1961) e, também, duas vezes o terceiro lugar (1947 e 1963).

Em 1954, Rashid Nezhmetdinov e Victor Korchnoi participaram do torneio internacional de Bucareste e disputaram o primeiro lugar da competição, ponto a ponto, da primeira rodada até a última rodada. Houve um dramático empate entre os dois jogadores após o apuro de tempo, depois de completados os 40 lances, logo na primeira rodada. Ambos receberam o título de Mestre Internacional concedido pela FIDE naquele mesmo ano. Nezhmetdinov ganhou o prêmio de beleza pela melhor partida do torneio.

Entre os anos de 1947 e 1969, Nezhmetdinov foi um regular participante das quartas de final e semifinal do campeonato da União Soviética, que incluía não só a Federação Russa de Xadrez, mas englobava todas as demais federações de xadrez que faziam parte da URSS. Nezhmetdinov ganhou duas semifinais (1956 e 1958) empatado com outros jogadores. Ele participou de cinco finais do campeonato soviético. Seu melhor resultado foi um sétimo lugar, em 1954, quando conseguiu obter um impressionante score de 4,5 pontos contra sete grandes mestres. Entretanto, foi na final do campeonato soviético de 1957 que Nezhmetdinov conseguiu um grande feito ao obter o score de 2,5 pontos, em três partidas, contra três futuros campeões mundiais: vitória contra Mikhail Tal (campeão soviético de 1957), vitória contra Boris Spassky e empate contra Tigran Petrosian. Seu estilo de ataque imaginativo levou, posteriormente, Mikhail Tal a convidá-lo para integrar a equipe de treinamento ao lado de Alexander Koblencs, como segundo, para o match pela disputa do título mundial de xadrez contra o campeão Mikhail Botvinnik em 1960.

Nezhmetdinov participou do campeonato russo por equipes em 1958, representando a equipe RSFSR. Nezhmetdinov jogou no primeiro tabuleiro e ganhou medalha de bronze tanto individual como por equipe.

Nezhmetdinov participou do campeonato soviético por equipes em 1952, 1954 e 1964, representando a equipe DSO Spartak. Em 1952, Nezhmetdinov jogou no sexto tabuleiro e ganhou medalha de prata tanto individual como por equipe. Em 1954, Nezhmetdinov jogou no quinto tabuleiro e ganhou medalha de ouro tanto individual como por equipe. Em 1964, Nezhmetdinov jogou no sexto tabuleiro e ganhou medalha de ouro individual pelos seus resultados, em comparação com os demais jogadores das outras equipes que jogaram no sexto tabuleiro.

Em 1967, Nezhmetdinov treinou a equipe júnior da Federação Russa que incluía Anatoly Karpov entre os estudantes. Em 1973, Nezhmetdinov ganhou um prêmio de beleza pela melhor partida disputada no Letônia (open). Doente, ele não conseguiu terminar a partida da última rodada e retirou-se do torneio, mas mesmo assim concluiu a competição em terceiro lugar. Durante este início da década de 1970, Nezhmetdinov ministrava simultâneas de xadrez e concentrou-se em treinar a equipe de Kazan.

Mesmo após a piora em seu estado de saúde e ser hospitalizado, Nezhmetdinov iniciou uma partida de xadrez contra os leitores do jornal Tartaristão Socialista. A partida foi abruptamente interrompida, quando ele veio a falecer em 3 de junho de 1974. Em sua honra, seus alunos terminaram a partida.

Rashid Nezhmetdinov publicou um livro com suas melhores partidas. A versão original foi traduzida para o inglês e saiu publicada no ano de 2000 como *Nezhmetdinov's Best Games of Chess* (Caissa Editions). No mesmo ano, saiu publicada a tradução para o inglês do livro *Super Nezh: Rashid Nezhmetdinov* (Thinkers Pr Inc / Chessco) escrito originalmente em russo pelo MI (ICCF) Alex Pishkin. Em 2021, o MI Cyrus Lakdawala publicou *The Greatest Attacker in Chess: The Enigmatic Rashid Nezhmetdinov* (New in Chess). O presente livro é um tributo e uma homenagem a Rashid Nezhmetdinov nos 50 anos de sua morte.

Túmulo de Rashid Nezhmetdinov no Cemitério Arskoe, em Kazan, capital da República do Tartaristão, na Federação da Rússia.

SUMÁRIO

PARTE 1 – PARTIDAS

(1) Samsonov - R. Nezhmetdinov [C29]

Kazan (ch), 1929

1.e4 e5 2.♘c3 ♘f6 3.f4 d5 4.fxe5 ♘xe4 5.♘f3 ♗b4!?

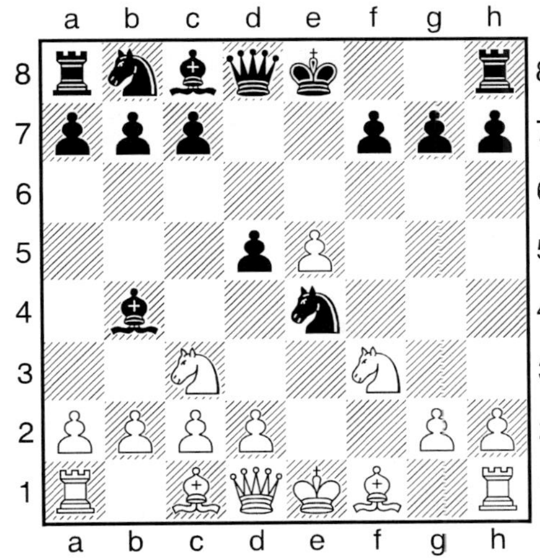

Normalmente, as pretas optam por completar o desenvolvimento da ala do rei com 5...♗e7 Δ 0–0

6.♕e2 [As brancas podem completar o desenvolvimento normal da ala do rei com 6.♗e2 0–0 7.0–0 ♘c6= Schulz - Möhrmann, Goch 2004.]

6...♗xc3 7.bxc3 ♗g4 [Outra opção seria completar o desenvolvimento da ala do rei e pressionar o peão central das brancas após 7...0–0 8.♕e3 ♘c6 9.♗d3 f5 *(9...♖e8 10.♗xe4 dxe4 11.♕xe4 ♘xe5 12.♘xe5 f6 13.d4 fxe5 14.dxe5 ♕e7=)* 10.0–0 *(10.exf6 ♘xf6 11.0–0 ♖e8=)* 10...♕e7 *(10...f4 11.♕e2 ♘g5 12.♗a3±)* 11.a4 ♕e6 12.♗a3 ♖e8 13.♗b5 ♗d7 14.d4 a6 15.♗d3 *(15.♗e2 ♘a5=)* 15...♘a5=]

8.♕b5+?

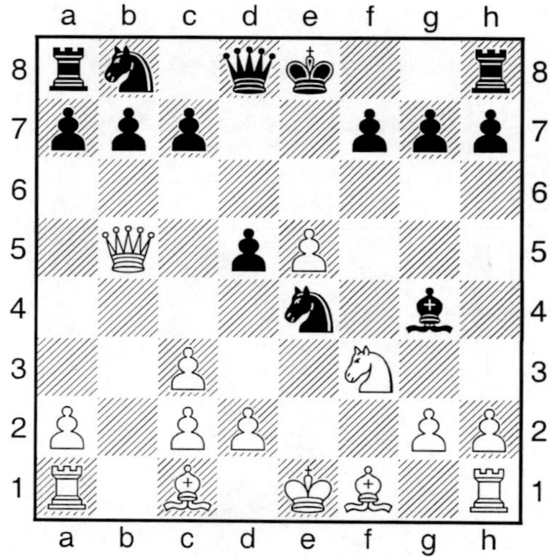

As brancas buscam o ganho de material, mas sem completar o desenvolvimento. Era melhor jogar 8.♗a3!? ♘c6 *(8...♘d7!?)* 9.0–0–0 ♕d7 10.♕e1 0–0–0=

8...c6 [As pretas poderiam completar o desenvolvimento e ficar com uma pequena vantagem posicional, no meio-jogo, após 8...♘c6 9.♕xb7 0–0 10.♕xc6 ♗xf3 11.h4□ *(11.gxf3?? ♕h4+ 12.♔d1 ♘f2+ 13.♔e2 ♘xh1–+)* 11...♗g4 12.d3 *(12.♖b1 ♖e8 13.d4 ♖e6∓; 12.d4 ♖b8 13.♗d3 ♖b6 14.♕a4 ♘g3 15.♖h2 f6 16.♗f4 ♕b8 17.♖c1 ♘e4∓)* 12...♘g3 13.♖h2 f6! 14.♔f2 ♘xf1 15.♔xf1 fxe5+ 16.♔g1 ♖f6 17.♕c5 ♕d7∓]

9.♕xb7 ♗xf3 10.♕xa8 [As pretas ficariam com uma qualidade de vantagem após 10.gxf3 ♕h4+ 11.♔d1 *(11.♔e2 ♕f2+ 12.♔d1 ♕xf3+ 13.♔e1 0–0 14.♕xa8 ♕xh1–+)* 11...♘f2+ 12.♔e2 ♘xh1 13.♕c8+ ♕d8 14.♕xd8+ ♔xd8 15.f4 f6 16.♗a3 *(16.exf6 gxf6∓)* 16...♖e8 17.♗d6 ♘d7 18.d4 g5! 19.♗h3 ♘b6! 20.♖xh1 ♘c4 21.♗c5 h5∓]

10...♗xg2!?

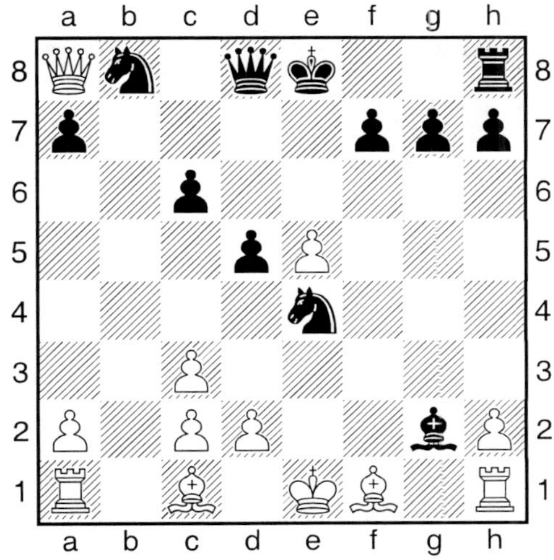

As pretas poderiam optar por simplificar a posição e ficar com um peão de vantagem, após completar o desenvolvimento da ala do rei com 10...0–0! 11.♕xa7 *(11.gxf3?? ♕h4+ 12.♔d1 ♘f2+ 13.♔e2 ♘xh1 14.♕xa7 ♖e8–+)* 11...♕h4+ 12.g3 ♘xg3 13.hxg3 ♕xg3+ 14.♕f2 ♕xe5+ 15.♗e2 ♗xh1∓

11.♗e2?? [Agora, as brancas levam xeque-mate, mas também seria um erro capturar o bispo com 11.♗xg2? ♕h4+ 12.♔e2 0–0! 13.♕xa7 c5! 14.♖f1 ♕xh2 15.♖f2 ♘c6 16.♕a4 ♘g3+! 17.♔e1 ♘xe5 18.♗f1 *(18.♕f4 ♘g4!–+)* 18...♕h1 19.♕b5 ♘g4!–+; A única opção defensiva parece ser 11.♗a3!? ♗xh1 12.0–0–0 ♕b6 13.♗h3 (13.♗d3 ♔d7!! 14.♖xh1 ♖d8 15.♖f1 ♔e6! 16.♗e2 c5 17.d3 *(17.♗g4+ ♔e7–+)* 17...♘c6 18.♕xd8 ♘xd8 19.dxe4 dxe4–+) 13...♗f3 14.♖f1 *(14.♖e1 h5! 15.♖e3 ♗g4–- Δ ♔d7)* 14...♗e2 15.♖e1 ♗a6 16.e6!? (16.♗d6 ♘g5! 17.♗f5 *(17.♗f1 ♗xf1 18.♖xf1 ♔d7!!–+* Δ ♔e6; Δ ♖d8*)* 17...g6! 18.♗d3 ♔d7! 19.♗xa6 ♕xa6 20.c4 *(20.♗xb8 ♘f3! 21.♖h1 ♘xh2! 22.♕xa7+ ♕xa7 23.♗xa7 ♘g4–+)* 20...dxc4 21.♗xb8 ♔e6 22.♕xa7 ♕xa7 23.♗xa7 ♖a8–+ Δ ♘f3) 16...♕b7 17.♕xb7 ♗xb7 18.exf7+ ♔xf7 19.d3 ♘g5 20.♖e7+ ♔f6 21.♖xb7 ♘xh3 22.♖xa7 ♘f4∓ *(22...♘g5∓)*]

11...♕h4+ 12.♔d1 ♘f2+ 13.♔e1 ♘d3+ 14.♔d1 ♕e1+ 15.♖xe1 ♘f2#

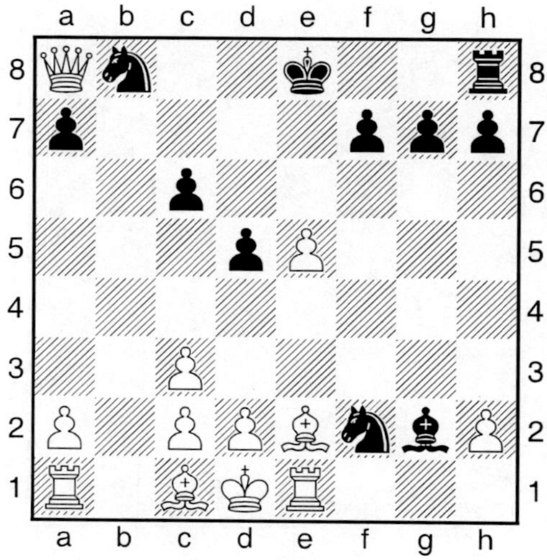

0–1

(2) N. Kosolapov - R. Nezhmetdinov [C47]

Spartak (ch), 1936

1.e4 e5 2.♘f3 ♘c6 3.♘c3 ♘f6 4.d3!? [As variantes principais na Abertura dos Quatro Cavalos são lances de desenvolvimento característicos de uma Abertura Aberta: 4.♗b5 (peça menor); 4.d4 (peão central).]

4...d5 5.exd5 ♘xd5 6.♗e2 ♗b4 7.♗d2 0–0

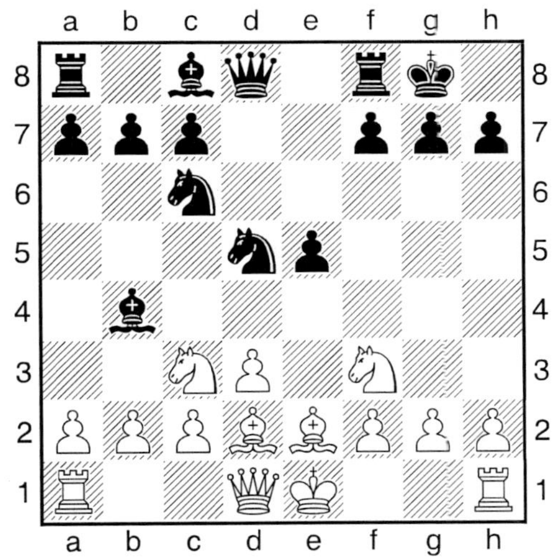

8.♘e4?! [As brancas poderiam simplificar, trocando peças menores, para manter uma posição sólida e completar o desenvolvimento da ala do rei após 8.♘xd5 ♗xd2+ *(8...♕xd5 9.♗xb4 ♘xb4 10.0–0=)* 9.♕xd2 ♕xd5 10.0–0 ♗f5!? mas as pretas teriam peças mais ativas e uma pequena vantagem de espaço no centro, como na partida L. Miladinovic - M. Poleksic, Belgrado (open) 2005.]

8...♗e7 [As pretas poderiam jogar de maneira ativa para conseguir vantagem de espaço com 8...♘f4! 9.0–0 *(9.♗xb4? ♘xg2+! 10.♔f1 ♗h3!!–+)* 9...♗xd2 10.♘fxd2 *(10.♘exd2 ♗g4∓; 10.♕xd2 ♗g4∓)* 10...♘d4 11.♗f3 f5 12.♘c3 *(12.♘g3 ♗e6∓)* 12...♗e6∓]

9.0–0 f5 10.♘g3 [As pretas possuem vantagem de espaço após 10.♘c3 ♗e6 11.♖e1 ♗f6 12.♗f1 ♖e8∓]

10...g5 [Se 10...♗e6 as brancas poderiam continuar o desenvolvimento com 11.♖e1 ♕d6 12.♗f1=]

11.♘e1?! [Um lance muito passivo. As brancas poderiam defender melhor a ala do rei com 11.h3!?=]

11...♘f4∓

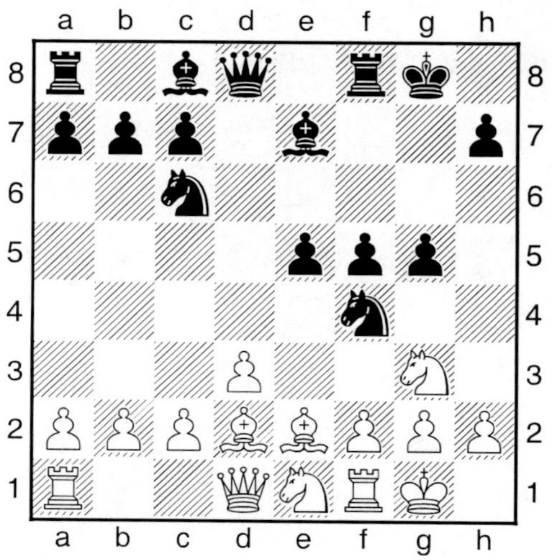

12.f3? [Um debilitamento equivocado que permite o uso da diagonal (a7–g1) pelas pretas. Era melhor jogar 12.♗f3 ♘d4 13.c3 ♘de6 14.d4 exd4 *(14...e4∓)* 15.♕b3 ♔h8∓]

12...♗c5+ [As pretas poderiam ganhar um peão após 12...♕d4+ 13.♔h1 ♕xb2–+ , mas isso que não seria uma continuação própria do estilo de jogo de Nezhmetdinov.]

13.♔h1 ♖f6 14.c3 ♗e6 [Seria melhor jogar de maneira mais ativa na ala do rei com 14...♖h6! 15.d4□ *(15.♕b3+? ♔g7–+; 15.b4 ♗b6 16.d4 exd4 17.♘d3 dxc3 18.♗xc3 ♗e6–+)* 15...exd4 16.♗c4+ ♔f8 17.♘e2 ♘xe2 18.♕xe2 ♕e7 19.♕xe7+ ♗xe7 20.♖d1 *(20.cxd4 ♘xd4∓)* 20...♖d6 21.cxd4 ♘xd4∓ As pretas ficam com um peão de vantagem no final.]

15.♘c2?! [Agora, as brancas poderiam jogar de maneira ativa no centro com 15.d4! exd4 *(15...♗b6 16.♘d3 ♖h6 17.♕c1 ♘xe2 18.♘xe2 f4 19.♘xe5 ♘xe5 20.dxe5 ♕e8 21.♘xf4 gxf4 22.♗xf4 ♖h5∓)* 16.♘d3 ♗d6 17.♗xf4 gxf4 18.♘h5 ♖h6 19.♘hxf4 ♕h4 20.♘h3 ♖e8∓]

15...♖h6 [Obviamente seria um erro capturar o peão com 15...♘xd3? por causa de 16.♗xg5 ♘f2+ 17.♖xf2 ♕xd1+ 18.♖xd1 ♖g6 19.♗e3 ♗xe3 20.♘xe3 f4 21.♘d5 fxg3 22.hxg3±]
16.♗e3 g4!!

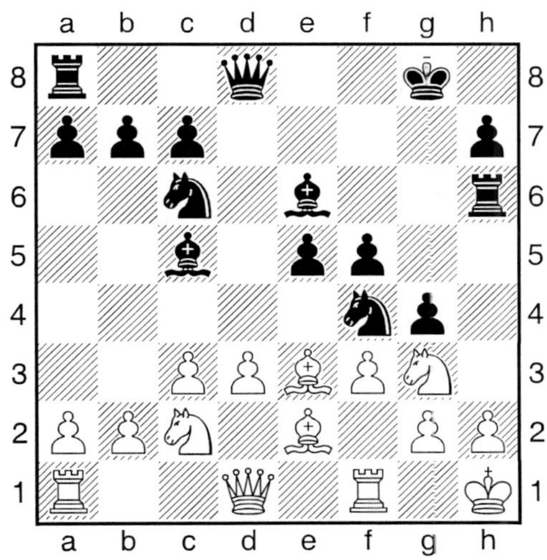

Uma jogada espetacular das pretas que deixa o bispo sem defesa, mas consegue ativar a dama na ala do rei.

17.♗xc5 ♕h4 18.♗g1 ♕xg3 19.♘e1 [As brancas também estariam perdidas após 19.♖f2 ♖f8! *(19...♖xh2+ 20.♗xh2 ♕xf2 21.♗xf4 exf4 22.♕e1□ ♕xe1+ 23.♘xe1 ♔g7∓* Δ ♔f6–g5*)* 20.d4 *(20.b4 ♖ff6 21.b5 ♗d5–+)* 20...♕h4! 21.fxg4 *(21.d5? ♘h5!–+* Δ ♘g3*)* 21...fxg4 22.d5 ♖d8 23.♘e3 *(23.♖xf4 exf4 24.c4 ♘e7–+* Δ ♘f5*)* 23...♘h5! 24.♘f1 g3!–+; Oferecia maior resistência jogar de maneira mais ativa com 19.♘e3 ♘h5! 20.fxg4 *(20.♘xf5 ♗xf5 21.♗f2 ♕f4 22.fxg4 ♘g3+ 23.♗xg3 ♕xg3 24.h3 ♗e6∓)* 20...♕xg4! 21.♖f3□ ♘g3+! 22.♖xg3 ♕xg3 23.d4 ♘e7!∓]

19...♗d5 [Também ganharia 19...♕h4 (Δ ♘h5–g3) 20.fxg4 fxg4 21.♕d2 ♘e7! 22.♖xf4 exf4 23.♕xf4 ♖f8 24.♕xc7 ♘f5–+]

20.b4

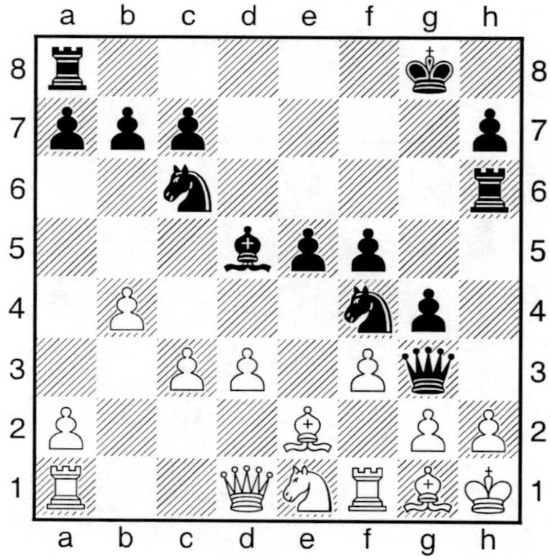

20...♘h5!? [Uma forma de ataque mais rápida seria dobrando as torres, na coluna h, após 20...♖f8! 21.♖f2 ♖ff6 22.♘c2 ♖h5 23.♘e3 ♖fh6 24.♘f1 ♖xh2+! 25.♘xh2 ♘h5! 26.♖f1 ♕h4 (Δ g3) 27.g3 ♕h3–+ com xeque-mate inevitável.]

21.♗f2 ♕f4 22.fxg4? [A única opção das brancas seria propor a troca de damas para jogar o final perdido após 22.♕c1 g3! 23.♗g1 *(23.♕xf4? ♘xf4–+; 23.♗e3 ♕h4–+ Δ f4)* 23...gxh2 24.♗f2 ♕xc1 25.♖xc1 f4! (Δ ♘e7–f5–g3) 26.d4 exd4 27.b5 ♘e7 28.♗d3 c5 29.bxc6 *(29.cxd4 c4–+)* 29...♘xc6 30.cxd4 *(30.c4 ♗e6–+)* 30...♘xd4–+]

22...♕xh2+! 23.♔xh2 ♘g3+! 24.♔xg3 [As brancas também levariam xeque-mate após 24.♔g1 ♖h1#]

24...f4#!

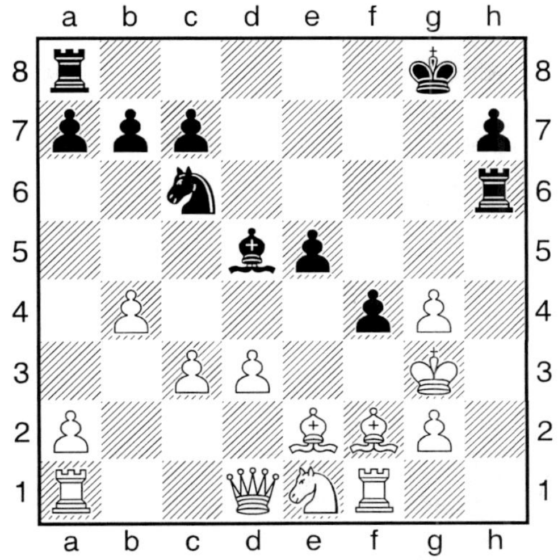

0–1

(3) R. Nezhmetdinov - P. Ermolin [B71]

Kazan (ch), 1946

1.e4 c5 2.♘f3 d6 3.d4 cxd4 4.♘xd4 ♘f6 5.♘c3 g6 6.f4 [O plano moderno contra a Siciliana Dragão é jogar 6.♗e3 Δ f3, ♕d2.]

6...♗g7?! [O plano correto das pretas contra esta antiga variante das brancas é continuar o desenvolvimento com 6...♘c6 7.♘xc6 bxc6 8.e5 ♘d7 9.exd6 exd6=]

7.e5!±

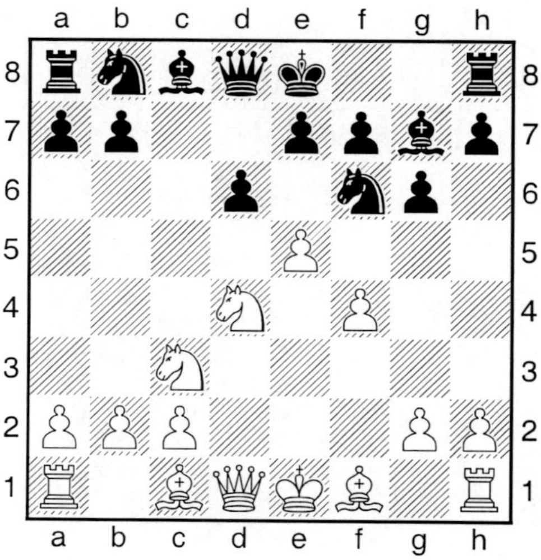

7...dxe5 [As pretas poderiam jogar a posição de maneira mais flexível com 7...♘h5!? mas as brancas conseguiriam manter uma pequena vantagem com 8.♗b5+! *(8.g4?! ♘xf4! 9.♗b5+ ♗d7 10.exd6 e5 11.♗xf4 0–0!∓)* 8...♗d7□ 9.♕e2! a6 10.♗xd7+ ♘xd7 11.♘f3 dxe5 12.fxe5 ♕b6 13.♗d2 ♕e6 *(13...♕xb2? 14.♖b1!±)* 14.0–0–0± (Δ ♖he1) Hernandez Fernandez - Cabrera Trujillo, Havana 2010]

8.fxe5 ♘d5? [Também seria um erro jogar 8...♘g4? por causa de 9.♗b5+! ♘c6 *(9...♗d7?? 10.♕xg4!+–)* 10.♘xc6 bxc6 11.♗xc6+ ♗d7 12.♗xa8 ♕xa8 13.0–0 ♘xe5 14.♗f4± Swan - Mooney, Dundee 2013.; Agora, a continuação 8...♘h5?! seria duvidosa porque o cavalo ficaria sem casa após 9.♗b5+ ♗d7 10.g4!± Babiy - Dalgar, Turquia 2016.; A única opção defensiva parece ser

8...♘fd7 9.e6! ♘e5 10.♗b5+ *(10.exf7+ ♔xf7 11.♗e2± Δ 0–0)* 10...♘bc6 11.exf7+ ♔xf7 12.0–0+ ♗f6 13.♘xc6 bxc6 14.♗a4 ♕xd1 15.♖xd1± Spasov - Demeter, Marianske Lazne 1989.]

9.♗b5+! ♔f8 10.0–0!+–

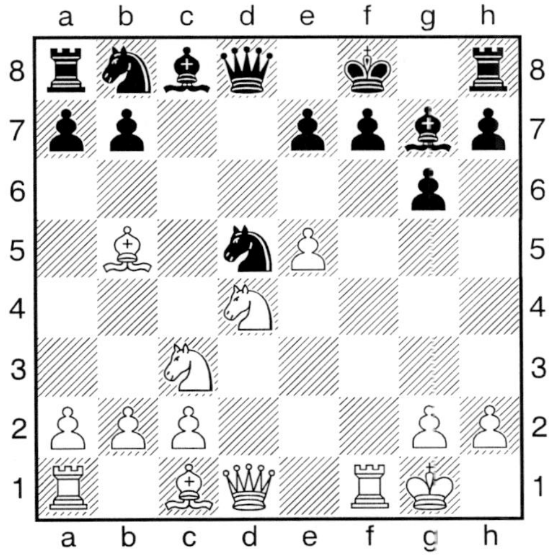

10...♗xe5 [Se 10...♘c6 as brancas seguiriam com 11.♕f3! f5 12.exf6 ♘xf6 *(12...♗xf6 13.♗h6+ ♔f7 14.♖ad1+–)* 13.♘xc6 bxc6 14.♗e3+– Δ ♖ad1]

11.♗h6+ ♔g8 [Propor a troca de bispos com 11...♗g7 não ajuda na defesa da posição porque as pretas são forçadas a sacrificar a dama após 12.♗xg7+ ♔xg7 13.♘xd5 ♕xd5 14.♘f5+! ♕xf5 15.♖xf5 ♗xf5 16.♕d4+ f6 *(16...♔g8 17.♖e1+–)* 17.♖e1+– Hansen - Nigl, Dortmund 1990 *(17.g4 e5 18.♕b4+–)*]

12.♘xd5 ♕xd5 13.♘f5! ♕c5+ [13...♗d4+ 14.♕xd4 ♕xd4+ 15.♘xd4+– Δ ♗c4]

14.♗e3 ♕c7 15.♘h6+

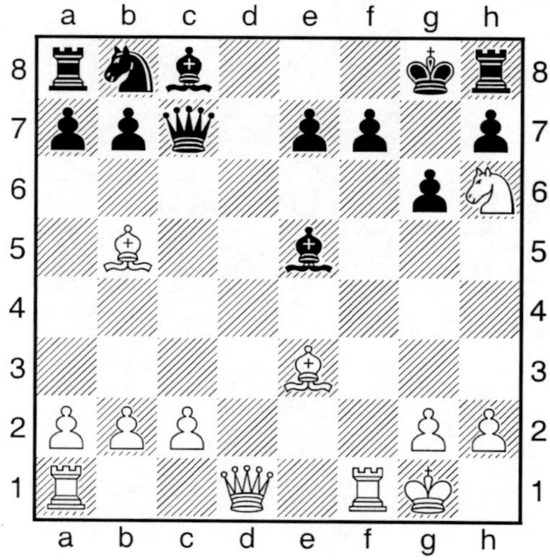

As pretas abandonaram, pois seguiria 16.♖xf7# contra qualquer um dos dois movimentos do rei preto.

1–0

(4) R. Nezhmetdinov - A. Suetin [B62]

Rússia (ch), 1947

1.e4 c5 2.♘f3 ♘c6 3.d4 cxd4 4.♘xd4 ♘f6 5.♘c3 d6 6.♗g5 e6 7.♗c4 [O desenvolvimento normal das brancas nesta posição da Defesa Siciliana é 7.♕d2 Δ 0–0–0]

7...a6 [As pretas poderiam concluir o desenvolvimento da ala do rei com 7...♗e7 8.0–0 0–0=]

8.♘xc6 bxc6 9.e5 ♕a5 [Outra opção seria 9...dxe5 10.♕e2 ♗e7 *(10...♕c7 11.♗xf6 gxf6 12.0–0–0 ♗e7 13.g4!?≅ Δ ♘e4)* 11.♕xe5 0–0=]

10.♗xf6 gxf6 11.exd6 ♕e5+

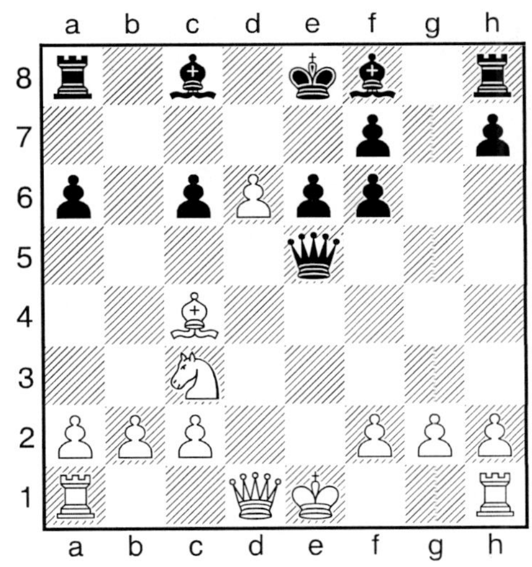

12.♔f1!? [Lance característico de Nezhmetdinov que sempre busca posições complexas. Ele procura evitar a troca de damas na abertura e, portanto, não jogaria um lance normal como 12.♕e2 ♕xe2+ 13.♗xe2 ♗xd6 14.0–0–0 ♔e7 15.♗f3 ♗d7=; Outra opção das pretas contra o lance das brancas 12.♕e2 é capturar o peão desenvolvendo o bispo com 12...♗xd6 13.♘e4 *(13.♕xe5 ♗xe5 14.♘a4 ♖b8 15.♗b3?! ♔e7∓* R. Beherzig - G. Bagaturov, Karl Mala Memorial (open) 2006; *13.♖d1 ♖g8 14.g3 ♕xe2+ 15.♔xe2* (K. Thurlow - A. Gravett, Guernsey (open) 2004) *15...♔e7!=; 13.0–0–0 ♕xe2 14.♗xe2 ♔e7!=)* 13...♗c7 14.c3 ♖g8? *(14...f5= Δ ♕xe2+)*

15.f4!± ♕xf4 *(15...♕f5!?)* 16.♖f1!+– ♕xh2 17.♘xf6+ ♔f8 18.♘xg8 ♕h4+ 19.♔d1 ♔xg8 20.♔c2 c5? 21.♕f3 1–0 J. L. Fonseca - O. Meriot, Paris (open) 1989]

12...♕xd6 [As pretas poderiam continuar o desenvolvimento com 12...♗xd6!? 13.♕f3 *(13.♕d3 ♗e7=)* 13...♗b7 14.♖e1 ♕c5 15.♗b3 ♗e7=]

13.♕f3 f5 [As pretas poderiam manter a igualdade da posição, sem mexer na estrutura de peões, com 13...♗e7!? 14.♖d1 ♕c7=]

14.♖d1 ♕c7 15.g4!⩲

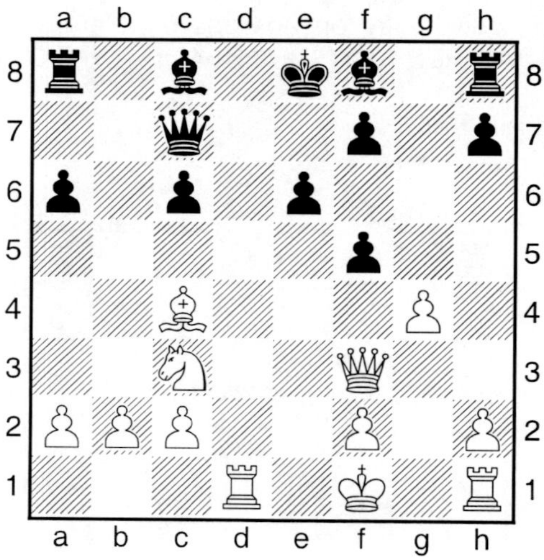

15...fxg4 16.♕xg4 ♗b7?! [As pretas poderiam defender o rei no centro com 16...♗e7!? 17.♕g7 ♖f8 18.♕xh7⩲ *(18.♕g3⩲ Δ ♘e4)*]

17.♗xe6! fxe6 18.♕xe6+? [O lance mais natural da posição nem sempre é o correto. As brancas conseguiriam uma posição ganhadora, com um lance intermediário, se levassem a torre para uma posição ativa com 18.♖g1! ♕e7 (18...a5 19.♕xe6+ ♕e7 20.♕g4 h5 *(20...♕f7 21.♖g3+–)* 21.♕g6+ ♕f7 22.♕xf7+ ♔xf7 23.♖d7+ ♗e7 24.♖xb7 ♖hb8 25.♖xb8 ♖xb8 26.b3+–) 19.♘e4 ♕f7 20.♕g5! ♗e7 21.♕d2! ♖g8 *(21...♗c8 22.♕c3!+–; 21...♖d8 22.♕xd8+! ♗xd8 23.♘d6+ ♔e7 24.♘xf7 ♔xf7 25.♖d7+ ♔f6 26.♖xb7+–)* 22.♖xg8+ ♕xg8 23.♕d7+ ♔f8 24.♕xb7+–]

18...♗e7? [As pretas poderiam defender a posição com uma impressionante coordenação de peças após 18...♕e7! 19.♕c4 a5! (Δ ♗a6) 20.♖d3! ♗g7 21.♖g1! (Δ ♖gg3) 21...♗e5! 22.♘e4 ♖f8! 23.♘c5 ♕f6!=]

19.♘e4 ♗c8 20.♘f6+ ♔f8

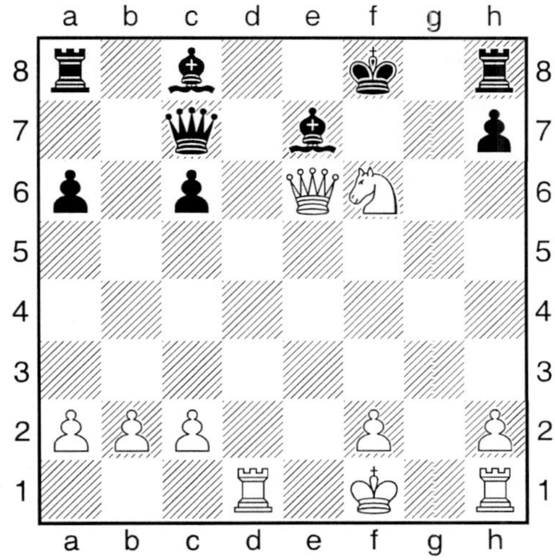

21.♖d7? [As brancas ganhariam com uma longa combinação após 21.♘d7+! ♔e8 22.♖g1! ♗xd7 23.♖g8+ ♖xg8 24.♕xg8+ ♗f8 25.♖e1+! ♗e6 26.♖xe6+ ♔d7 27.♕f7+ ♔c8 28.♕xf8+ ♔b7 29.♕b4+ ♔a7 *(29...♔c8 30.♖e8+ ♔d7 31.♕e7#)* 30.♖e7+–]

21...♗xd7? [As pretas poderiam defender a posição com um brilhante movimento de dama após 21...♕d6!! 22.♘xh7+ ♖xh7 23.♕xd6 ♗xd6 24.♖xh7 ♗e5! 25.b3 ♗f6! 26.♖g1 *(26.♖c7 ♗d8!=; 26.c4 ♗f5!=* Δ ♖d8*)* 26...♗f5 27.♖c7 ♗e4 28.♖g3 *(28.c4±* As brancas estão com as duas torres ativas, mas as pretas possuem uma torre e o par de bispos contra os três peões de vantagem das brancas.*)* 28...♗e5! 29.♖h3 ♖d8 30.♖a7 ♗xc2 31.♖f3+ *(31.♖xa6 ♗d3+ 32.♖xd3 ♖xd3 33.♖xc6 ♗xh2 34.♔e2±)* 31...♔g8 32.♖xa6 ♗d3+ 33.♖xd3 ♖xd3 34.♖xc6 ♗xh2 35.♔e2± com final de torre e três peões contra torre e bispo.]

22.♘xd7+ ♔e8 23.♘f6+ ♔d8 [Se 23...♔f8 seguiria 24.♖g1!+–]

24.♔e2! ♕d6 [As brancas conseguem ativar a torre para atacar o rei das pretas na coluna d. Por exemplo, se 24...♕c8 seguiria 25.♖d1+ ♔c7 26.♕xe7+ ♔b6 27.♕b4+ ♔c7 28.♕a5+ ♔b8 *(28...♔b7 29.♖d7+ ♕xd7 30.♘xd7+–)* 29.♘d7+ ♕xd7 *(29...♔b7 30.♕b6#)* 30.♖xd7+–]

25.♖d1 ♕xd1+ 26.♔xd1 ♗xf6 27.♕xf6+ ♔c7 28.♕e7+ ♔b6 29.c4

1–0

(5) R. Nezhmetdinov - V. Baskin [C50]

5th Moldávia (open) , 1948

1.e4 e5 2.♘f3 ♘c6 3.♗c4 ♗c5 4.0–0 [Nesta posição, as variantes principais são 4.c3 Δ d4; 4.b4 (Gambito Evans)]

4...♘f6 5.d4?! [O normal nesta posição da Abertura Italiana é jogar 5.d3]

5...♗xd4! [Se as pretas jogassem 5...exd4 entrariam na variante do ataque Max-Lange aceito após 6.e5 d5 7.exf6 dxc4 8.♖e1+ ♗e6 9.♘g5 ♕d5 10.♘c3 ♕f5 11.♘ce4 0–0–0∞]

6.♘xd4 ♘xd4 [Se 6...exd4 as brancas conseguem manter uma pequena vantagem com 7.e5! d5 8.exf6 dxc4 9.fxg7 ♖g8 10.♖e1+ ♗e6 11.♕h5 ♕f6 12.♗g5 ♕g6 13.♕xg6 hxg6 14.♗f6± Nilsen - Jonsson, Reykjavik 2015.]

7.f4 d6! 8.fxe5 dxe5 9.♗g5

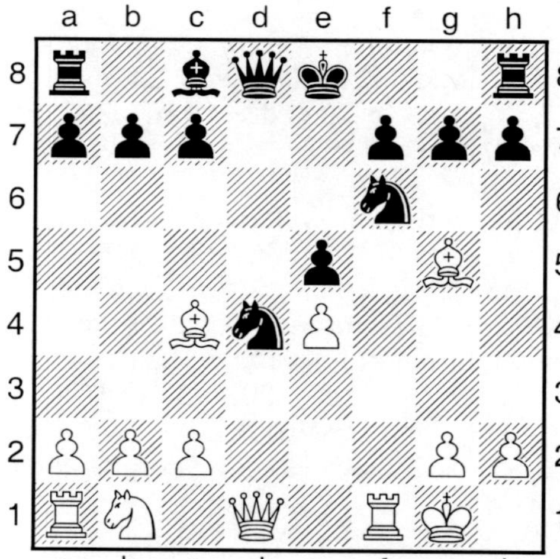

9...c6 [A melhor continuidade defensiva é jogar 9...♕e7! 10.c3 *(*outra opção seria desenvolver a ala da dama com *10.♘d2 Δ ♘b3)* 10...♘e6 11.♗xe6?! *(11.♗xf6 gxf6∓)* 11...♗xe6 12.♗xf6 gxf6 13.♘a3 ♖g8∓ Alarcon Casellas - Bachmann, Barcelona 2014.]

10.♕d3?! [As brancas poderiam simplificar a posição e entrar num final igualado após 10.c3!? ♘e6 11.♕xd8+ ♔xd8 12.♗xe6 ♗xe6 13.♖xf6! gxf6 14.♗xf6+ ♔d7 15.♗xh8 ♖xh8 16.♘d2 ♔e7 17.♔f2 ♖d8 18.♔e3=]

10...♗g4 [As pretas poderiam jogar de maneira mais ativa para conseguir uma pequena vantagem com 10...b5! 11.♗b3 ♗g4 12.♖f2 ♘e2+ 13.♔f1 (13.♔h1? ♘xe4! 14.♗xf7+ ♔f8 15.♕a3+ c5 16.♕xc5+ *(16.♖f1 ♘f2+! 17.♖xf2 ♕d1+ 18.♖f1 ♕xf1#)* 16...♘xc5 17.♗h5+ ♘f4 18.♗xd8 ♗xh5 19.♗a5 ♘e4–+) 13...♘f4 14.♗xf4 exf4 15.♘d2 0–0∓]

11.♘c3 [Agora, as brancas poderiam atacar o peão central para buscar a igualdade após 11.♕g3! ♗e6 12.♕xe5 0–0 13.♗xf6 *(13.♖xf6?! ♗xc4 14.♖d6 ♘e2+ 15.♔h1 ♕b6 16.♘d2 ♖fe8 17.♘xc4 ♖xe5 18.♘xb6 axb6 19.♗d2 ♖xe4 20.c3 ♘f4 21.♗xf4 ♖xf4∓)* 13...gxf6 14.♕g3+ ♔h8 15.♗d3 ♖g8 16.♕h4 ♖g6 17.♔h1 ♕b6 18.b3 ♖ag8 19.♘d2 ♖xg2 20.♕xf6+ ♖8g7 *(20...♖2g7 21.♘f3 ♘xf3 22.♖xf3 ♕d8=)* 21.♖g1 ♗h3! 22.♘c4 ♕c5 *(22...♘f3 23.♕xg7+ ♖xg7 24.♘xb6 ♘xg1 25.♖xg1 axb6=)* 23.♘e5 ♘e6! 24.♘xf7+ ♔g8 25.♘h6+ ♔h8=]

11...b5 [O melhor plano para as pretas seria completar o desenvolvimento da ala da dama com 11...♕e7!∓ Δ 0–0–0]

12.♕g3! ♕b6 [As pretas poderiam igualar a posição, por exemplo: 12...♗e6 13.♗xe6 ♘xe6 14.♗xf6 gxf6 15.♕h4 ♕e7 16.♕xf6 ♕xf6 17.♖xf6 ♖d8 18.♖af1 0–0=; 12...bxc4 13.♗xf6 ♕b6 14.♕xg4 h5 15.♕d1 gxf6 16.♘a4 ♕b5 17.c3 ♘e6 18.♖xf6 ♖d8= Δ ♘f4–d3]

13.♗e3!±

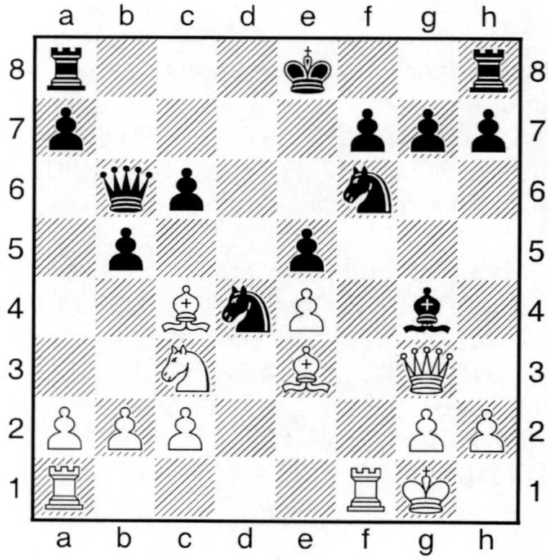

13...♕c5 [As pretas poderiam defender melhor a posição com 13...♕b8!? 14.♗xf7+! ♔xf7 15.♕xg4 ♕d6 16.♖ad1±]

14.♗d5!± 0–0–0 [As pretas não podem aceitar o sacrifício com 14...cxd5? pois seguiria 15.♕xe5+ ♕e7 16.♕xd4 b4 17.e5 bxc3 18.exf6 gxf6 19.♖ae1+–; Em vez do roque grande, as pretas poderiam optar pelo roque pequeno com 14...0–0 mas as brancas jogariam 15.♖xf6! ♕xc3 16.bxc3 ♘e2+ 17.♔f2! ♘xg3 18.♖xc6 ♘h5 19.c4± ⊞]

15.♖xf6! gxf6 16.♕xg4+

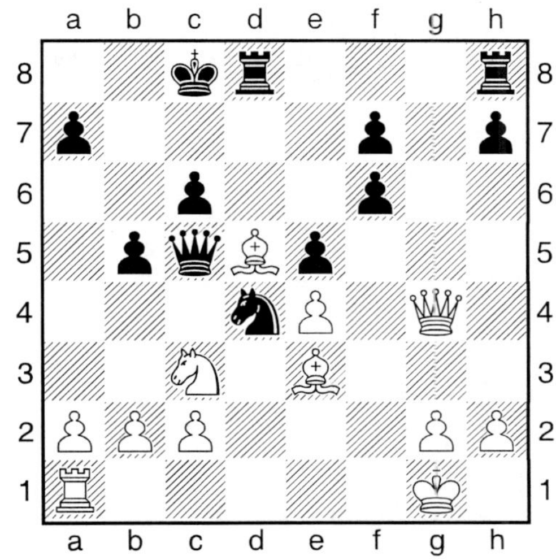

16...f5 [Oferecia uma maior resistência jogar 16...♔b7 17.♗b3 ♕e7 18.♖f1 a5 19.♕h4 a4 20.♗d5!±]

17.♕xf5+! ♘xf5 [Em caso de 17...♖d7 as brancas jogariam 18.♗b3+–]

18.♗xc5 cxd5 19.exf5 a6

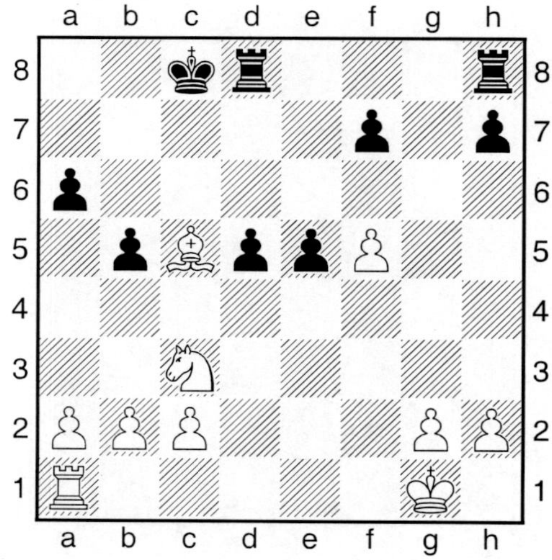

20.♔f2 [As brancas conseguiram duas peças menores em troca de uma torre e uma posição ganhadora, por exemplo: 20.a4 bxa4 21.♖xa4 ♔b7 22.♖b4+ ♔c6 23.♗a7 ♖d7 24.♖b6+ ♔c7 25.♖f6+– (Δ ♗b6; Δ ♘a4–c5)]

20...♖hg8 [20...♔b7 21.a4 ♔c6 22.♗e7 ♖d7 23.axb5+ axb5 24.f6+–]

21.a4 bxa4 22.♖xa4 ♔b7

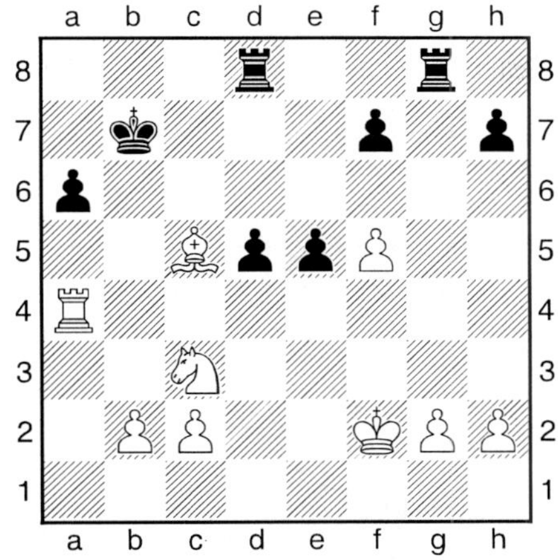

23.♖b4+! ♔c6 24.♖b6+! ♔xc5? [As brancas ficariam com um peão de vantagem no final após 24...♔c7 25.♖xa6+–]

25.♘a4+! ♔c4 26.b3+! ♔d4 27.♖b4#!

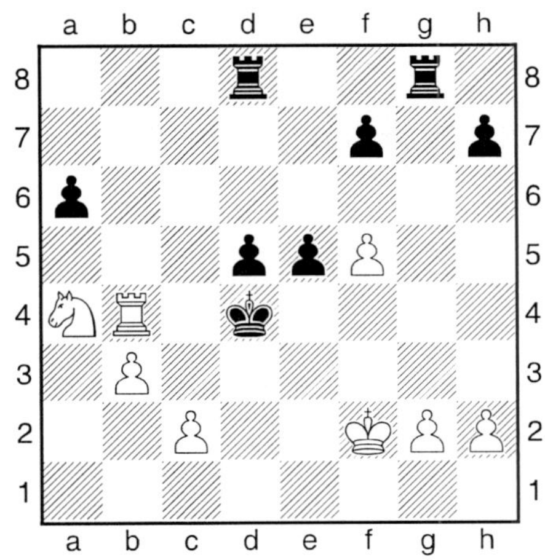

1–0

(6) R. Nezhmetdinov - V. Mikenas [B02]

Kazan (m/11), 1948

1.e4 ♘f6 2.e5 ♘d5 3.c4 ♘b6 4.c5 ♘d5 5.♗c4 e6 6.♘c3

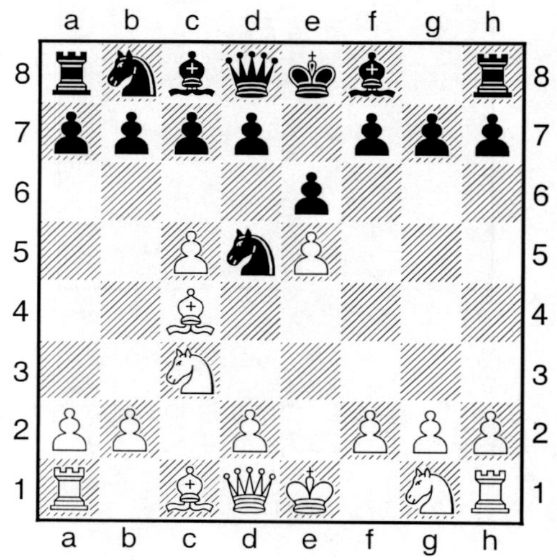

6...d6 [No mesmo match, ao jogar a Defesa Alekhine, o condutor das pretas tinha optado anteriormente pela variante 6...♘xc3 7.dxc3 ♕h4 (7...♘c6 8.♕h5!? g6 *(8...♗xc5 9.♘f3≅ Δ 0–0)* 9.♕e2 ♗xc5 10.♘f3≅ Δ 0–0) 8.♕e2 *(8.♗d3 ♗xc5 9.g3 ♕e7 10.♕g4 f5 11.exf6 gxf6 12.♕h5+ ♔d8 13.♘f3≅ Δ 0–0)* 8...♗xc5 9.♘h3 *(9.♘f3≅ Δ 0–0)* 9...f6?! *(9...h6!? 10.♘f4 d5 11.♗d3 ♘d7 12.0–0≅)* 10.exf6 ♕xf6?? *(10...gxf6□ 11.♘f4±)* 11.♕h5+! ♕g6 12.♕xc5 ♕xg2 13.♖g1 ♕xh3 14.♖xg7 ♘c6 15.♗e2! e5 *(15...h5 16.♕g5 ♕f5 17.♖g8+ ♖xg8 18.♕xg8+ ♔e7 19.♗g5+ ♔d6 20.0–0–0+ ♔c5 21.♗e3++–)* 16.♗g4 ♕h4 17.♕d5 1–0 R. Nezhmetdinov - V. Mikenas, Kazan (m/1) 1948]

7.♘xd5 exd5 8.♗xd5 c6

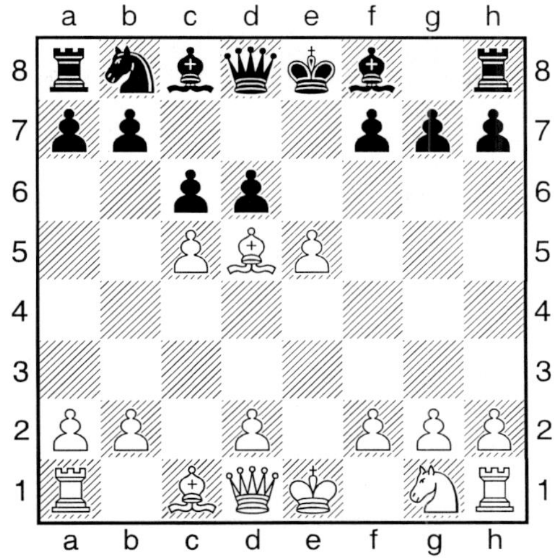

As pretas conseguem a igualdade com 8...dxe5! 9.♕b3 ♗xc5 10.♗xf7+ *(10.♗xb7?! ♗xb7 11.♕xb7 ♘d7 12.♘f3 0–0∓)* 10...♔f8 11.♗d5 (Klementev - Bykovskiy, Vinnytsia 2016) 11...c6!=

9.♗xf7+! ♔xf7 10.cxd6 ♕e8 [Atacar o peão central com a dama parece ser a melhor opção. Os lances de bispo são muito inferiores, por exemplo: 10...♗xd6? 11.♕f3+ ♔e7 12.exd6+ ♕xd6 13.♘e2 ♘d7 14.0–0±; 10...♗e6? (R. Nezhmetdinov - V. Mikenas, Kazan (m/3) 1948) 11.♘h3! ♗xd6 12.♕f3+ ♔g8 13.exd6 ♕xd6 14.0–0±]

11.♕e2 c5 [11...♘a6 12.d4 ♘b4 13.♘f3 h6 14.♕c4+ ♘d5 15.0–0±]

12.♘f3 ♗xd6!

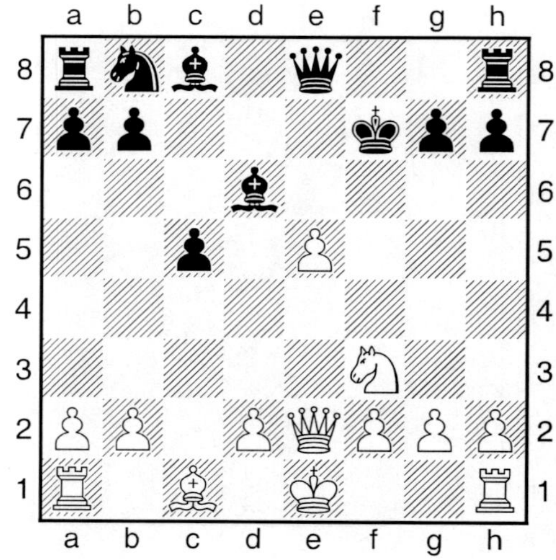

13.♘g5+ [A troca de damas contraria o estilo de jogo de Nezhmetdinov, mas era melhor jogar 13.exd6 ♕xe2+ 14.♔xe2 ♖e8+ 15.♔d3!? ♖d8 *(15...♗g4 16.♘g5+ ♔g6 17.h4±)* 16.♘e5+ ♔f6 17.♖e1 ♖xd6+ 18.♔c3±]

13...♔g6! 14.♕d3+? [Um claro erro das brancas. Ainda seria possível ter compensação ao manter o controle do centro com 14.d4 h6 15.♘f3 ♗c7 16.d5≌]

14...♔xg5 15.♕xd6 ♕d8? [Para refutar o plano de ataque das brancas, as pretas deveriam colocar a dama no controle da grande diagonal com 15...♕c6! 16.d4+ *(16.f4+ ♔h5!–+)* 16...♔h5!–+ e levar o rei para uma casa segura onde não há possibilidade de alguma peça branca poder dar xeque.]

16.d4+

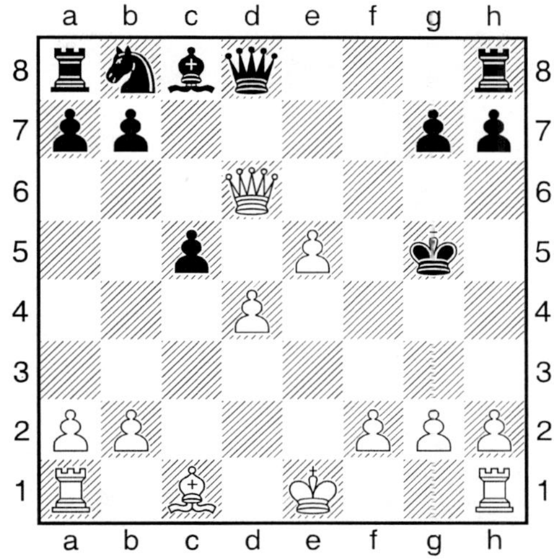

16...♔f5? [As pretas poderiam empatar a partida jogando 16...♔h5! 17.♕xc5 ♗e6 18.0–0 ♘c6 19.♗e3 ♕d5 20.♕c2 ♖ac8 21.f3 g5! 22.g4+ ♔h6 23.♗xg5+ ♔xg5 24.h4+! ♔h6 25.♕d2+ ♔g7 26.♕g5+ ♔f7 27.♕f6+ ♔g8 28.♕g5+ ♔f7=]

17.g4+! ♔e4 [17...♔xg4 18.♖g1+ ♔h5 *(18...♔f5 19.♖g5+ ♔e4 20.♕xc5 ♘c6 21.f3+ ♔xf3 22.♕c2+–* com xeque-mate inevitável*)* 19.♕xc5 h6 20.e6+ g5 21.♗xg5!+–]

18.♕xc5 ♖f8 [18...♗xg4 19.♖g1 ♕d7 *(19...♕c8 20.♕a3 ♖f8 21.e6+–)* 20.e6 ♕xe6 21.♖g3 ♗f3 22.♖g5 ♔d3+ 23.♗e3+– com xeque-mate inevitável.]

19.0–0 ♔f3 [19...♗xg4 20.e6+– com xeque-mate inevitável.]

20.h3 b6 [20...♗xg4 21.a4 (Δ ♖a3+) 21...♔e4 22.e6+– com xeque-mate inevitável.]

21.♕c3+ ♔e4 22.♕c4

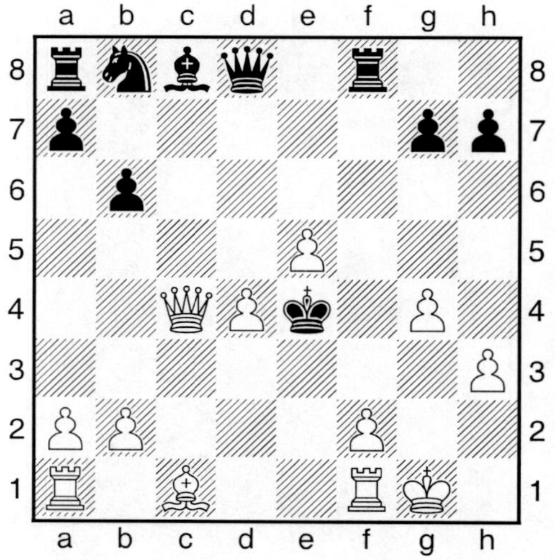

As pretas abandonaram por causa do xeque-mate inevitável após 22...♗xg4 23.hxg4 ♔f3 24.♕d3+ ♔xg4 25.f3+ ♔g3 (25...♔h5 26.♕xh7#) 26.♕d2! (Δ ♕h2#) 26...♖xf3 27.♖xf3+ ♔xf3 28.♕g2#.

1–0

(7) R. Nezhmetdinov - N. Novotelnov [B85]

URSS (ch-sf), 1949

1.e4 c5 2.♘f3 ♘c6 3.d4 cxd4 4.♘xd4 ♘f6 5.♘c3 d6 6.♗e2 e6 7.0–0 ♗e7 8.♗e3 a6 9.f4 ♕c7 10.♕e1 0–0 11.♕g3

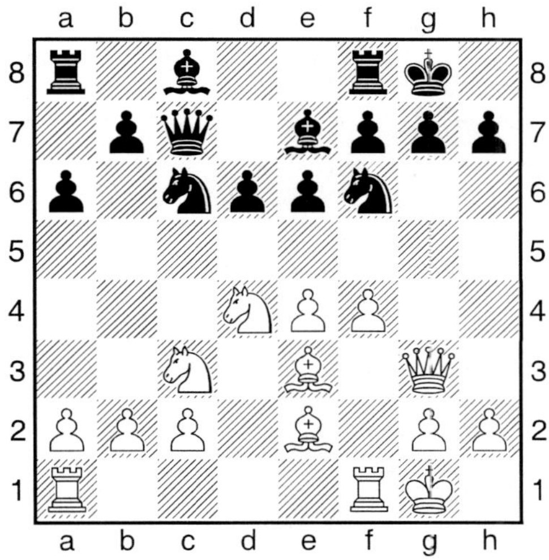

11...♔h8!? [As variantes mais jogadas nesta posição da Defesa Siciliana são 11...♘xd4; 11...♗d7]

12.♖ad1 ♗d7 13.♔h1 ♖ac8 [Os dois lados concluíram os movimentos iniciais da abertura.]

14.♘f3 b5?! [O plano mais ativo para as pretas é jogar 14...♘b4!? 15.♘e1 b5 16.a3 ♘c6 17.e5 *(17.♘d3 Δ e5)* 17...dxe5 18.fxe5 ♕xe5 19.♗f4 ♕c5 20.♗e3 ♕e5 21.♗f4 *(21.♖xf6 ♕xg3! 22.hxg3 ♗xf6 23.♖xd7 ♔g8 24.♘d1 ♖fd8 25.♖xd8+ ♖xd8∓* Ivanchuk - Karpov, Buenos Aires 1994*)* 21...♕c5=]

15.e5!⩲ ♘e8 16.♘e4

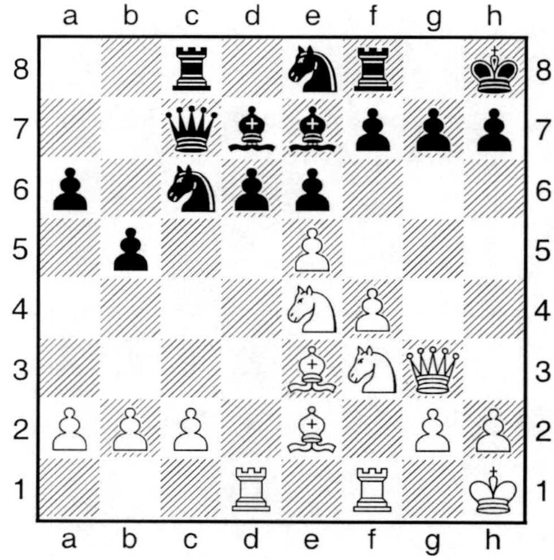

16...f5 [As brancas estão com vantagem de espaço no centro e podem manobrar as peças, na ala do rei, após 16...d5 17.♘c5 ♘a5 *(17...♘d4?! 18.♗xd4 ♗xc5 19.c3±)* 18.♘xd7 ♕xd7 19.♗d3 g6 (19...♘c4?! 20.♗d4! g6 (Solomon - Kresovic, Sydney 2011) 21.f5! gxf5 *(21...♖g8 22.f6+– Δ ♘g5)* 22.♗xf5! ♖g8□ *(22...exf5?? 23.e6+!+–)* 23.♕h3 ♖g7□ 24.♗d3±) 20.♘g5 ♘g7 21.♕h4⩲]

17.♘eg5 dxe5 [Era melhor manter a estrutura de peões flexível e jogar de maneira estática com 17...♔g8!?]

18.fxe5 ♘b4 [Se agora 18...♔g8 as brancas poderiam sacrificar qualidade para penetrar com o cavalo na sexta fila após 19.♖xd7! ♕xd7 20.♖d1 ♕b7 21.♘xe6 ♖f7 22.c3 g6 (22...♘c7 23.♘eg5! ♗xg5 *(23...♖ff8 24.♖d7!+–; 23...♖cf8 24.♘xf7 ♖xf7 25.♖d7+–)* 24.♘xg5 ♖e7 25.♗f3!+–) 23.♗h6 ♔h8 24.♗d3±]

19.c3 ♘d5 [Se 19...♗xg5 as brancas seguiriam com 20.♘xg5 ♘d5 21.♕h3 h6 22.♖xd5! exd5 23.e6!+– chegando-se numa posição em que o sacrifício de qualidade e o avanço do peão central mostram-se decisivos, como na partida.]

20.♖xd5! exd5 21.♕h3 h6 22.e6!+–

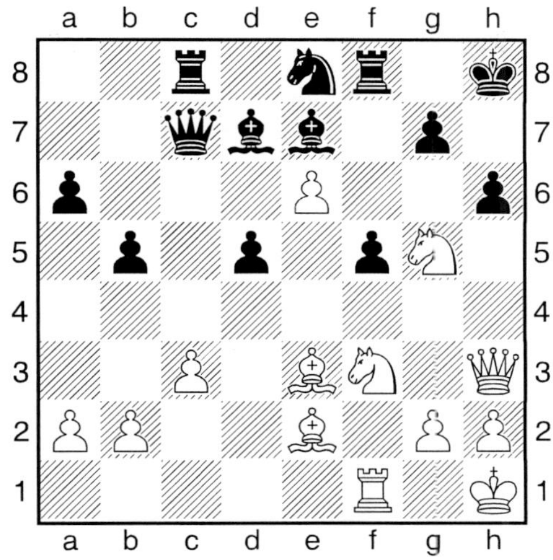

22...♗xg5 23.♘xg5 [As brancas também ganhariam com 23.exd7 ♗xe3 24.dxc8♕ ♕xc8 25.♘e5!+–]

23...♗c6 24.♗h5 [24.♖xf5 ♖xf5 25.♕xf5 ♘f6 26.♘f7+ ♔g8 27.♗xh6 ♖f8 28.♗xg7+–]

24...♕e7 [24...♘d6 25.♗d4 ♕e7 26.♘f7+ ♘xf7 27.♗xf7 ♕g5 28.♗e3 ♕g4 29.♕xg4 fxg4 30.♗c5 ♖fe8 31.e7+–]

25.♘f7+ ♔g8 26.♕xf5 ♘f6 27.♘xh6+ gxh6 28.♗f7+ ♖xf7 [28...♔g7 29.♕g6+ ♔h8 30.♕xh6+ ♘h7 31.♗d4+ ♕f6 32.♗xf6#]

29.exf7+ ♔xf7 30.♕xc8 d4 [30...♕xe3 31.♕xc6+–]

31.♗xd4 ♗xg2+ 32.♔xg2 ♕e4+ 33.♖f3 ♕g6+ 34.♔h1 ♕b1+ 35.♗g1!

1–0

(8) R. Nezhmetdinov - M. Kamyshov [B11]

Gorky, 1950

1.e4 c6 2.♘f3 d5 3.♘c3 ♘f6!? [As variantes principais nesta posição da Defesa Caro-Kann são 3...♗g4; 3...dxe4]

4.e5 ♘e4 [Outra alternativa é jogar 4...♘fd7 5.d4 *(5.e6 fxe6 6.d4 ♕c7!?∞)* 5...e6 6.♗d3 *(6.♘e2 c5=; 6.♗e2 a6 7.0–0 c5=)* 6...c5 *(6...♕b6 7.0–0 c5 8.dxc5 ♘xc5 9.♗e3±* J. Bolbochan - G. Holtey, Mar del Plata, 1934*)* 7.♗g5 (7.♘g5 ♗e7!∓ V. Byvshev - S. Flohr, URSS (ch) 1954 *(*se *7...cxd4?* seguiria *8.♘xe6!±)*) 7...♕b6 8.dxc5 ♘xc5= Δ a6]

5.♘e2 [5.d4 ♘xc3 6.bxc3 e6 7.c4 c5 8.c3 ♘c6= Petr - Navara, Havlickuv Brod 2015.]

5...♕b6!

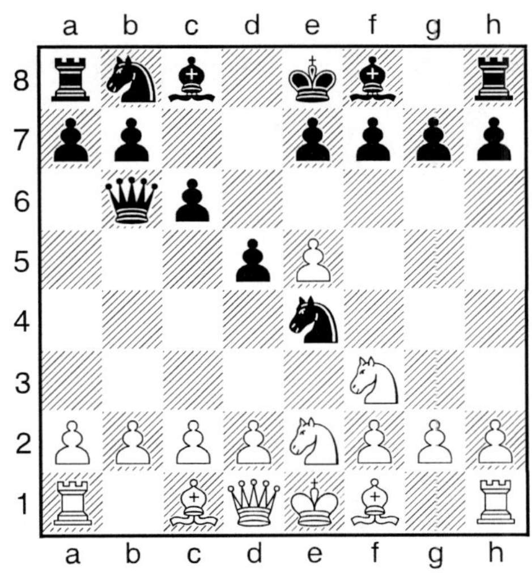

6.d4 c5 [Uma interessante continuação, ao estilo Nezhmetdinov, apareceria após 6...e6 7.♘g3 c5 8.c3 ♘c6 9.♗d3 ♘xg3 10.hxg3 cxd4 11.cxd4 h6 12.a3 ♗d7 13.♔f1!?∞ Δ g4]

7.dxc5! ♕xc5 8.♘ed4 ♘c6 9.♗b5 [Outra alternativa para continuar o desenvolvimento das peças menores seria com 9.c3 e6 10.♗e3 ♘xd4 11.♗xd4 ♕c7 12.♗d3±]

9...♗d7 [Em caso de 9...a6 as brancas podem abrir mão do par de bispos após 10.♗xc6+ bxc6 11.0–0 e6 12.♗e3 ♕b4 13.♘xc6 ♕xb2 14.c4!± (Δ ♘fd4) pois possuem vantagem de desenvolvimento com um cavalo na sexta fila.]

10.0–0 ♘xe5 [As pretas não conseguem mais completar o desenvolvimento, a opção agora seria ficar com o rei no centro do tabuleiro após 10...e6 11.♗e3 ♘xd4 *(11...♕b4 12.c4!± Δ* cxd5; Δ ♖b1*)* 12.♗xd7+ ♔xd7 13.♘xd4 ♕c4 14.b3 ♕c3 15.♕f3 ♔e8 16.♘b5 ♕c6 *(16...♕xe5 17.c4±)* 17.c4±]

11.♘xe5 ♗xb5

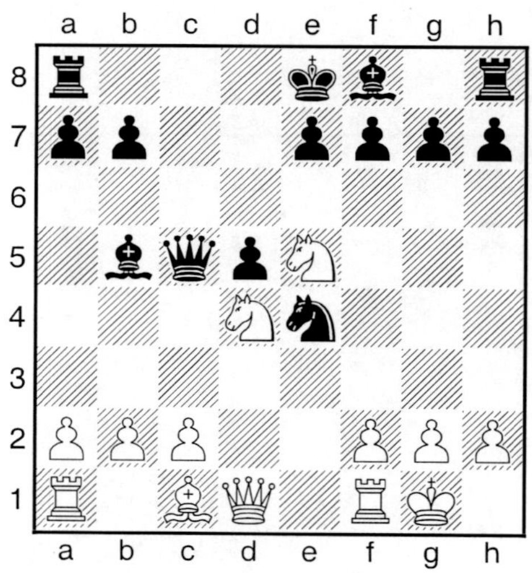

12.♘xb5? [Ao trocar peças menores e simplificar a posição, as brancas diminuem a força do ataque. Era mais forte jogar diretamente 12.♖e1! ♘f6 para jogar de maneira ativa na ala da dama com 13.b4! ♕b6 *(13...♕xb4 14.♗g5! ♕c5 15.♖b1!+–* Δ ♖xb7; Δ c4*)* 14.c4! dxc4 *(14...♗d7 15.♘xd7 ♘xd7 16.cxd5+–)* 15.a4! ♗d7 16.♘xc4 ♕xb4 17.♘b5! ♗xb5 18.♘d6+! ♕xd6 19.♕xd6 ♗c6 20.♗a3+–]

12...♕xb5 13.♖e1 ♘f6 14.♗g5 [As brancas poderiam manter uma vantagem de espaço na ala da dama com 14.a4!?±]

14...e6? [As pretas movem o peão errado. Era melhor jogar 14...h6! 15.♗xf6 gxf6 16.c4 *(16.♘xf7 ♔xf7 17.♕h5+ ♔g7 18.♕g4+ ♔h7 19.♕f5+ ♔g7=; 16.a4 ♕a5 17.♘xf7 ♔xf7 18.♕h5+ ♔g7 19.♕g4+ ♔h7 20.♕f5+ ♔g7=)* 16...♕a6 17.♘g4 *(17.♘xf7 ♔xf7 18.♕h5+ ♔g7 19.♕g4+ ♔h7 20.♕f5+ ♔g7=)* 17...dxc4 18.♕f3 *(18.♕d5 ♗g7 19.♖ad1 ♕c6 20.♕h5⩲)* 18...0–0–0 *(18...♗g7 19.♖ad1⩲)* 19.♖ad1⩲]

15.c4! ♕a5 [Se 15...dxc4 as brancas seguiriam pressionando na ala da dama após 16.♗xf6 gxf6 17.a4! ♕xe5 *(17...♕d5 18.♕xd5 exd5 19.♘g6+ ♔d7 20.♘xh8 ♗b4 21.♖ed1+–)* 18.♖xe5 fxe5 19.♕f3!+– controlando a grande diagonal, atacando os peões pretos (b7, c4, e5) em decorrência do atraso no desenvolvimento das peças pretas.]

16.♗xf6 [As brancas poderiam jogar de maneira mais aberta para completar o desenvolvimento e utilizar a coluna central após 16.cxd5! ♕xd5 17.♕a4+ b5 18.♕a6 ♗e7 19.♖ad1 ♕c5 20.♗e3 ♕c7 *(20...♕xe5 21.♕c6++–)* 21.♖c1 ♕d6 *(21...♕xe5 22.♕c6++–)* 22.♕xb5+ ♔f8 23.♖ed1+–]

16...gxf6

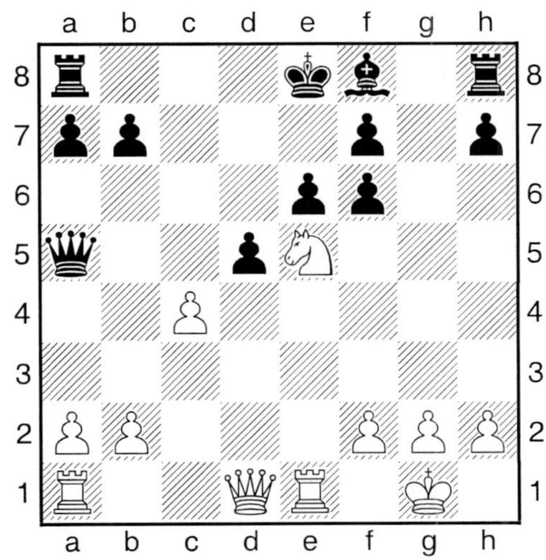

17.♘xf7?! [Era mais forte e decisivo manter o rei adversário no centro ao jogar 17.cxd5! fxe5 18.dxe6 fxe6 *(18...♗e7 19.♕d7+ ♔f8 20.♕xb7 ♕d8 21.♕f3! f6 22.♕h5! ♔g7 23.♖e3! ♕e8 24.♖g3+ ♕g6 25.♖d1+–)* 19.♕h5+! ♔e7 20.♖xe5 ♕b6 21.♖b5! ♕c7 22.♖c5! ♕b6 23.♖ac1! ♖d8 24.♖c7+! ♖d7 25.♕g5+ ♔e8 26.♖xd7! ♔xd7 27.♕f6!+–]

17...♔xf7 18.♕h5+ ♔e7 19.cxd5 e5 20.f4!

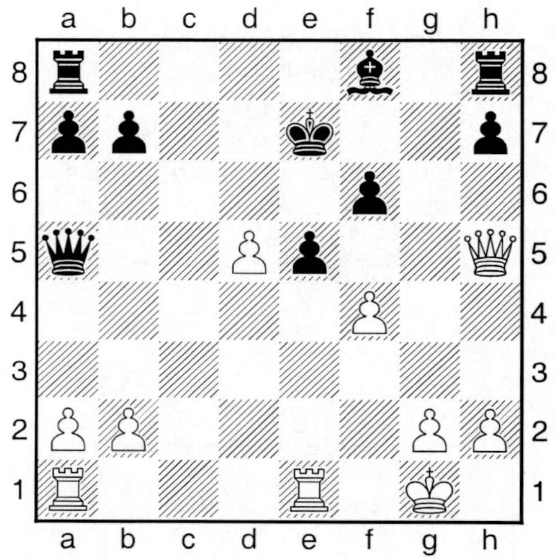

20...♕xd5? [As pretas poderiam defender melhor a posição com 20...♕b6+! 21.♔h1 ♗g7 22.♖ac1 ♕d6 23.♕g4 ♗f8! 24.fxe5 fxe5 25.♕g5+! ♔d7□ 26.♖xe5! ♕h6□ 27.♕g4+! ♔d8□ 28.♖f1! ♗d6 29.♖h5 ♖f8 30.♕h4+ ♔d7 31.♖e1! ♕f4□ 32.♖xh7+ ♔c8□ 33.♕xf4 ♗xf4 34.♖f1± as brancas teriam três peões pelo bispo.]

21.fxe5! f5 22.e6 ♔f6 [22...♕d4+ 23.♔h1 ♕f6 24.♖ad1 ♖d8 25.♕f7+ ♕xf7 26.exf7+ ♔xf7 27.♖xd8+–]

23.h4 ♗c5+ 24.♔h1 ♕xe6 [24...♖ag8 25.♕f7#; 24...♖af8 25.♕g5#; 24...♔e7 25.♕f7+ ♔d8 26.e7+ ♔c7 27.♕xd5+–]

25.♕h6+

1–0

(9) R. Nezhmetdinov - Lusikal [D85]

Kazan (simultânea), 1951

1.d4 ♘f6 2.c4 g6 3.♘c3 d5 4.cxd5 ♘xd5 5.e4 ♘xc3 6.bxc3 c5 [Normalmente, as pretas jogam 6...♗g7 , na variante principal da Defesa Grunfeld (D85), para ter a opção de pressionar o peão central branco (d4) com o avanço do peão lateral (c5) e depois completar o desenvolvimento da ala do rei com o roque pequeno.]

7.♗b5+ ♘c6 [A melhor opção para as pretas é jogar 7...♗d7 e depois completar o desenvolvimento da ala do rei (♗g7, 0–0).]

8.d5!

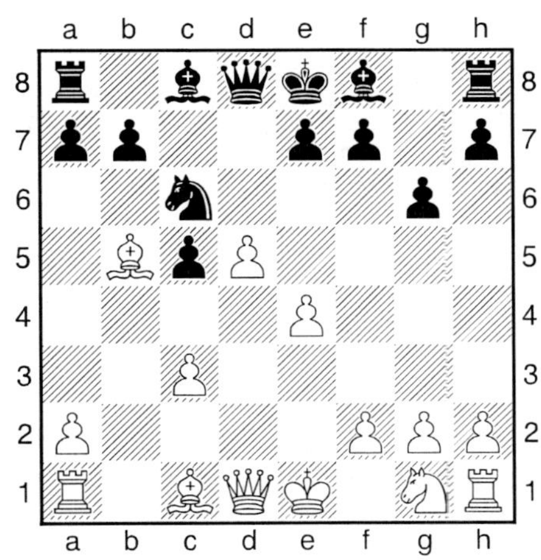

8...♕a5?! [A melhor opção defensiva para as pretas é jogar 8...a6!? 9.♗e2 ♘a5 10.♗e3 e6 *(10...♗g7 Δ 0–0)* 11.♘f3 exd5 12.exd5 b6 13.0–0 ♗g7 14.♕a4+ ♗d7 15.♕e4+ ♕e7 16.♕xe7+ ♔xe7 17.♖ab1 *(17.♖ac1⩲)* 17...♗b5! 18.♗xb5 axb5 19.♖xb5 ♘c4! 20.♘d2 ♘xd2 21.♗xd2 ♖xa2= (Δ ♔d7) Sokolov - Olafsson, Novi Sad (ol) 1990]

9.♕a4!± ♕xc3+ 10.♔e2! ♗d7 [As pretas também estão claramente inferiores, sem compensação pelo sacrifício do cavalo, após 10...♗g7 11.dxc6 0–0 12.♖b1! *(12.cxb7? ♗xb7 13.♖b1 c4! 14.♗xc4 ♖ac8∓)* 12...a6 *(12...bxc6 13.♗d3± Δ ♕c2)* 13.♗d3 b5 14.♕a3± Beliavsky - Mikhalchishin, Vidmar (memorial) 2003]

11.dxc6! bxc6 12.♗xc6 ♖d8

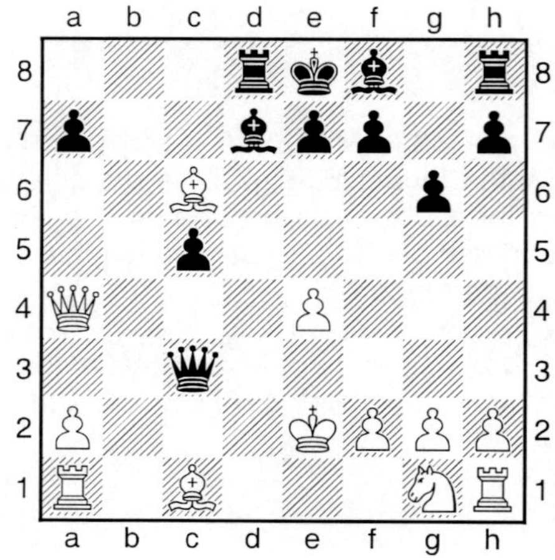

13.♕b3!!+– [A refutação da ideia das pretas. O plano das brancas é realizar um duplo sacrifício de torre para ativar as peças menores e coordenar um ataque de mate contra o rei adversário. Portanto, seria um erro jogar agora 13.♖b1? ♕d3+! 14.♔xd3 ♗xc6+ 15.♔e3 ♗xa4∓ Isakov - Nikitin, corr. 1947]

13...♕xa1 14.♗b2! ♕b1 15.♘f3! ♕xh1

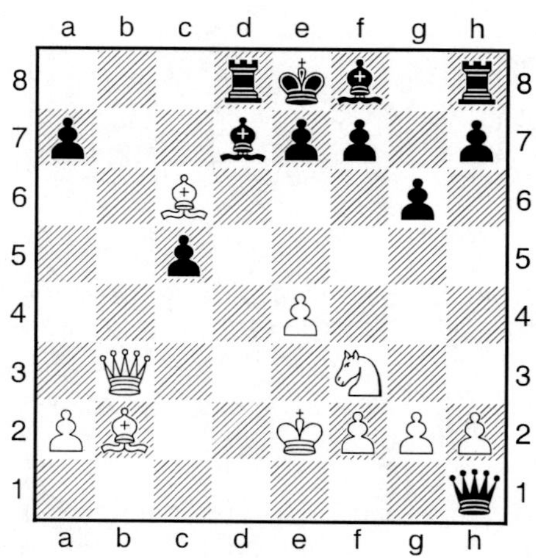

O atraso no desenvolvimento da ala do rei é fatal para as pretas, pois não há defesa para o rei no centro do tabuleiro.

16.♘e5! e6 17.♗xd7+ ♖xd7 [Não há como escapar da rede de mate. Se 17...♔e7 seguiria 18.♕b7 ♔f6 *(18...♕xg2 19.♘c6+ ♔d6 20.♗e5#)* 19.♘f3+ e5 20.♗xe5+ ♔e7 21.♗c8+ ♔e8 22.♕c6+ ♔e7 23.♗f6#]

18.♕b8+ ♖d8 [Se 18...♔e7 seguiria 19.♘c6#]

19.♕b5+ ♔e7 20.♕b7+ ♔f6 21.♕xf7+ ♔g5 22.♘f3+ ♔h5 [As pretas levariam xeque-mate mais rápido, com as outras opções: 22...♔h6 23.♕f4+ ♔h5 *(23...g5 24.♕xg5#)* 24.g4#; 22...♔g4 23.♕xe6+ ♔f4 *(23...♔h5 24.♕h3#)* 24.g3#]

23.g4+! ♔xg4 24.♕xe6+ ♔f4 25.♗e5+ ♔xe4 26.♘g5#

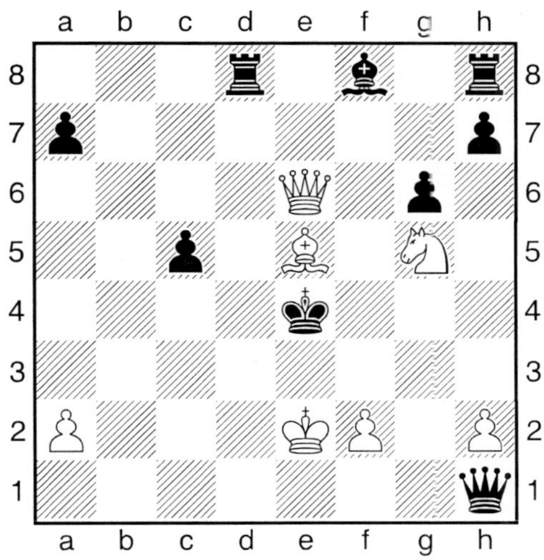

Uma posição final magistral.

1–0

(10) A. Lilienthal - R. Nezhmetdinov [E67]

URSS (ch-sf), 1951

O GM Andre Lilienthal (1911–2010) foi um forte jogador nas décadas de 1930 e 1940. Obteve uma vitória contra Lasker, uma vitória contra Capablanca, duas vitórias contra Botvinnik e quatro vitórias contra Smyslov, embora o score seja negativo no total de partidas jogadas contra estes dois últimos campeões mundiais.

1.d4 ♘f6 2.c4 d6 3.♘c3 e5 4.♘f3 [A outra opção é trocar as damas com 4.dxe5 dxe5 5.♕xd8+ ♔xd8=]

4...♘bd7 5.g3 exd4!?

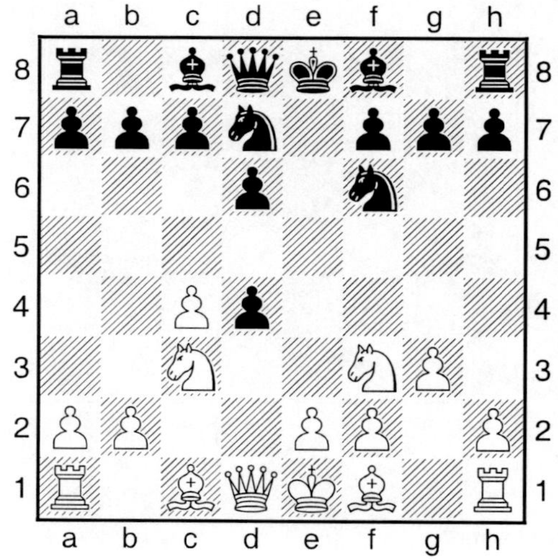

As variantes principais nesta posição são 5...g6; 5...c6

6.♘xd4 g6 7.♗g2 ♗g7 8.0–0 0–0 9.b3 [As variantes principais nesta posição são 9.h3; 9.♕c2]

9...♘c5 10.b4 [As brancas poderiam continuar o desenvolvimento normal da ala da dama com 10.♗b2 ♖e8 11.♕c2 a5 12.♖ad1 ♗d7 13.h3 ♕c8 14.♔h2 a4= J. Sajtar - I. Grynfeld, Varsóvia 1947.]

10...♘e6 11.♘b3 ♘d7 12.♗b2 ♘e5 13.♘a5!?

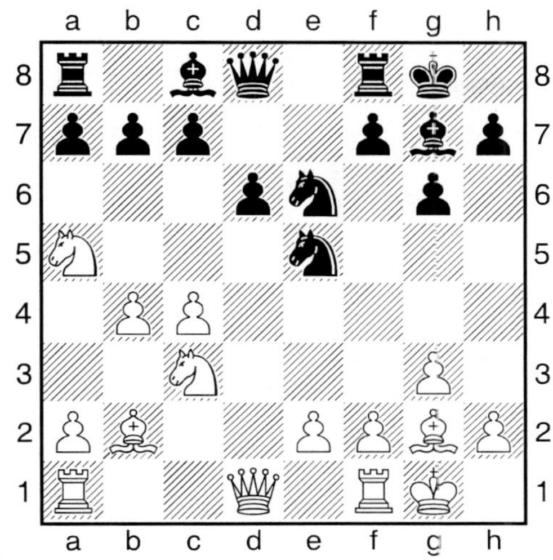

13...♘d4 [Diante da pressão das brancas contra o peão em b7, as pretas poderiam defender-se da ameaça com 13...♖b8 14.♕d2 b6 15.♘c6 ♘xc6 16.♗xc6 ♗d7!?= Δ a5 *(se 16...♗b7* as brancas poderiam trocar o bispo do fianchetto com *17.♗xb7 ♖xb7 18.♘d5 c6 19.♗xg7 ♔xg7 20.♘c3⩲* Δ ♖ad1*)*]

14.♘a4 [Simplificar a posição levaria à igualdade após 14.♘xb7 ♗xb7 15.♗xb7 ♘xc4 16.♗c1 ♖b8 17.♗d5 ♘b6 (Δ ♘xe2+) 18.♖b1 ♘xd5 19.♘xd5 ♕e8!? (Δ ♕e4) 20.♗e3 ♘f5=]

14...c5?! [Seria mais interessante manobrar o cavalo com 14...♘e6!? 15.f4 ♘g4 16.♕d2 ♖b8 17.♗xg7 *(17.♘b3 ♗xb2 18.♘xb2 b6 19.e4⩲)* 17...♘xg7 18.e4⩲ com vantagem de espaço no centro.]

15.a3?! [Um lance desnecessário. As brancas poderiam, diretamente, capturar o peão para ficar com uma clara vantagem após 15.♘xb7! ♘ef3+ *(15...♗xb7 16.♗xb7 ♖b8 17.bxc5 ♖xb7 18.♗xd4 ♖b4 19.♖c1±* Δ ♘b2*; 15...♘df3+ 16.exf3 ♗xb7 17.♗xe5 ♗xe5 18.♖b1±)* 16.exf3 ♗xb7 17.bxc5 ♗c6 18.♗xd4 ♗xa4 19.♕xa4 ♗xd4 20.f4±]

15...♗g4 [Agora, as pretas poderiam defender o peão atacado com 15...♖b8!?=]

16.♗xd4 cxd4

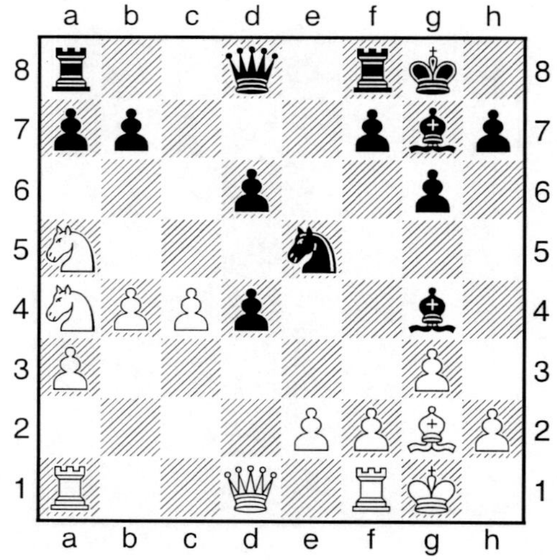

17.h3 [As brancas poderiam capturar o peão com qualquer das duas peças menores para obter uma pequena vantagem: 17.♘xb7 ♕d7 18.♘b2 ♖ac8 19.♖c1 ♗h6 20.f4 d3 21.♘xd3 ♘xc4 22.♘dc5! dxc5 23.♕xd7 ♗xd7 24.♖xc4 cxb4 25.♖xb4± (Δ e4; Δ ♖f3); 17.♗xb7 d3!? 18.f3 ♗h3 19.♖e1 *(19.exd3!? ♗xf1 20.♔xf1 ♕f6 21.♖a2⩱* Δ ♔g2*)* 19...♖b8 20.♗d5!? (20.♗e4 ♘xc4! 21.♘c6 *(21.♘xc4 d5=)* 21...♗xa1! 22.♘xd8 ♗d4+! 23.e3□ ♘xe3! 24.♘c6□ ♘xd1+ 25.♘xd4 ♗d7! 26.♗c6□ ♗xc6 27.♘xc6 ♖b6!! 28.♘e7+ *(28.♘xb6?! ♘b2!* Δ d2*; 28.♘a5 ♘c3! 29.♘xc3 ♖c8!⇄* Δ ♖c2*)* 28...♔g7 29.♖xd1 ♖a6! 30.♘c3 ♖xa3 31.♘ed5 a5!=) 20...dxe2 21.♕xe2 ♗d7 22.♘b2 ♕f6 23.♖f1 ♖be8 24.♕d2 ♘xf3+ 25.♗xf3 ♕xb2 26.♕xb2 ♗xb2 27.♖a2±]

17...♗e6 18.c5?! [Também seria inferior jogar 18.♗xb7 ♗xh3 19.♖e1 ♖b8∓; Uma alternativa para manter a posição igualada seria capturar o peão com 18.♘xb7!? ♕d7 19.c5 d5 20.c6!? ♕xc6 21.♘a5= Δ ♘c5]

18...b5 [Agora, as pretas teriam uma forte réplica com 18...b6! 19.♘b7 *(19.♗xa8 ♕xa8 20.cxb6 axb6 21.♘xb6 ♕a6!–+* ameaçando o cavalo branco, em b6, e chegando na mesma posição ocorrida na partida no lance 21*; 19.cxb6 axb6 20.♘c6 ♘xc6 21.♗xc6 ♗xh3 22.♖e1 h5∓* Δ h4*)* 19...♕d7 20.♘xd6 *(20.cxb6 ♗xh3 21.♘a5 ♗xg2 22.♔xg2 ♖ab8 23.bxa7 ♕xa7∓)* 20...♗xh3 21.♖c1 ♗xg2 22.♔xg2 bxc5 23.bxc5 ♕c6+ 24.♔g1 *(24.f3 ♘g4 25.♘c4 ♖ab8∓)* 24...♖ab8∓]

19.cxb6? [A captura en passant do peão não é obrigatória. Seria melhor manter a estrutura de peões flexível e manobrar o cavalo para a sexta fila com 19.♘b7!? ♕d7 20.♘b2 d5! (fechando a grande diagonal e mantendo o controle da casa c4) 21.♘d6 ♘c4∓]

19...axb6 20.♗xa8 [A troca dos cavalos não alivia a posição das brancas por causa da queda do peão, em h3, após 20.♘c6 ♘xc6 21.♗xc6 ♗xh3 22.♖e1 (22.♖c1 ♗xf1 23.♕xf1 *(23.♔xf1 b5–+)* 23...♖a7–+ Δ h5–h4) 22...h5∓ Δ h4]

20...♕xa8 21.♘xb6 ♕a6!–+

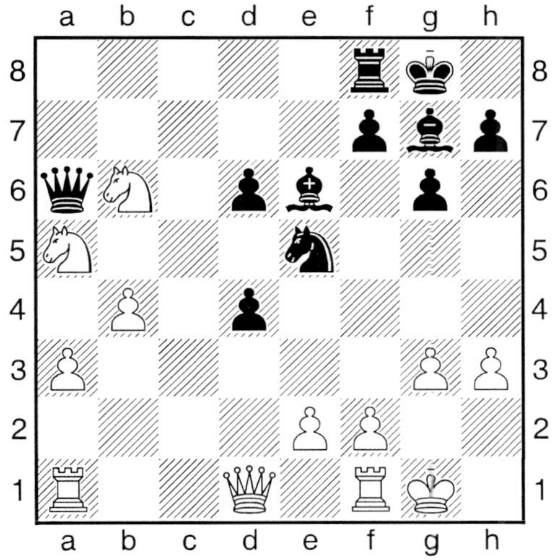

22.♘a4 [22.♔h2 ♕xb6 23.♖c1 ♕b5 24.♖c7 d3–+]

22...♗xh3 23.♖c1 [23.♖e1? d3!–+; 23.f3 ♗xf1 24.♔xf1 d3! 25.♖a2 *(25.♖b1 ♕c8–+; 25.♖c1 ♖c8!–+)* 25...♖c8!–+ (Δ ♕b5)]

23...d3! 24.exd3 ♕a8! 25.f3 ♘g4! 26.♘c4 [26.♘c6 ♘e3 (Δ ♘xf1) 27.♘b6 ♕b7–+]

26...♗d4+ 27.♔h1 ♕d5 28.♖c2 ♗xf1

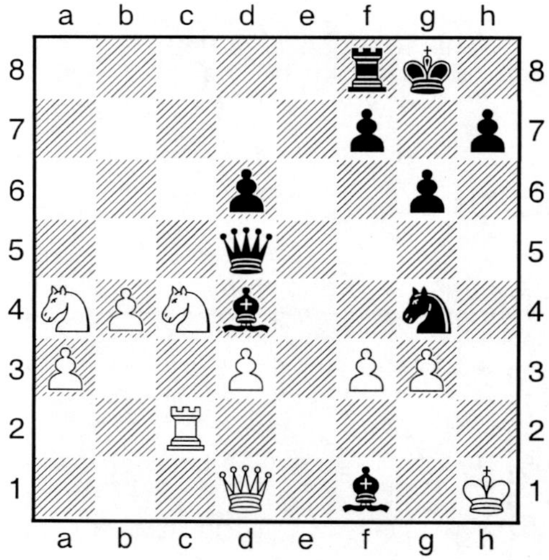

As brancas abandonaram, pois não há defesa contra o xeque-mate após 29.♕xf1 ♕h5+.

0–1

(11) K. Klaman - R. Nezhmetdinov [C27]

URSS (ch-sf), 1951

1.e4 e5 2.♘c3 ♘f6 3.♗c4 ♘xe4 4.♕h5 ♘d6 5.♗b3 [A posição estaria igualada após a troca de damas com 5.♕xe5+ ♕e7 6.♕xe7+ ♗xe7 7.♗b3 ♘f5 8.♘f3 *(8.♘b5?! ♘a6!∓ Δ c6; 8.♘d5 ♗d8 9.♘f3 c6 10.♘e3 d5 11.d4 0–0 12.0–0=)* 8...c6 9.d4 d5 10.0–0 0–0=]

5...♗e7 6.♘f3 0–0 [As pretas poderiam continuar o desenvolvimento e devolver o peão para manter a igualdade da posição com 6...♘c6!? 7.♘xe5 g6! 8.♘xc6 dxc6 9.♕f3 0–0 10.0–0 ♘f5 11.d3 ♘d4 12.♕d1 ♖e8 *(12...a5 13.♗e3 ♗f5=)* 13.♗e3 ♗f5=]

7.h4 [As brancas partem para o ataque, num estilo característico de seu adversário. Outra opção seria recuperar o peão e manter a igualdade com 7.♘xe5 ♘c6 (7...♗f6 8.♘g4! ♕e7+ *(8...♖e8+ 9.♔f1!±)* 9.♔f1!±) 8.0–0 b6 9.d3 ♘d4 10.♖e1 ♘xb3 11.axb3 ♗b7=]

7...♘c6 8.♘g5 h6

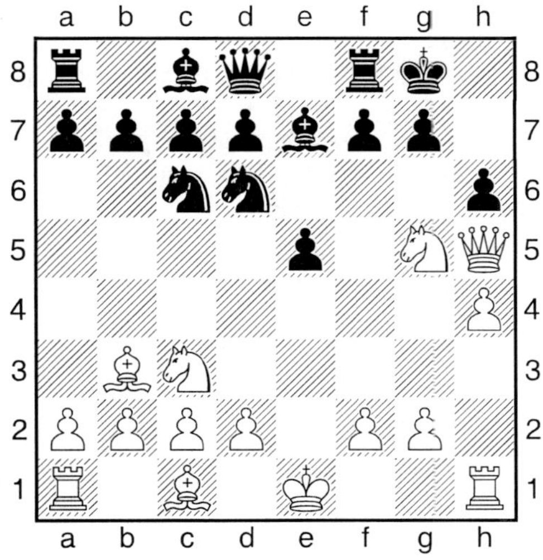

9.♘ce4? [Não há ataque nesta posição. Era necessário trocar as damas com 9.♕g6! ♗xg5□ 10.hxg5 ♕xg5□ 11.♕xg5 hxg5 12.d3⩲ Δ ♘d5 *(12.♘d5⩲ Δ ♘xc7)*]

9...♘xe4 10.♗xf7+ ♖xf7? [A refutação contra o prematuro ataque era levar o rei para uma casa segura com 10...♔h8! 11.♘xe4 d5! controlar o centro e manobrar o cavalo para uma casa ativa após 12.♘g3 *(12.♘g5 ♘d4–+; 12.♘c3 ♘d4–+)* 12...♘b4 13.0–0 *(13.♗g6 e4–+)* 13...♘xc2–+]

11.♕xf7+ ♔h8 12.♘xe4 d5 [Se 12...♘d4 as brancas poderiam jogar de maneira ativa com 13.♘g5! d5

a) 13...♘xc2+? 14.♔f1!+– Δ ♕g6;

b) 13...d6 14.c3! ♘c2+ 15.♔f1 ♕f8 *(15...♗xg5? 16.hxg5 ♕xg5 17.d3! ♕f5 18.♕e8+! ♔h7 19.♗xh6! gxh6 20.♖h3!+–)* 16.♕g6 ♗xg5 17.♕xc2± Δ d3;

14.c3! ♘c2+ 15.♔f1 ♕f8 *(15...♗xg5? 16.hxg5 ♕xg5 17.d3! ♕f5 18.♕e8+ ♔h7 19.♗xh6! gxh6 20.♖h3!+–)* 16.♕g6 ♗xg5 17.♕xc2± Δ d3]

13.♘g3 [Outra opção seria jogar 13.♘g5!? ♕f8

a) se 13...♘d4 por inversão de jogadas 14.c3! conforme analisado no comentário anterior;

b) 13...♗xg5 14.hxg5 ♕xg5 15.♔f1 ♕f5 16.♕e8+ *(16.♕xf5 ♗xf5 17.c3 ♗d3+ 18.♔g1 e4⩱)* 16...♔h7 17.d3 ♖b8 18.♗d2 ♕f6 19.♕h5 ♗f5⩱ Δ ♖f8;

14.d3 *(14.♕xf8+ ♗xf8⩱ Δ ♘b4; Δ ♘d4; 14.♕xd5 ♘d4!?∞ Δ c6)* 14...♕xf7 15.♘xf7+ ♔g8 16.♘xh6+ gxh6 17.♗xh6 ♗d7 18.♔d2 ♔h7=]

13...♘d4 14.♕g6 [As brancas poderiam completar o desenvolvimento da ala do rei com 14.0–0 ♘xc2 15.♖b1 ♗xh4∞ A questão é saber se as pretas possuem compensação suficiente pela qualidade em troca de dois peões.]

14...e4!?

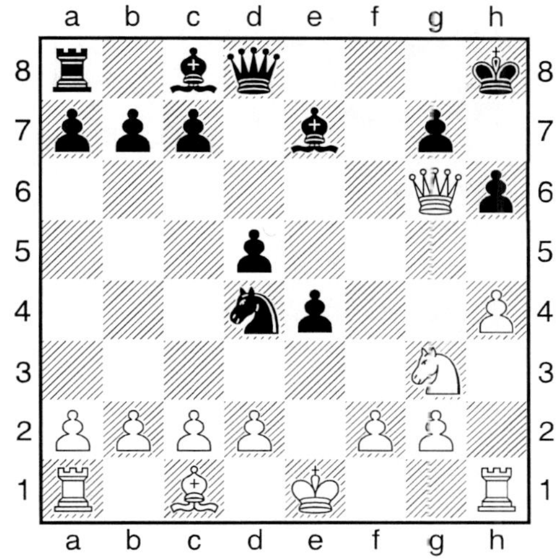

15.♔d1? [Um grave erro defensivo deixar o rei no centro. Era melhor rocar pequeno e jogar de maneira ativa após 15.0–0 ♘xc2 16.♖b1 ♘b4 (Δ ♘d3) 17.d4 ♗xh4 18.♗xh6 gxh6 19.♕xh6+ ♔g8 20.♕g6+ ♔h8=]

15...♕d6 [As pretas poderiam conseguir uma clara vantagem, ao jogar a dama de maneira ativa, após 15...♕f8! 16.c3□ *(16.♖f1? ♗g5!!–+ Δ ♗g4+)* 16...♘c6 17.d4 *(17.♘e2 ♘e5! 18.♕g3 ♗d6! 19.f4 exf3 20.gxf3 ♘xf3 21.♕g2 h5!–+ Δ ♗g4)* 17...exd3 18.♕xd3 *(18.f4 d4!∓; 18.f3 d4!∓)* 18...♕xf2 19.♕f3□ ♕c5! 20.♗g5 ♗d6!∓]

16.♕h5? [As brancas poderiam defender a posição, com a troca de damas, após 16.♕xd6□ ♗xd6 17.d3□ ♗xg3 18.fxg3 ♗g4+ 19.♔d2□ e3+! 20.♔c3 ♘e2+! 21.♔b3 d4!∓]

16...♕f4 17.d3 ♗g4+ 18.f3 ♕xg3 19.♕xg4 ♕f2!

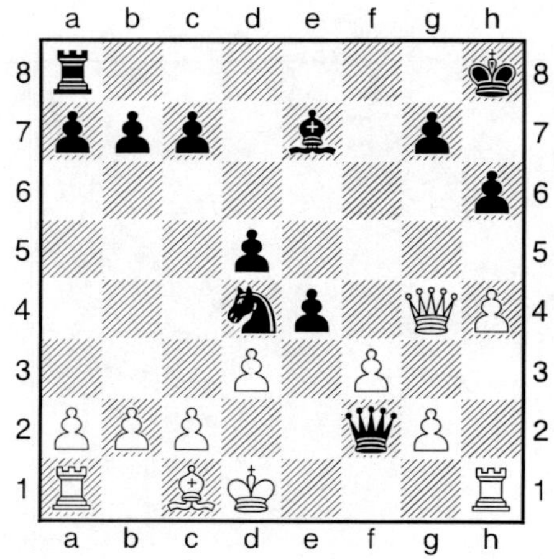

20.fxe4 [As brancas estão em rede de mate, mesmo após 20.f4 ♗xh4! 21.♖xh4 exd3! 22.cxd3 ♖e8! 23.♗e3 ♕xe3–+]

20...♕xc2+ 21.♔e1 ♗b4+ [As pretas dariam xeque-mate mais rápido com 21...♖f8! 22.♗d2 ♕xd3 23.♖c1 ♗xh4+! 24.g3 ♗xg3+ 25.♔d1 ♖f1+ 26.♖xf1 ♕xf1+ 27.♗e1 ♕xe1#]

22.♔f1 ♕xd3+ 23.♔g1 ♘e2+ 24.♔h2 ♗d6+ 25.g3 ♖f8 26.♗xh6 ♗xg3+

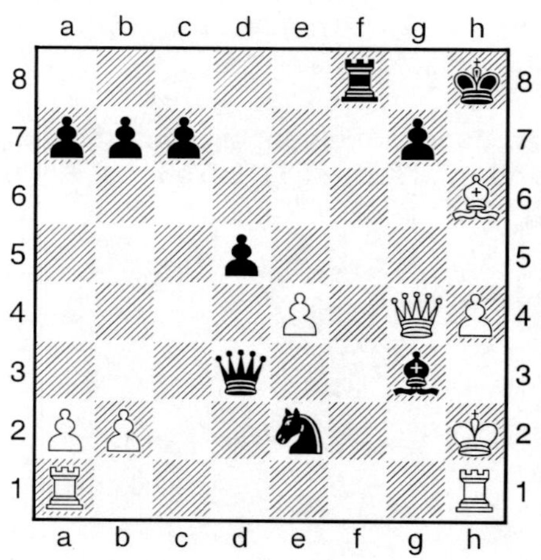

0–1

(12) R. Nezhmetdinov - Y. Estrin [C92]

URSS (ch-sf), 1951

O MI Yakov Estrin (1923–1987) é também conhecido no xadrez mundial por ter obtido o título de GM (ICCF) em 1966 e depois sido campeão mundial por correspondência na sétima final da ICCF que começou em 1972 e terminou em 1975.

1.e4 e5 2.♘f3 ♘c6 3.♗b5 a6 4.♗a4 ♘f6 5.0–0 b5 6.♗b3 d6 7.c3 ♗e7 8.♖e1 0–0

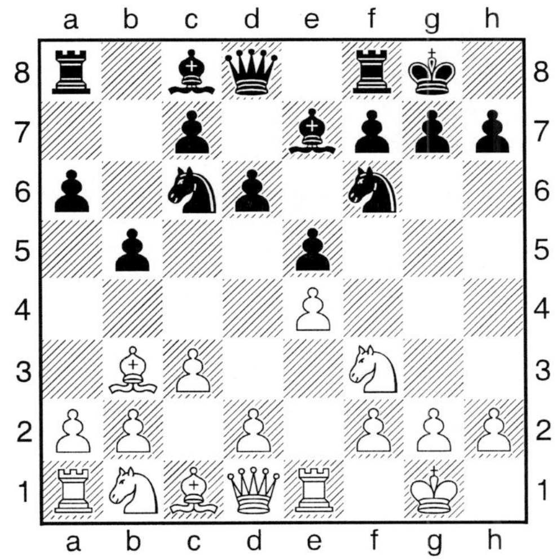

9.h3 [Com cores invertidas, Nezhmetdinov jogou de pretas contra a variante 9.d4 ♗g4 10.h3 *(10.♗e3; 10.d5)* 10...♗xf3 11.♕xf3 exd4 12.♕d1 dxc3 13.♘xc3 ♘a5 14.♗c2 c5 15.f4 *(15.b3!?* Δ *♗b2)* 15...♘c6 16.♗e3 ♖c8 *(16...♘b4∓* Δ *♘xc2;* Δ *d5)* 17.♔h2 *(17.a4!⩲)* 17...♖e8∓ 18.a3 ♗f8 19.♗f2 g6! 20.g4?! *(20.♕d2 ♗g7 21.♖ad1 ♘h5∓)* 20...♘d4 21.♗xd4?! *(21.g5 b4!∓; 21.♗d3 ♗g7∓)* 21...cxd4 22.♕xd4 ♘xg4+! 23.♔g2 ♕h4–+ Shishov - Nezhmetdinov, URSS por equipes (ch) 1951]

9...♗e6 10.d4 ♗xb3 11.♕xb3 ♕d7 12.♘bd2 ♖fe8 13.♘f1

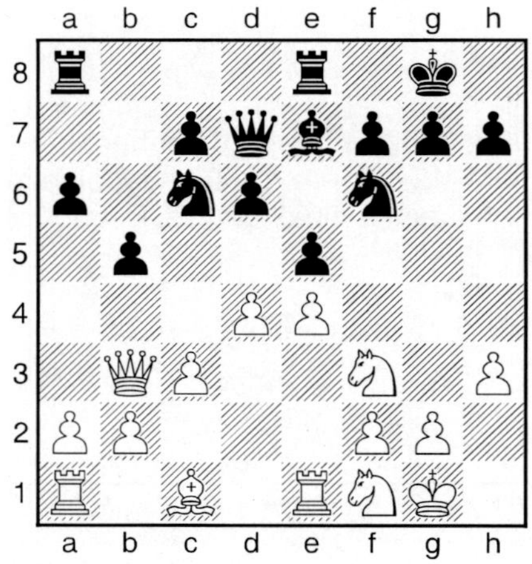

13...exd4 [As variantes principais são 13...h6; 13...♘a5]

14.cxd4⩲ ♘a5 15.♕c3 ♘c4 [Em caso de 15...♘b7 as brancas podem mobilizar as peças menores na ala do rei com 16.♗g5 c5 17.♘g3⩲]

16.♘g3 c5 17.b3 ♘b6?! [Lance passivo que deixa o cavalo mal colocado na ala da dama. As pretas poderiam jogar de maneira mais ativa no centro para defender a posição com 17...cxd4!? 18.♘xd4 ♘e5 19.♘df5 ♖ac8 20.♕d2 ♗f8 21.♗b2 ♖e6 22.♖ad1±]

18.♗b2!

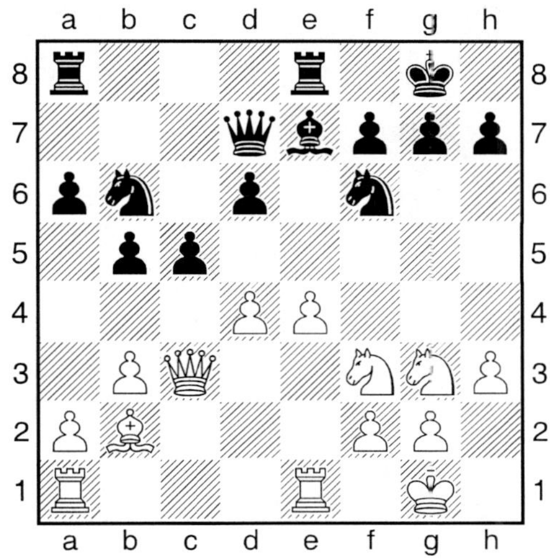

18...b4 [As brancas controlam a grande diagonal e podem posicionar as peças em posições ativas, por exemplo: 18...c4 19.d5 ♖ac8 20.♕d2 ♕c7 21.♖ac1 ♘bd7 22.♘f5±; 18...♗f8 19.♕a5 ♕d8 20.dxc5 dxc5 21.♖ad1 ♘fd7 22.♘f5±]

19.♕d2± [O plano das brancas é manobrar a dama para atacar a ala do rei adversária.]

19...a5 20.dxc5 dxc5 21.♕g5 h6 22.♕f4 c4 [Outra possibilidade defensiva seria simplificar a posição com 22...♗d6 23.♕h4 ♗xg3 24.♕xg3 ♖e6 25.♖ac1 ♖c8 *(25...c4 26.bxc4 ♘a4 27.♗d4 ♖c8 28.e5 ♘h7 29.♖e4±)* 26.♗xf6 ♖xf6 27.♘h4± (Δ ♘f5)]

23.♗d4 ♖a6 [O ataque simultâneo nas duas alas dificulta a defesa das pretas, mas era melhor jogar 23...♕e6 24.♘f5! cxb3 *(24...♘bd7 25.e5 ♘h7 26.bxc4 ♘g5 27.♖ad1±)* 25.axb3 ♘bd7 26.♕g3 ♘h5 27.♕g4 ♕g6 28.♘xh6+! gxh6 29.♕xd7 ♘f4 30.g3 ♕e6 31.♕xe6 ♘xe6 32.♗e3±]

24.♘f5!+–

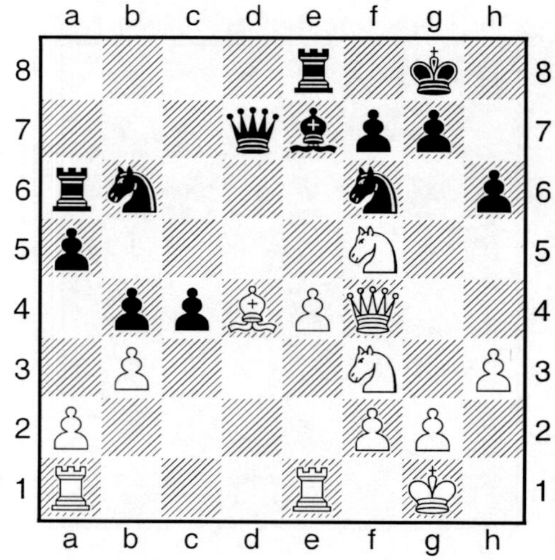

24...♕e6 [As pretas entrariam num final perdido após 24...cxb3 25.♕g3 ♘h5 26.♕g4 g6 27.♘e5 ♕e6 28.♘xh6+ ♔h7 29.♘hxf7! ♕xg4 30.hxg4 b2 31.♗xb2 ♘f4 32.♖ac1+–]

25.♗xb6 ♖xb6 [A única forma de evitar tanto a manobra de cavalo como o ataque de mate, que ocorreram na partida, seria capturar o bispo com 25...♕xb6 26.♕g3! g6 27.♘xh6+ ♔g7 28.♘f5+ ♔g8 29.e5+–]

26.♘xg7! ♔xg7 27.♘d4! ♕c8 28.♘f5+! ♔g8 29.♕g3+! ♘g4 30.♕xg4+

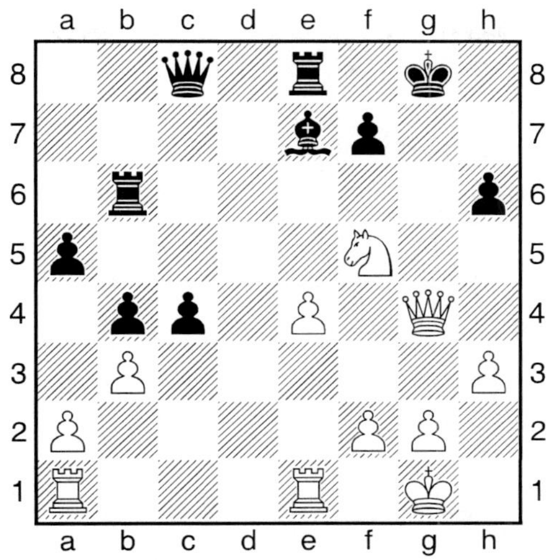

1–0

(13) R. Nezhmetdinov - L. Aronin [B50]

Rússia (ch), 1953

1.e4 c5 2.♘f3 d6 3.g3 ♘c6 4.♗g2 ♗g4 [Os dois lados podem concluir o desenvolvimento da ala do rei com 4...♘f6 5.♘c3 e6 6.0–0 ♗e7 7.d3 0–0=]

5.h3 ♗h5 6.d3 [Outra opção das brancas é jogar 6.g4 ♗g6 7.d3 ♕d7 8.♗e3 e6 9.♘c3 ♘ge7 10.0–0 f6 11.d4 cxd4 12.♘xd4 ♘xd4 13.♗xd4 *(13.♕xd4 ♘c6=)* 13...♘c6= I. Grobovsek - G. Petrachi, Portoroz (open) 1995. *(13...h5!?)*]

6...e6 7.♘c3 ♗e7 8.0–0 ♗f6 [Outro lance atípico de bispo. As pretas poderiam seguir com 8...♘f6 9.♘e2 h6 10.♘f4 ♗xf3 11.♗xf3 0–0= Δ ♕b6, ♖ac8]

9.♘e2 ♗xf3 10.♗xf3 ♘ge7 11.♗g2 d5 12.exd5 ♘xd5

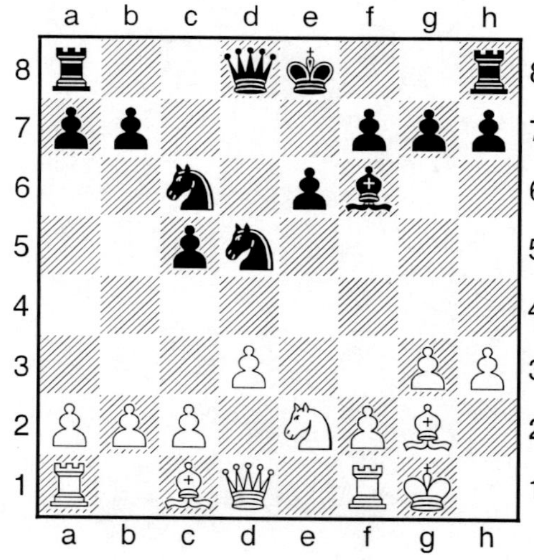

13.♘f4 ♘xf4 [Uma troca desnecessária, pois o lance dá um tempo de desenvolvimento para as brancas ativarem o bispo. Seria mais interessante concluir o desenvolvimento da ala do rei e manter uma posição sólida com 13...0–0 14.c3 ♕d7=]

14.♗xf4 ♕d7 [Obviamente, se 14...♗xb2? seguiria 15.♖b1 ♗f6 16.♖xb7 ♖c8 17.♕h5 0–0 18.♕xc5±]

15.c3 0–0 16.♕a4 ♖ac8 [Obviamente, as pretas não podem capturar o peão com 16...♕xd3? pois as brancas seguiriam 17.♖ad1 ♕g6 18.♖d7±]

17.♖ad1 ♖fd8 18.♖fe1 b6

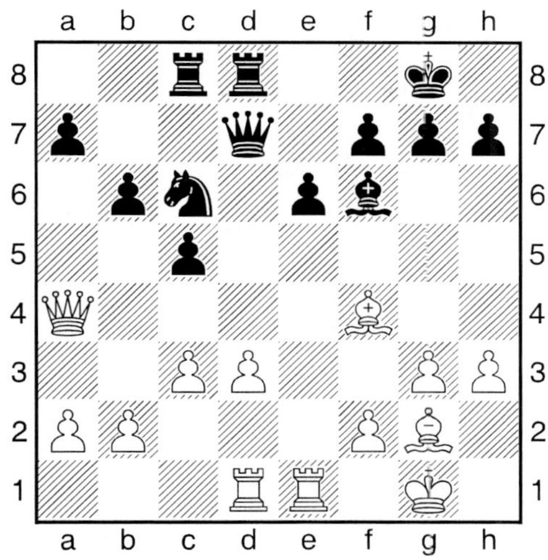

Os dois lados concluíram os lances da abertura e o desenvolvimento das peças, nesta rara variante da Siciliana (B50).

19.♕a6 g5?! [Lance muito precipitado. As pretas poderiam manter a posição equilibrada com 19...h6!?= e aguardar qual seria o plano de meio-jogo das brancas.]

20.♗c1 ♘a5 21.d4! cxd4 [As brancas realizam um temporário sacrifício de peão para manobrar a dama até a ala do rei.]

22.♕e2 h6?! [Outro debilitamento desnecessário da ala do rei. As pretas poderiam jogar a posição de maneira mais dinâmica com 22...d3!? 23.♕g4 *(23.♕f3 ♕e7 24.♖xd3 ♘c4 25.♖ed1 ♘e5 26.♖xd8+ ♖xd8 27.♕e2± ⊞)* 23...♕b5 24.♗f1 ♘c6 25.♕f3 ♗e7 26.♕e4 *(26.a4 ♕d5 27.♕xd3 ♕xd3 28.♗xd3± ⊞)* 26...♕d5 27.♗xd3 ♕xe4 28.♗xe4± ⊞]

23.♕h5 ♔g7 [Aproveitando as debilidades dos peões na ala do rei adversária, as brancas agora vão aumentar a pressão com o avanço dos próprios peões.]

24.h4! ♕e7 [Se 24...♖h8 seguiria 25.cxd4 ♘c4 26.b3 ♘d6 27.♗h3!± (Δ d5)]

25.cxd4 ♘c4 26.b3 ♘d6 27.d5! e5 28.f4!

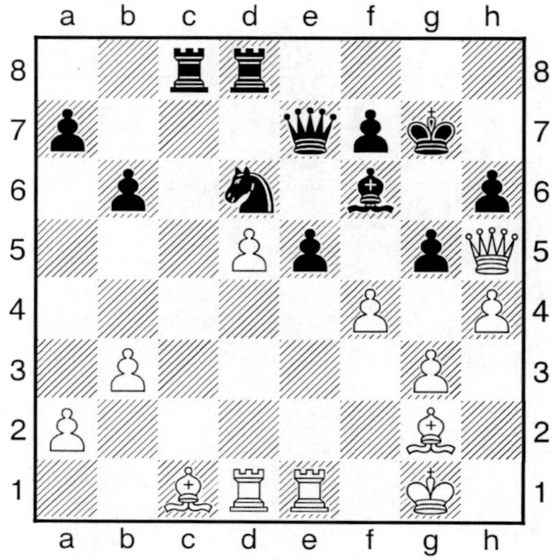

28...gxf4 [As brancas possuem uma posição ganhadora, como demonstram as outras alternativas para as pretas: 28...e4 29.hxg5 hxg5 30.♗a3! ♖h8 31.♕g4+– (Δ fxg5); 28...♖xc1 29.♖xc1 gxf4 30.gxf4 e4 31.♗xe4 ♗xh4 *(31...♘xe4 32.♖c4+–)* 32.♖e2 ♘xe4 33.♖c6! ♗f6 34.♖c4+–]

29.♗xf4! ♖h8 30.♖xe5! ♕d7 [Se 30...♗xe5 seguiria 31.♕xe5+ ♕xe5 32.♗xe5+ f6 33.♗xd6+–]

31.♖e2 ♖h7? [As brancas conseguiriam um final ganho com o avanço do peão passado central, após a troca de damas com 31...♕f5 32.♕xf5 ♘xf5 33.♗h3 ♘d4 34.♖e4 ♘b5 35.♗xc8 ♘c3 36.d6 ♘xe4 *(36...♘xd1 37.d7+–)* 37.♗f5 ♘c3 38.♖d2+– (Δ d7)]

32.♗xd6 [e as pretas abandonaram, pois após 32....♕xd6 seguiria 33.♕g4+ ganhando a torre preta em c8.]

1–0

(14) R. Nezhmetdinov - V. Korchnoi [B69]

Bucareste, 1954

O GM Victor Korchnoi (1931–2016) é conhecido por ter jogado a final do Torneio de Candidatos de 1974 contra o GM Anatoly Karpov, mas principalmente por ter disputado o título mundial de xadrez contra o mesmo adversário nos famosos matches disputados em 1978 e em 1981.

1.e4 c5 2.♘f3 ♘c6 3.d4 cxd4 4.♘xd4 ♘f6 5.♘c3 d6 6.♗g5 e6 7.♕d2 a6 8.0–0–0 ♗d7 9.f4 ♗e7 10.♘f3 b5

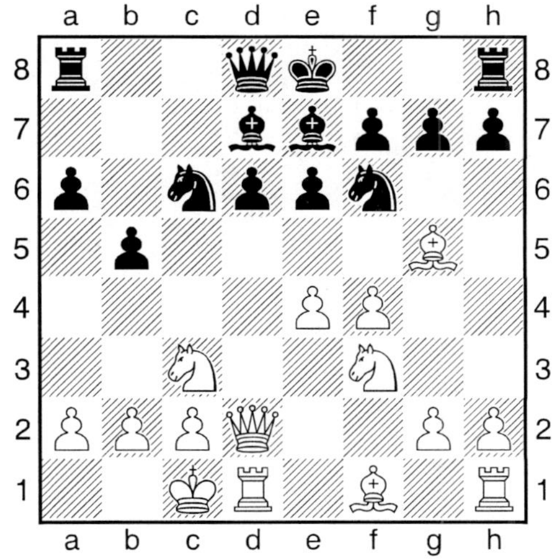

11.♗xf6 [Nesta posição teórica da Defesa Siciliana, um novo plano das brancas é jogar 11.e5!? b4 12.exf6 bxc3 13.♕xc3 gxf6 14.♗h4 d5 15.♔b1± Inarkiev - Gupta, Sharjah 2019.]

11...gxf6 12.f5 [As outras variantes nesta posição são 12.♗d3; 12.♔b1]

12...♕a5 [Normalmente, joga-se 12...♕b6 nesta posição.]

13.♔b1 [13.fxe6 fxe6 14.♔b1 0–0= *(14...0–0–0 15.g3±* (Δ ♗h3) D. Collas - S. Guedon, Saint Affrique (open) 2007*)*]

13...♘e5 [As brancas também conseguem uma pequena vantagem após 13...0–0–0 14.♘d4 *(14.♕h6⩲ Δ ♕h5)* 14...♔b7 15.♘b3 *(15.a3⩲)* 15...♕b6 16.♘e2 ♖c8 17.♘f4 a5!?∞ Δ a4 *(17...♘e5? 18.♘d4!±* J. Bink - H. Kramer, Hoogovens Beverwijk 1957*)* ; A melhor continuação para as pretas parece ser 13...♖c8 14.♗d3 *(14.fxe6 fxe6= 15.e5?! fxe5∓ 16.♕h6 ♘b4 17.a3□ ♘xc2! 18.♔xc2 ♕a4+! 19.♔c1? b4!–+* J. Thorvaldsson - H. Westerinen, Varna (ol) 1962*; 14.g3 b4 15.fxe6 fxe6 16.♘e2 ♘e5 17.♘ed4⩲* M. Sanchez Ibern - S. Beltran Rueda, Barcelona 2008*)* 14...♘b4 15.♘d4 ♘xd3 16.♕xd3 b4 17.fxe6 (17.♘ce2 e5 18.♘b3 ♕b6 *(18...♕b5* (A. Dueckstein - E. Geller, Zagreb 1955) *19.♕f3=)* 19.♘g3?! *(19.♘d2=)* 19...a5! 20.♘h5 ♖g8 21.♖hg1 a4∓ B. Enklaar - T. Van Schuelfinga, Holanda (ch) 1973) 17...fxe6 18.♘ce2 0–0? *(18...♕c5=)* 19.♘f4! ♕e5 20.♕g3+? *(20.♖hf1!± Δ ♕h3)* 20...♔h8 21.♖he1 ♖c4 22.♕f2 1/2 - 1/2 A. Noskov - A. Petersons, URSS 1967]

14.♗d3 [As brancas conseguiriam uma pequena vantagem com a penetração da dama na ala do rei após 14.♘xe5! fxe5 15.♕h6! (15.f6 ♗f8! *(15...♗xf6 16.♕xd6 ♕d8 17.a3 ♕e7 18.♕c7 ♖d8 19.♖d6⩲)* 16.g4 ♕d8! 17.♕f2 *(17.g5 b4 18.♘e2 h6!∞)* 17...b4 18.♘e2 ♖g8! 19.♖g1 ♗c6 20.♕f3 ♖g6 21.g5 h6 22.h4 a5!∞ Δ a4) 15...b4 16.fxe6 fxe6 17.♘e2 0–0–0 18.♘g3 ♖dg8 19.♗c4 ♖g6 20.♕h5⩲]

14...♘c4?! [As pretas poderiam igualar a posição com 14...♘xd3! 15.♕xd3 b4 16.fxe6 fxe6 17.♘e2 ♕b5=]

15.♗xc4 bxc4 16.♖he1 [16.♔a1 ♖b8 17.♖b1⩲]

16...♖b8

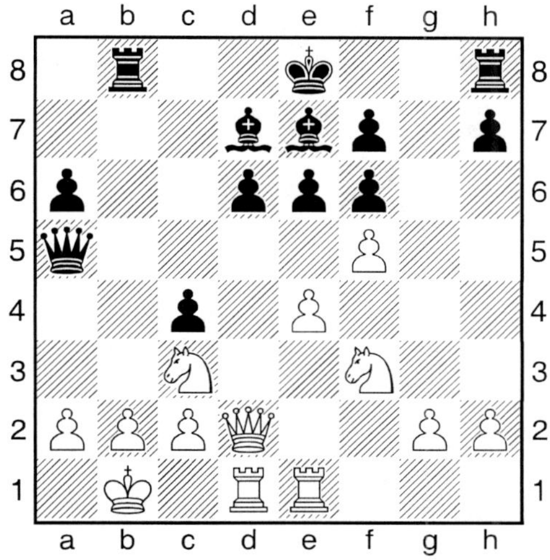

17.♘e2? [As brancas deixaram escapar uma grande vantagem, com sacrifício de peão, após 17.e5!! fxe5 *(17...♕b4 18.b3 cxb3 19.axb3 ♖c8 20.exf6! ♕xc3□ 21.fxe7! ♕xd2 22.♘xd2±)* 18.♘xe5! dxe5 *(18...♕b4 19.b3 ♖b7 20.♘xf7!+–)* 19.♕xd7+ ♔f8 20.♕d2±]

17...♕b5! 18.c3 e5!= 19.♘g3 ♖g8 [Outra alternativa interessante seria jogar 19...h5!? 20.♕c2 ♕a5 21.♖d5 ♖b5=]

20.♖e2 ♗c6 21.♔a1 ♕a5? [Seria mais preciso defender a posição com 21...♖g4! 22.♕h6 *(22.♕e3 ♕b6=)* 22...♗xe4! 23.♘xe4 ♖xe4!= (Δ d5)]

22.♕h6! ♕b6?! [Uma imprecisão que compromete a defesa da posição. Seria melhor continuar com 22...♔d7 23.♘h5 ♗a4 24.♖d5 ♕d8 25.♖dd2±]

23.♕xh7 ♖g4 24.♕h8+ ♔d7 25.♕h5 ♖xg3? [Oferecia uma maior resistência jogar 25...♖g7 26.♖b1 ♗a4 27.♘d2± (Δ ♘f1–e3–e5)]

26.hxg3 ♗xe4 27.♕xf7!+– ♗d3 [Se 27...♗xf5 as brancas teriam uma posição ganhadora após 28.♘xe5+! fxe5 29.♕xf5++–]

28.♕e6+ ♔d8 29.♖ed2 ♕c5 30.♖h1 d5 31.♖h7 [Também ganharia 31.♖h8+ ♔c7 32.♖h7+–]
31...♕d6

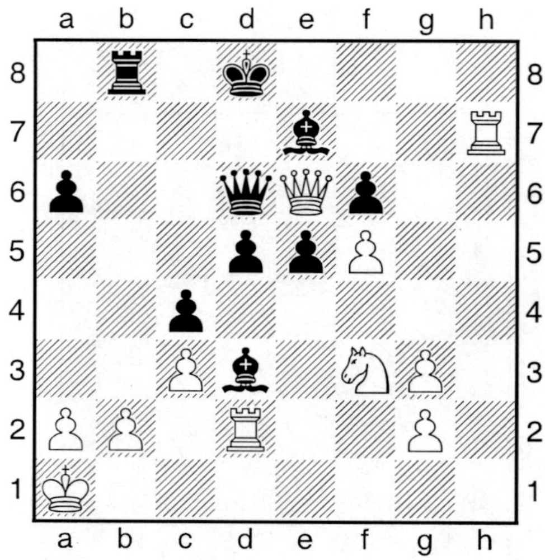

32.♖xe7? [As brancas tinham uma posição ganhadora após 32.♕f7 ♖b7 *(32...♖b5 33.♕g8+ ♔d7 34.♖h8+–)* 33.♘e1 e4 34.♘c2 ♖d7 35.♘d4+–]

32...♕xe7 33.♕xd5+ ♔c7□ 34.g4? [Um avanço de peão desnecessário que perde um tempo importante. As brancas ainda teriam uma grande vantagem com 34.♖d1 ♖b5 35.♕g8 ♖b8 36.♕g4 ♕h7 37.♘h4±]

34...♖b5! 35.♕a8 [A posição ativa da torre atacando a dama permite equilibrar a partida. Em caso de 35.♕g8 ♖b8! as pretas conseguem avançar o peão passado após 36.♕g6 e4! 37.♘d4 e3 38.♖d1 e2 39.♖e1 ♖h8 40.g5! ♖h1□ 41.♘f3 ♖f1 *(41...♖xe1+ 42.♘xe1 fxg5 43.g4 ♕e3 44.♕f7+ ♔b8=)* 42.b3!? cxb3 43.gxf6 ♕a3 44.♕f7+ ♔d8=]

35...♕c5? [As pretas deixaram escapar o empate que havia após 35...♕a3!! 36.♕a7+ ♔c8 37.♕a8+ ♔c7=]

36.b4! ♕c6 37.♕a7+? [As brancas deixaram escapar a vitória com 37.♕xc6+ ♔xc6 38.g5 fxg5 *(38...♗xf5 39.gxf6+–)* 39.a4 ♖d5 40.f6+–]

37...♖b7 38.♕e3 a5 39.g5? [As brancas poderiam manobrar o cavalo com 39.♘e1 e4 40.♘c2±]

39...axb4! 40.cxb4 ♖xb4! 41.♕a7+ ♔c8 [Nesta complexa posição, a interessante alternativa 41...♖b7!? levaria a uma longa variante após 42.♕a5+□ ♕b6 43.♕xb6+□ ♖xb6 44.♖b2□ ♖c6 45.gxf6□ c3 46.♖b1□ ♗xb1 47.♔xb1 e4!? *(47...♖xf6 48.♘xe5 ♔d6 49.♘g4 ♖xf5 50.♔c2 ♖c5 51.♘e3=)* 48.♘d4□ ♖xf6 49.♘b5+□ ♔c6 50.♘xc3□ e3!? *(50...♖xf5 51.♘xe4=)*

51.♔c2 ♖d6!? *(51...♖xf5 52.♔d3 ♖e5 53.♘e2=)* 52.g4□ ♖d2+ 53.♔c1□ ♖d4 54.g5 ♖c4 55.♔b2□=]

42.♖d1 ♖a4

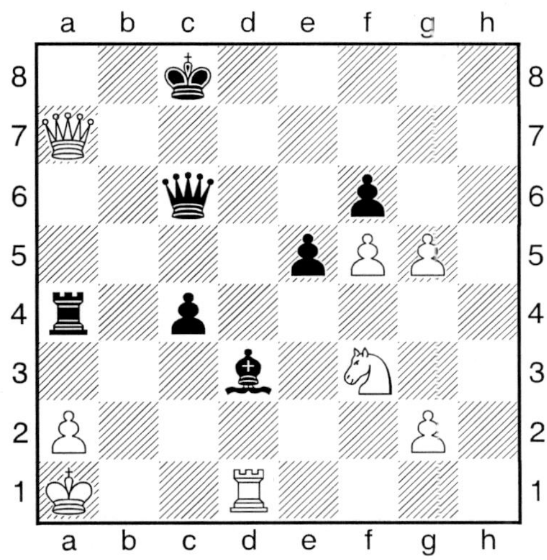

Passado o grande apuro de tempo que provocou vários erros de ambos os lados, os jogadores concordaram com o empate por causa do xeque-perpétuo após 43.♕e7 ♖xa2+! 44.♔xa2 ♕a4+ 45.♕a3 ♕c2+ 46.♕b2 ♕a4+ 47.♕a3=. Um empate titânico e dramático na primeira rodada. Korchnoi terminaria em primeiro lugar com 13/17 (+10=6–1) e Nezhmetdinov em segundo lugar com 12,5/17 (+10=5–2). O torneio foi decidido apenas na última rodada, quando Korchnoi empatou com O'Kelly e Nezhmetdinov perdeu para Furman. Tanto a carreira de Nezhmetdinov como a de Korchnoi ficaram marcadas pelos frequentes apuros de tempo em suas partidas.

½–½

(15) R. Nezhmetdinov - E. Paoli [B95]

Bucareste, 1954

1.e4 c5 2.♘f3 d6 3.d4 cxd4 4.♘xd4 ♘f6 5.♘c3 a6 6.♗g5 e6 7.♕f3!? [Normalmente, nesta posição da Defesa Siciliana, as brancas jogam 7.f4 Δ ♕f3]

7...♗e7 8.0–0–0 ♕c7 9.♖g1!?

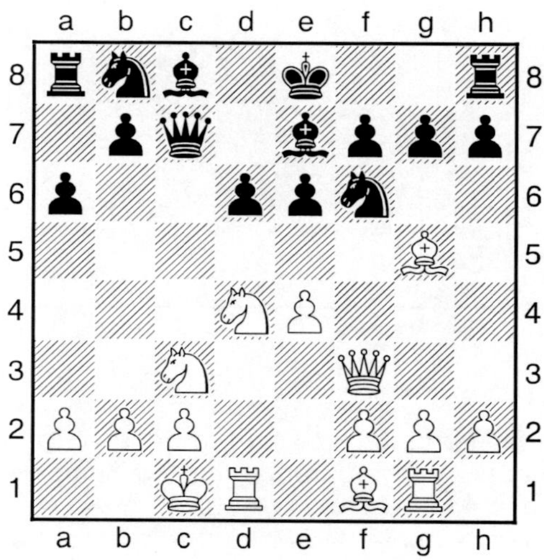

9...♗d7 10.g4 ♘c6 11.♗e3 h6 12.h4 ♖c8 [No ano anterior, havia sido jogado 12...h5!? 13.gxh5 ♘xh5 14.♗g5 ♘f6= Roizman - Polugaevsky, Leningrado 1953.]

13.g5 hxg5 14.hxg5 ♘e5

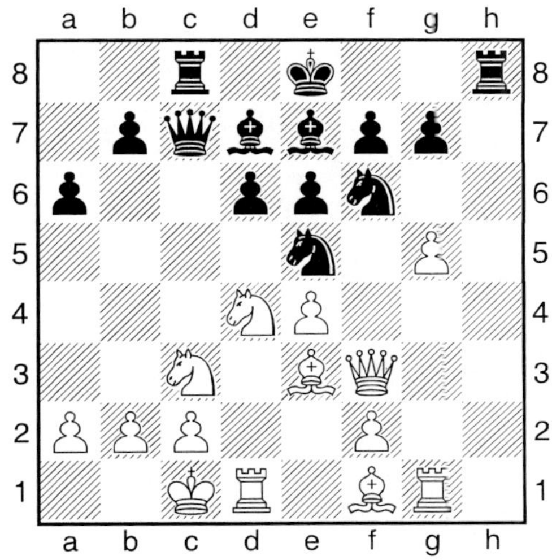

15.♕g2 [Oferece melhores perspectivas jogar 15.♕e2!? ♘h5 16.♕d2 b5 *(16...♘c4 17.♗xc4 ♕xc4 18.♔b1±)* 17.f4 ♘c4 18.♗xc4 ♕xc4 *(18...bxc4? 19.g6±)* 19.♔b1 b4 *(19...g6 20.e5 d5 21.♘ce2±)* 20.♘ce2 g6 21.♘c1± (Δ ♘d3)]

15...♘g8? [Também seria um erro 15...♘h5? por causa de 16.f4 ♘c4 17.♗xc4 ♕xc4 18.g6!+–; As pretas poderiam jogar de maneira ativa para conseguir a igualdade, ao manobrar os cavalos, com 15...♘fg4! 16.♗f4 *(16.♗d2?! ♕b6!∓)* 16...♕b6! 17.♗e2 ♘g6! 18.♘d5!? *(18.♕xg4 e5 19.♘d5 ♕c5 20.b4 ♗xg4 21.bxc5 ♗xe2 22.♘xe2 exf4 23.♘exf4 ♘xf4 24.♘xf4=* Δ ♘d5*)* 18...exd5 19.♗xg4 ♘xf4 *(19...♗xg4!?* Δ ♕c5*)* 20.♗xd7+ ♔xd7 21.♕g4+ ♘e6 22.exd5 ♗xg5+ 23.♔b1 ♗f6 24.dxe6+ fxe6 25.♕xe6+ ♔c7 26.c3 ♔b8=]

16.f4! ♘c4 [16...♘c6 17.f5 ♘xd4 18.♗xd4+–]

17.♗xc4 ♕xc4 18.f5 b5 [Se 18...e5 as brancas seguiriam com 19.♘b3+– (Δ ♘d5; Δ ♖h1)]

19.♔b1 b4 20.g6!+–

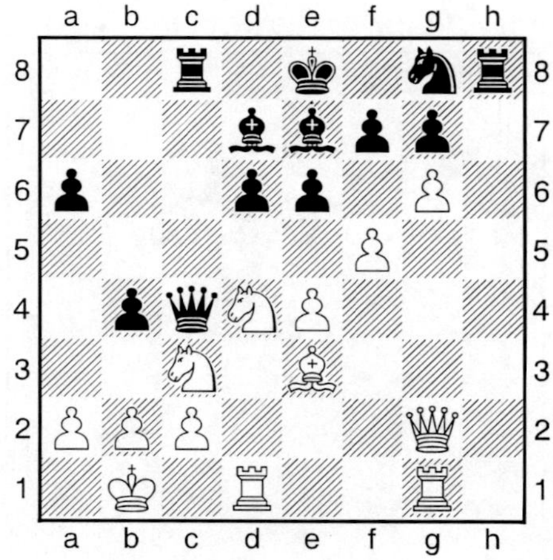

20...e5 [Também perderia 20...bxc3 após 21.gxf7+ ♔d8 *(21...♔xf7 22.♕xg7+ ♔e8 23.♕xh8+–)* 22.b3 ♕b4 23.♕xg7+–]

21.b3 [Também ganharia 21.♘d5 f6 22.b3+–]

21...♕xc3 22.gxf7+ ♔d8 [Se 22...♔xf7 seguiria 23.♕xg7+ ♔e8 24.♕xh8+–]

23.♕xg7 exd4 24.♗xd4 ♕xc2+ 25.♔a1 ♖h2 26.♗b6+ ♖c7 27.♕xg8+

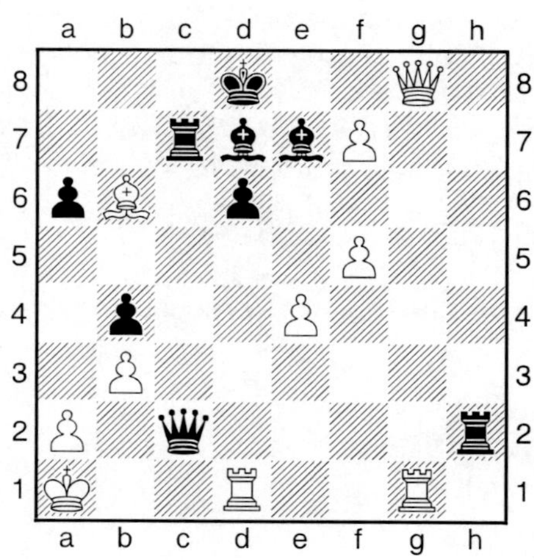

Uma posição final digna de diagrama. Nezhmetdinov ganhou o prêmio de beleza, pois esta partida foi considerada a melhor do torneio de Bucareste. Antes do início da quinta rodada, ele havia sido informado do nascimento do filho Iskander. Após a vitória, Nezhmetdinov enviou telegrama para a esposa Tamara Ivanovna felicitando-a pelo nascimento do filho e dedicando a partida a ele.

1–0

(16) V. Ciocaltea - R. Nezhmetdinov [C59]

Bucareste, 1954

1.e4 e5 2.♘f3 ♘c6 3.♗c4 ♘f6 4.♘g5 d5 5.exd5 ♘a5 6.♗b5+ c6 7.dxc6 bxc6 8.♗e2 [A outra alternativa para as brancas é continuar o desenvolvimento com 8.♕f3]

8...h6 9.♘f3 e4 10.♘e5 ♕c7

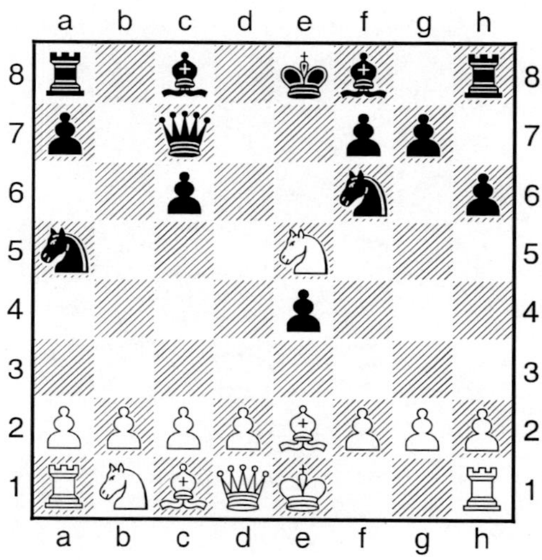

11.♘g4 [Nesta posição teórica da Defesa dos Dois Cavalos, a variante principal é 11.d4 exd3 12.♘xd3 ♗d6⩱ Δ 0–0]

11...♗xg4 12.♗xg4 ♗c5 13.♗e2 ♖d8 14.c3 [As brancas teriam dificuldade de continuar o desenvolvimento da ala da dama após 14.0–0 0–0 15.♘c3 ♖fe8 16.d3 ♘c4⩱]

14...♘b7 15.0–0 h5!? [As pretas poderiam completar o desenvolvimento da ala do rei com 15...0–0=]

16.d4 [As brancas poderiam avançar os peões na ala da dama, com o objetivo de ganhar espaço, antes de avançar o peão central com 16.b4!? ♗b6 *(16...♗d6 17.h3± Δ ♘a3–c4)* 17.a4 a5 18.d4 axb4 *(18...exd3 19.♗xd3 ♘g4 20.g3±)* 19.♗e3 ♘c5!?∞]

16...exd3

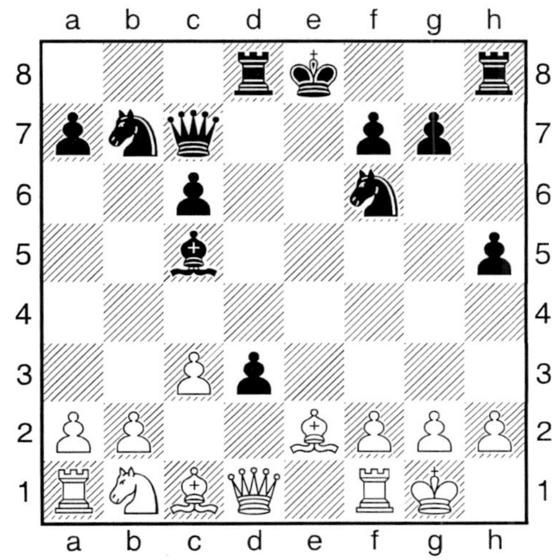

17.♗xd3? [A captura do peão com o bispo permite a penetração do cavalo preto numa posição de ataque contra a ala do rei. Era necessário defender a posição com 17.♗f3! 0–0 *(17...♘g4 18.g3!?* Δ ♗f4; Δ b4*)* 18.♗g5 *(18.♗xh5 ♖fe8⩲)* 18...♗e7 19.g3 ♖fe8∞ (Δ ♘g4)]

17...♘g4! 18.♕e2+ [A posição também está perdida para as brancas após 18.g3 ♔f8! 19.♗f4 (19.♔g2 ♘xf2! 20.♖xf2 ♗xf2 21.♕f3 *(21.♔xf2 ♘c5–+)* 21...♗b6 22.h4 ♕d6–+ Δ ♘c5; Δ ♖e8) 19...♘xf2! 20.♖xf2 ♕b6 21.♕e2 ♗xf2+ 22.♔g2 ♖xd3 23.♕xd3 ♕xb2 24.♘d2 ♕xa1 25.♔xf2 g5! 26.♗xg5 ♕xa2 27.♕d7 ♕d5 28.♕c8+ ♔g7 29.♗f6+ ♔xf6 30.♕xh8+ ♔e7–+ e as pretas estão com um peão de vantagem passado distante em a7.]

18...♔f8! 19.g3 ♕d7! 20.♗e4 h4!–+

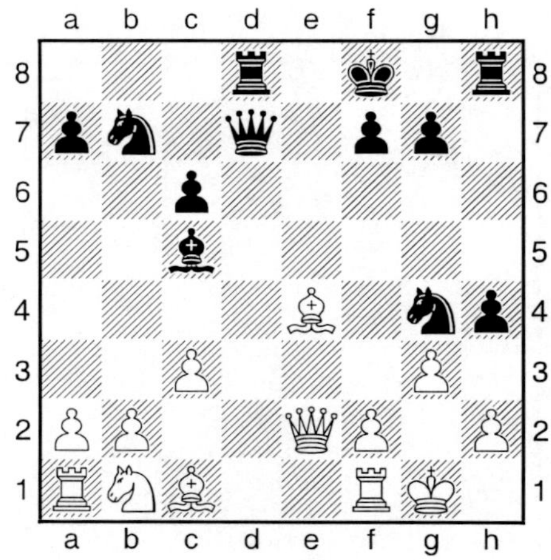

21.♗f4 ♘xh2! 22.♖e1 ♘g4 [As pretas também ganhariam com 22...hxg3 23.♗xg3 ♕h3 24.♗c7 ♖h4–+ Δ ♖g4]

23.♗f3 ♘xf2 24.♗e3 hxg3 25.♗xc5+ ♘xc5 26.♗xc6 ♘h3+ [Logicamente não caindo na armadilha de capturar o bispo com 26...♕xc6?? pois haveria xeque-perpétuo após 27.♕e7+ ♔g8 28.♕xd8+ ♔h7 29.♕h4+ ♔g8=]

27.♔f1 ♕f5+

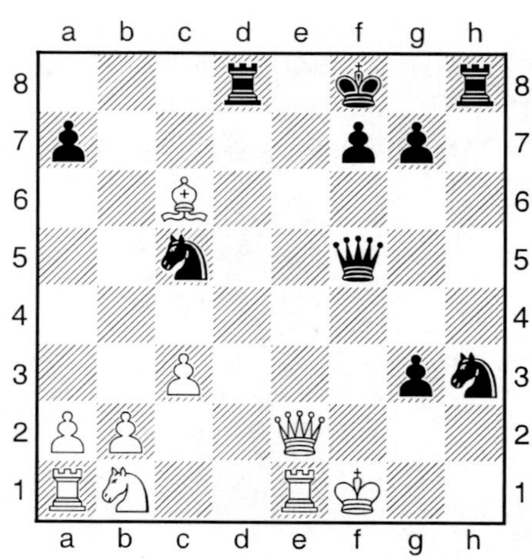

0–1

(17) R. Nezhmetdinov - G. Borisenko [C84]

URSS (ch), 1954

1.e4 e5 2.♘f3 ♘c6 3.♗b5 a6 4.♗a4 ♘f6 5.0–0 d6 [Desviando-se dos lances mais tradicionais nesta posição da Abertura Ruy López que são 5...♗e7 (variante fechada); 5...♘xe4 (variante aberta)]

6.d3 b5 [Aqui, novamente o mais comum é seguir com 6...♗e7]

7.♗b3 ♘a5 [Em caso de 7...♗e7 as brancas podem seguir desenvolvendo a ala da dama: 8.a4 *(8.c3)*]

8.♘c3 ♗e7 9.h3 0–0

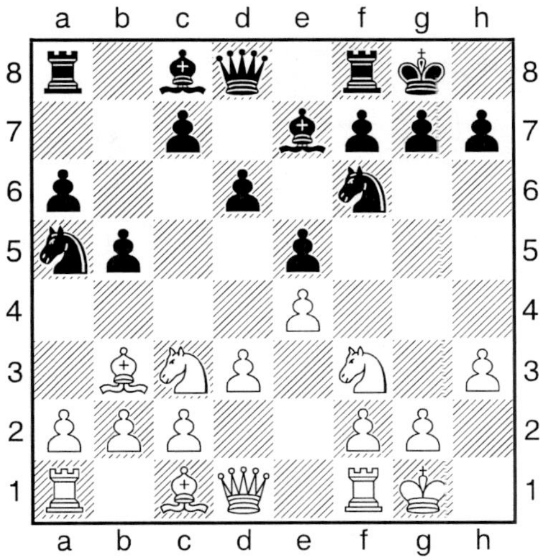

10.♖e1 [Nesta posição, a outra variante é 10.♗g5]

10...c6 [Por inversão de jogadas na abertura, temos outras continuações conhecidas na posição: 10...♖e8 11.♗g5 c6 12.♘e2 h6 13.♗d2 ♘xb3 14.axb3 c5 15.♘g3 ♗f8= Korchnoi - Portisch, URSS vs Resto do Mundo (1970); 10...♗b7 11.♗g5 c6 12.♘e2 ♘h5 13.♗xe7 ♕xe7 14.♕d2 ♘xb3 15.axb3 c5= R. Fontaine - K. Sasikiran, ACP Blitz 2004]

11.♘e2 [11.♗d2 ♘e8 12.♘e2 g6 13.♗xa5 ♕xa5 14.a4 b4 15.d4 ♘g7= M. Huerga Leache - G. Flear, Espanha 2004]

11...♔h8 12.♘g3 ♘g8?! [Um lance muito passivo. As pretas poderiam jogar de maneira ativa na ala da dama com 12...c5!? 13.♕e2 ♘xb3 14.axb3 a5=]

13.d4⩲ exd4 14.♘xd4 g6 15.c3 ♗b7 [15...♘xb3 16.axb3 ♗b7 17.♗f4 c5 18.♘f3 ♕b6 19.♕d2±]

16.♗c2 ♗f6 17.♘f3 ♖e8 18.h4!? ♘c4 19.♘g5 [As brancas poderiam continuar com 19.h5!?⩲ para conseguir vantagem de espaço na ala do rei.]

19...♘h6 [As pretas poderiam defender melhor a posição com 19...♔g7!? 20.♘h5+ *(20.a4=)* 20...gxh5□ 21.♕xh5 ♗xg5 22.♗xg5 f6! *(22...♖e5 23.f4!±)* 23.e5! fxg5 24.♕xh7+ ♔f8 25.♕f5+ *(25.♕xb7?? ♘e7* (Δ ♘a5) *26.b4 dxe5–+* Δ ♘d6*)* 25...♔g7 26.♕h7+ *(26.e6 ♕f6 27.♕h7+ ♔f8 28.♕xb7 gxh4∓* Δ ♘e7; Δ ♘e5*)* 26...♔f8=]

20.♘h5!?

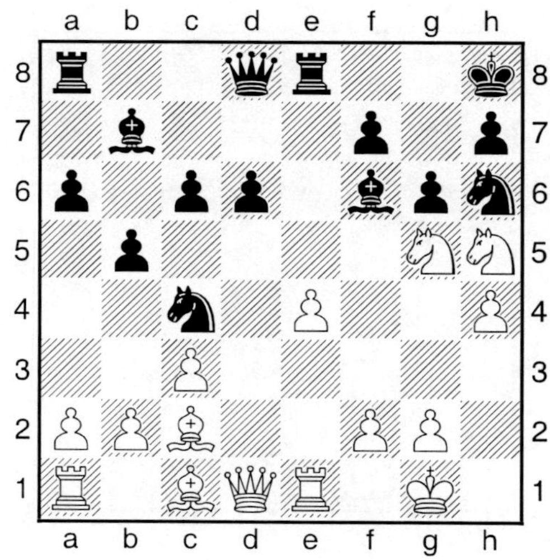

20...gxh5?! [Para defender a posição, as pretas devem manobrar o bispo para o fianchetto, mas sem debilitar os peões na ala do rei, com 20...♗e7!? 21.a4! ♗f8 22.♘f4 ♗g7 23.axb5 axb5 24.♖xa8 ♗xa8 25.b3 ♘e5 26.♗a3±]

21.♕xh5 ♗g7 [A defesa da posição das pretas está comprometida porque o par de bispos das brancas fica ativo após o avanço do peão central.]

22.e5! f5 [Em caso de captura do peão com 22...♘xe5 as brancas poderiam levar a posição para um final claramente ganhador após a combinação com 23.♖xe5! ♖xe5 24.♘xf7+! ♔g8 25.♘xh6+ ♗xh6 26.♕xh6 ♖e1+ *(26...♕d7*

27.♗f4 ♖e2 28.♖d1+–) 27.♔h2 ♕d7 *(27...♕e7 28.♗g5+–; 27...♖e7 28.♗g5+–)* 28.♗b3+ d5 *(28...♔h8 29.♗g5+–)* 29.♕g5+ ♔f8 *(29...♕g7 30.♕xg7+ ♔xg7 31.♗h6+ ♔xh6 32.♖xe1+–; 29...♔f7 30.♗c2! ♖e4 31.♕h5+ ♔g8 32.♗xe4 dxe4 33.♗h6+–)* 30.♗e3! ♖xe3 *(30...♖xa1 31.♗c5+ ♔f7 32.♗c2!+–)* 31.fxe3 ♕g7 32.♖f1+ ♔g8 33.♕f4+–]

23.♘xh7! ♖e6 [23...♔xh7 24.♗xh6+– Δ ♕xf5+]

24.♘f6! ♖xf6 [Em caso de captura do peão com 24...dxe5 as brancas poderiam completar o desenvolvimento da ala da dama e ativar as torres após 25.♗xh6! ♖xf6 26.♗g5+! ♔g8 27.b3 ♘d6 28.♖xe5 ♕f8 29.♖ae1+–]

25.exf6 ♕xf6 26.♗g5 ♕f7

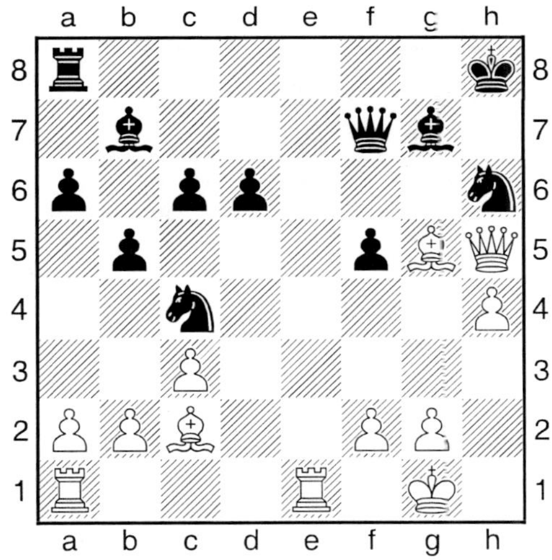

27.♕xf7! ♘xf7 28.♖e7 ♘xg5 29.hxg5 ♖b8 30.♖ae1! ♘e5 31.f4 ♗f8 [Se 31...♘g6 seguiria 32.♖e8+ ♖xe8 33.♖xe8+ ♘f8 34.♖b8+–]

32.♖c7 ♘g6 33.♗xf5 ♘xf4 34.♖e4 ♘xg2 35.♖h7+ [As brancas também ganhariam após 35.g6 ♗g7 36.♔xg2 c5 37.♖xb7 ♖xb7 38.♖e8+ ♗f8 39.♖xf8+ ♔g7 40.♖d8+–]

35...♔g8 36.g6 ♗c8 37.♗xc8 ♖xc8 38.♔xg2 a5 39.♖d7 d5 40.♖e6 ♗h6 41.♖dd6 ♗c1 42.b3 c5 43.♖xd5 ♗b2 44.♖d7 ♗xc3 45.g7 ♔h7 46.♖e3 ♗xg7 [As pretas abandonaram, pois as brancas ganhariam o bispo com a manobra ♖h3–g3.]

1–0

(18) R. Nezhmetdinov - L. Shamkovich [B94]

Rússia (ch), 1954

1.e4 c5 2.♘f3 d6 3.d4 cxd4 4.♘xd4 ♘f6 5.♘c3 a6 6.♗g5 ♘bd7 [O lance normal de desenvolvimento na Siciliana Najdorf é 6...e6 Δ ♗e7]

7.♗c4 h6 [Normalmente, nesta posição, as pretas continuam o desenvolvimento com 7...♕a5 8.♕d2 e6 e, agora, as brancas podem optar entre o roque grande e o roque pequeno.]

8.♗h4 e6

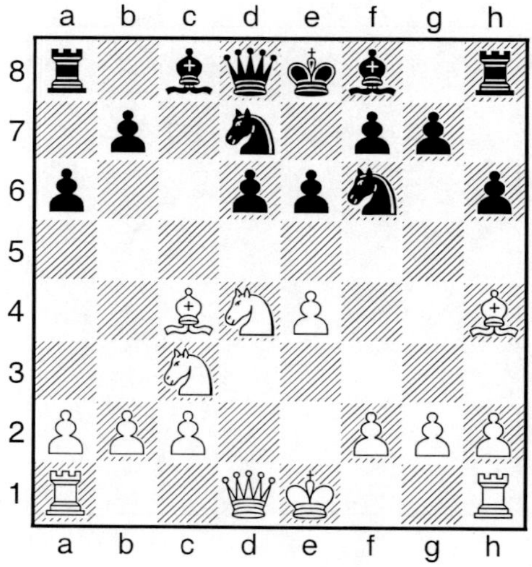

9.0–0 ♘c5?! [Parece melhor colocar o cavalo preto no centro do tabuleiro após 9...g5!? 10.♗g3 ♘e5 11.♗b3 ♗e7 12.f4 gxf4 13.♗xf4 ♗d7= (Δ ♕c7, 0–0–0) Litvinov - Tihonov, Minsk 1996.]

10.♖e1 g5 [A má colocação do cavalo compromete a continuidade do desenvolvimento com 10...♗e7 por causa de 11.b4! g5 *(11...♘cd7 12.♗xe6! 0–0 13.♗b3±)* 12.♗g3 ♘cxe4 13.♘xe4 ♘xe4 14.♖xe4 d5 15.♗e5 ♖g8 16.♘xe6! ♗xe6 17.♖d4 ♗f6 18.♗xf6 ♕xf6 19.♗xd5 0–0–0 20.c4±; Uma solução para resolver o problema seria jogar 10...♗d7!? 11.b4 ♘a4 12.♘xa4 ♗xa4 13.♕d3 ♗d7 14.b5± *(14.♖ad1±)*]

11.♗g3 e5 12.♘f5 [As brancas teriam uma clara vantagem com 12.b4 ♗g4 *(12...♘e6 13.♘f5! ♘f4 14.♗xf4 gxf4 15.♕d3 ♗e7 16.♘d5±)* 13.f3! ♘e6 14.♘d5! ♘xd4 *(14...♗e7 15.♗f2 ♘xd4 16.fxg4±)* 15.♘xf6+ ♕xf6 16.fxg4±]

12...♗e6 13.♗d5 [Seria melhor jogar 13.♕e2 ♕b6 *(13...h5 14.h4 g4 15.♖ad1 ♕b6 16.♘d5 ♘xd5 17.♗xd5±; 13...b5 14.♗d5 ♘xd5 15.♘xd5 ♗xd5 16.exd5 ♕f6 17.♘d4±)* 14.b3 0–0–0 *(14...h5 15.h4 g4 16.♘d5 ♘xd5 17.♗xd5±)* 15.♖ad1 ♔b8 16.♘d5 ♘xd5 17.♗xd5±]

13...♗xf5?! [Um erro estratégico das pretas. Havia melhores alternativas para continuar o desenvolvimento: 13...♕b6 14.♕f3 *(14.♕d2 0–0–0 15.♘e3 ♔b8 16.♘c4±)* 14...♘cd7 15.♖ad1 0–0–0 16.b4 ♔b8 17.a3⩲; 13...♖c8 14.♕e2 ♘xd5 15.♘xd5 h5 16.h3 ♗xd5 17.exd5 ♕f6 18.♘e3⩲]

14.exf5 ♕c8 [As pretas também estão claramente inferiores após 14...♖c8 15.♗f3 ♗e7 16.♘d5 0–0 17.c3±]

15.♗xe5! dxe5 16.♖xe5+ ♗e7 17.♕e2

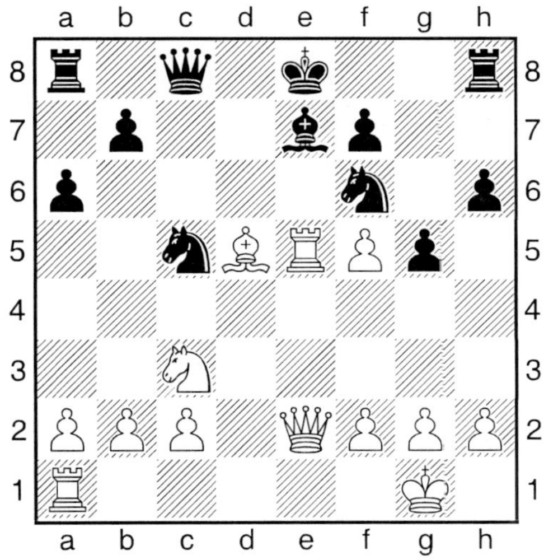

17...♕c7 [As pretas deixaram passar a única possibilidade de defesa, com uma longa variante, que havia na posição com 17...♕d8□ 18.♖d1! *(18.♖e1? 0–0! 19.♖xe7 ♘xd5 20.♘xd5 ♕xd5 21.b4 ♘a4 22.♕h5 ♕xf5 23.♕xh6⩱)* 18...♘cd7□ 19.♗xb7 ♖a7□ 20.♗xa6 ♔f8□ 21.♗b5 ♗b4 22.♕c4 *(22.♖e3 ♗xc3 23.♖xc3 ♔g7 24.a4±)* 22...♗xc3 23.♕xc3 ♔g7□ 24.♖ed5 ♕c7 25.♕d4 ♖e8□ 26.f3! ♖e5 *(26...♖e7 27.♖d6 ♘e5 28.a4±)* 27.♖xe5 ♘xe5 28.a4± com três peões passados na ala da dama por um cavalo.]

18.♖e1!+– ♘ce4 19.♖xe4 ♘xe4 20.♕xe4 ♔f8 21.♗xf7

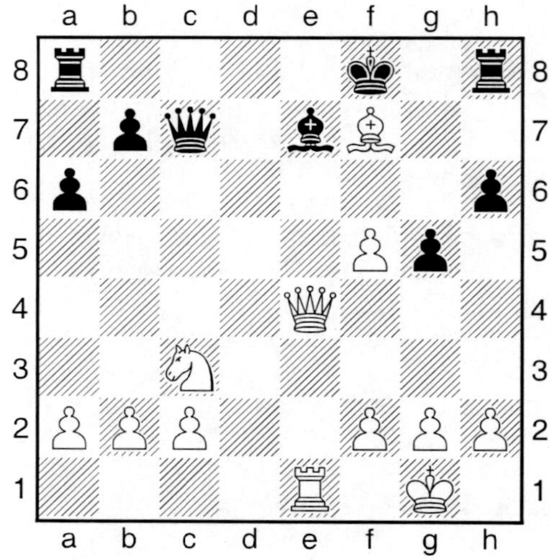

21...♗f6 [As pretas também estariam perdidas após 21...♔xf7 22.♘d5 ♕d6 23.♕xe7+ ♕xe7 24.♖xe7+ ♔f8 25.♖xb7+–]

22.♗g6 ♕e7 23.♕xe7+ ♗xe7 24.♘d5 ♗d8 [As peças pretas estão imobilizadas na primeira fila enquanto as peças brancas estão em posições ativas para atacar a ala do rei adversária.]

25.♖e6 ♔g7 26.♖d6 h5 27.♖d7+ ♔h6 28.g4 h4 [Obviamente, seria um grave erro capturar o peão com 28...hxg4?? por causa de 29.♘e3! Δ ♘xg4#]

29.♗h5 ♖c8 30.♖d6+ ♔g7 [30...♔h7 31.c3 ♖c5 32.♖d7+ ♔h6 33.b4 ♖c4 34.h3+–]

31.f6+ ♔h6 [31...♗xf6 32.♖xf6 ♖h6 33.♖f7+ ♔h8 34.♘e3+–]

32.♘e7 ♖b8 [32...♗xe7 33.fxe7+ ♔g7 34.♔g2+–]

33.♘f5+ ♔h7 34.f7

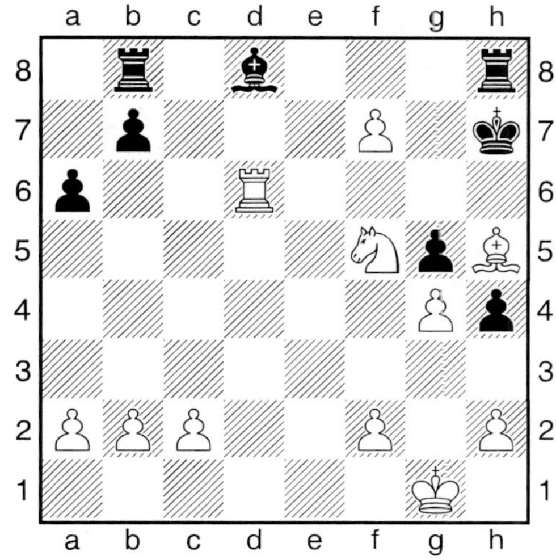

Não há como evitar o xeque-mate das brancas com ♖h6#.

1–0

(19) V. Zurakhov - R. Nezhmetdinov [C99]

Rússia (ch), 1954

1.e4 e5 2.♘f3 ♘c6 3.♗b5 a6 4.♗a4 ♘f6 5.0–0 ♗e7 6.♖e1 b5 7.♗b3 0–0 8.c3 d6 9.h3 ♘a5 10.♗c2 c5 11.d4 ♕c7 12.♘bd2 cxd4 13.cxd4

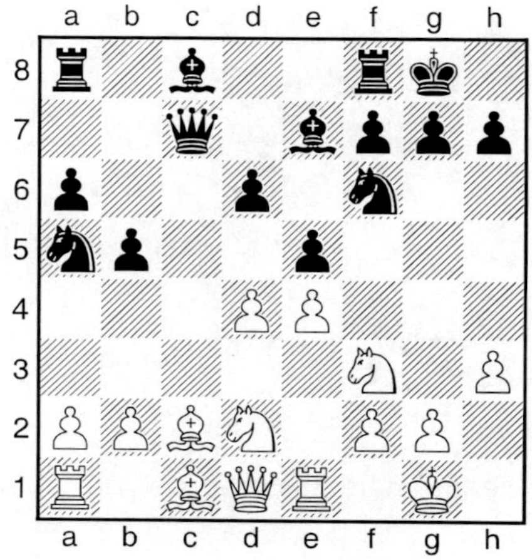

13...♗b7 [A variante principal nesta posição da Abertura Ruy López é jogar 13...♘c6 (Δ a5–a4)]

14.♘f1 [A outra opção é jogar 14.d5 fechando o centro. As manobras das brancas (♘f1–g3) irão se concentrar na ala do rei e a ação das pretas na coluna c aberta na ala da dama.]

14...♖ac8 15.♗b1!? [Outro plano das brancas é defender lateralmente com 15.♖e2]

15...g6 [Provocar a troca dos peões centrais permite que as brancas tenham vantagem posicional após 15...d5 16.exd5 exd4 17.♗g5! ♗xd5 *(17...♖fd8 18.♗f5!±; 17...♖fe8 18.♕d3!±; 17...h6 18.♗xh6! gxh6 19.♕d2! ♖fd8 20.♕xh6 ♖xd5 21.♖e4! ♖h5 22.♖g4+! ♘xg4 23.♕xh5 ♘f6 24.♕g5+ ♔f8 25.♕h6+± Δ ♗f5; 17...♘xd5 18.♗xh7+! ♔xh7 19.♗xe7 ♘xe7 20.♘g5+ ♔g8□ 21.♕h5 ♕c2□ 22.♖xe7 ♗d5□ 23.♖d7! ♖cd8□ 24.♖c1!±)* 18.♘xd4 ♖fd8 19.♘f5 ♗e6 20.♕f3± Olafsson - Eliskases, Hoogovens 1959]

16.♘g3 [Uma ideia interessante seria jogar 16.d5!? sendo que nesta posição, por inversão de lances, foi jogado posteriormente 16...♘h5 17.♘e3

♘f4 18.♔h2 ♕d7 19.b3!? ♗a8 20.♗d2 ♘b7 21.b4± Simagin - Antoshin, Moscou 1960]

16...♖fe8 [As brancas iniciaram a manobra de cavalo na ala do rei sem fechar o centro. Portanto, as pretas poderiam jogar 16...exd4!? 17.♗g5 ♖fe8 18.♕xd4= *(18.♘xd4 ♕c5∓)*]

17.♗d3 ♗f8 18.a4 b4

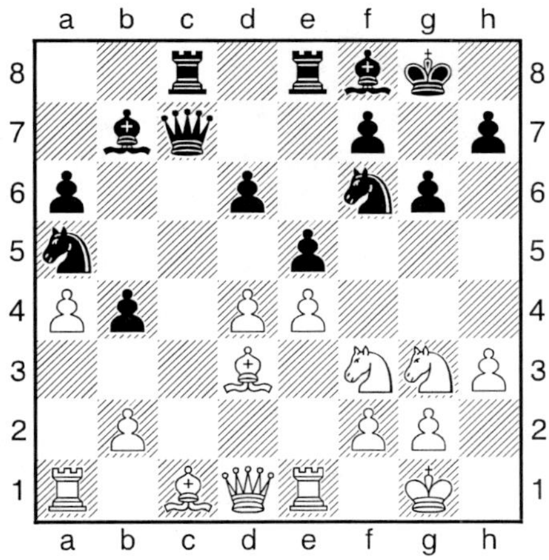

19.♗d2 [As pretas poderiam entrar numa variante de empate forçado, após as brancas fecharam o centro com 19.d5 ♘d7 20.♗e3 *(20.♗d2 ♕b6= Δ ♘c5)* 20...♘c4 21.♗xc4 ♕xc4 22.♖c1 ♕a2 23.♖a1 ♕xb2 *(23...♕c4 24.♖c1 ♕a2=)* 24.♖e2 ♕c3 25.♖c1 ♕a3 26.♖a1 ♕c3=]

19...exd4! 20.♗xb4 ♘c6 21.♗d2 ♘d7 22.a5 ♘de5 23.♘xe5 ♘xe5 24.♖c1 ♕d7 25.♗f1 ♗g7 [As pretas poderiam manter o equilíbrio da posição com 25...d5! 26.♖xc8 ♖xc8 27.exd5 ♕xd5 28.♘e4 ♗e7 29.♗f4=]

26.f4 ♖xc1 27.♗xc1 ♘c6 28.♗d2 ♘d8 29.♕b3 [As brancas poderiam jogar de maneira mais ativa nas duas alas com 29.b4! ♘e6 30.♗d3 ♘c7 31.♕g4 ♕d8 32.f5±]

29...♘e6 30.♕b6?! [As brancas poderiam jogar de maneira mais ativa na ala do rei, o que forçaria as pretas a responder simplificando a posição, no centro do tabuleiro, levando a um final igualado após 30.♕f3 ♘c5 *(30...♖c8 31.f5!=)* 31.f5 d5! 32.exd5 ♖xe1 33.♗xe1 ♗xd5 34.♕f4 d3 35.b4 ♕e7 36.♗f2 ♘e4 37.♗xd3 ♘xf2 38.♔xf2 ♗e5 39.♕e3 ♗xg3+ 40.♕xg3 ♕xb4 41.♗xa6 ♕xa5=]

30...d3!

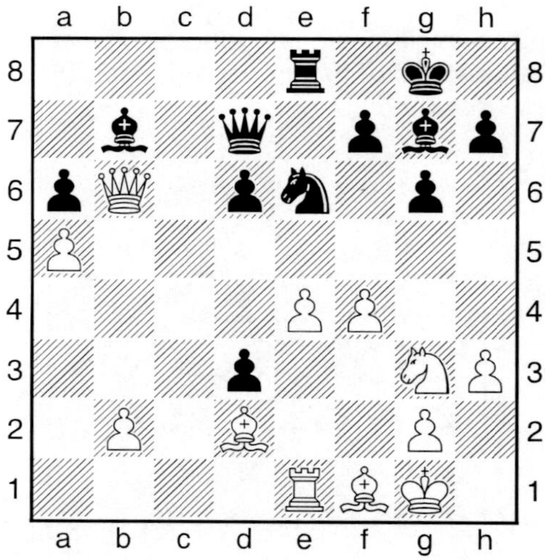

31.♗e3 [Apesar de ter uma posição inferior, as brancas poderiam jogar de maneira ativa na ala do rei para atacar o peão passado central das pretas após 31.♕f2 ♕b5! *(31...♗xb2 32.♗xd3 ♘c5 33.♗c2 ♗g7∓; 31...♘c5 32.b4 ♘xe4 33.♘xe4 ♗xe4 34.♕g3 ♕a7+ 35.♔h2 ♕d4 36.♗xd3 ♖e6 37.♖e3 d5∓)* 32.f5 ♘c5 33.f6 *(33.b4 ♘b3 34.♖b1 ♕c4 35.♗e3 ♗e5 36.♖d1 ♕xb4 37.♗xd3 ♘xa5∓)* 33...♗f8 34.b4 ♘b3 35.♖b1 ♘xd2 36.♕xd2 ♕e5 37.♕xd3 d5∓ Δ ♗d6]

31...♘c5 32.e5 [As brancas também estariam inferiores após 32.♖d1 ♗xe4! 33.♗xc5 dxc5 34.♘xe4 ♖xe4 35.♖xd3 ♗d4+! 36.♔h1 ♖e6∓]

32...dxe5! 33.♗xc5 [33.fxe5? ♖xe5 34.♗d2 ♖xe1 35.♗xe1 d2 36.♗xd2 ♕xd2–+ ganhando uma peça]

33...d2! 34.♖d1 exf4! 35.♘h1 f3 [As pretas poderiam levar a partida para um final ganhador, com um peão de vantagem, após 35...♖e1! 36.♖xd2 ♕xd2 37.♕xb7 ♖xf1+ 38.♔xf1 ♕c1+ 39.♔e2 ♕xc5–+]

36.g3 f2+ 37.♘xf2 ♗f3 38.♕b3?! [38.♖a1 ♗xb2! 39.♕xb2 *(39.♖b1 ♗e5! 40.♕xa6 ♕d8!–+ Δ ♕g5; Δ ♗xg3)* 39...♕c7! 40.♘e4 ♖xe4 41.♕xd2 ♕xc5+ 42.♕f2 ♕c3! 43.♖b1 ♖a4 44.♗xa6 ♗d5!–+ Δ ♖a2; Δ ♖xa5]

38...♗xd1 39.♘xd1 h5 40.♗f2 ♖e1

0–1

(20) R. Nezhmetdinov - G. Kasparian [B11]

Spartak por equipes (ch), 1955

O MI Genrikh Kasparian (1910–1995) é considerado um dos maiores compositores de estudos de finais de xadrez. Ele recebeu o título de Grande Mestre de Composições de Xadrez em 1972. Seu livro mais importante foi traduzido para o inglês, em 2007, com o título Domination in 2,545 Endgame Studies (Ishi Press International).

1.e4 c6 2.♘f3 d5 3.♘c3 ♗g4 4.h3 ♗xf3 5.♕xf3 e6 6.g3 [Outro plano das brancas é mover o peão d para o centro: 6.d4; ou 6.d3]

6...g6 7.♗g2 ♗g7 8.0–0

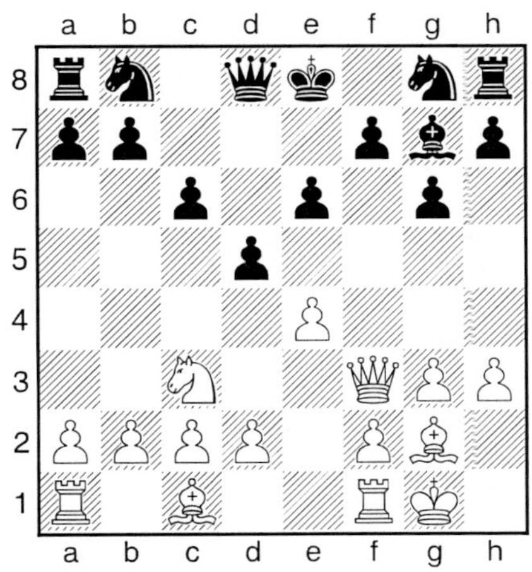

8...♘d7 [8...♘e7 9.d3 0–0 *(9...♘d7 10.♗g5 0–0 11.♖ae1 ♖e8 12.♗d2 ♕b6 13.♖b1 a5 14.a4?! ♘c5∓* K. Chernyshov - J. Lechtynsky, Komercni Banka (open) 1996*)* 10.♕e2 *(10.♗f4 ♘d7 11.♖ad1 d4 12.♘b1 a5 13.♕e2 a4 14.♗c1 b5=* T. Petrik - K. Sakaev, Campeonato Europeu 2007*)* 10...♘d7 11.♖e1 ♕a5 *(11...♕b6=)* 12.♗d2 ♕c5 13.♖ac1 ♖fe8 *(13...d4=; 13...b5=* Δ d4*)* 14.♔h2 d4 *(14...♘f8?! 15.♘a4!±* J. De la Villa Garcia - A. Pablo Morin, Espanha (ch) 1999*)* 15.♘b1 b5= Δ ♕b6]

9.♕e2 [Por transposição de jogadas, pode-se chegar na variante 9.d3 ♘e7 10.♕e2 0–0 11.♗g5 ♖e8 *(11...d4 12.♘d1 b5 13.b3 ♘b6 14.♘b2 ♕d7=* E. Kovalevskaya - M. Chiburdanidze, Montes Urais 2005*)* 12.♖ae1 ♘f6 13.h4 ♕b6 14.♘d1 ♕a6 15.♕f3 ♘d7 16.a3 ♘e5= J. Polgar - O. Panno, Mulheres vs Veteranos (m) 1992]

9...d4!? 10.♘b1 e5 11.d3 ♘e7 12.f4 ♕c7

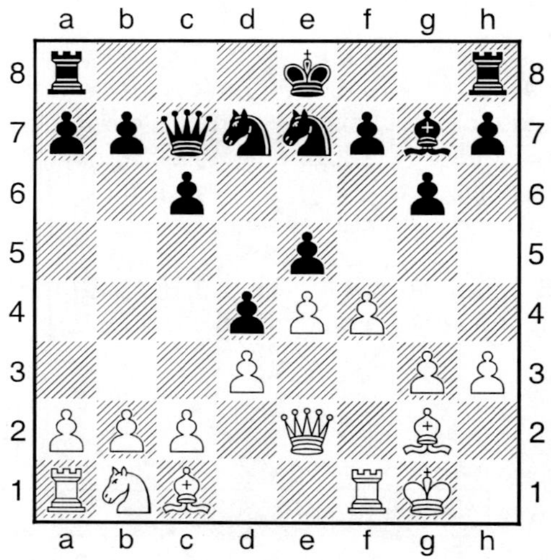

13.a4 0–0 [As pretas poderiam igualar a posição com 13...exf4!? 14.♗xf4 *(14.gxf4 0–0 15.♘d2 ♖ae8=)* 14...♗e5 15.♕f2 0–0–0=]

14.f5!? f6 [14...gxf5 15.exf5 ♘d5 16.c4 dxc3 17.♘xc3⩲; 14...♘c8!? Δ ♘d6]

15.♘d2 [15.fxg6 hxg6 16.h4 f5 17.♗h3⩲]

15...♗h6!? 16.♔h2 ♔h8 17.fxg6 hxg6 18.♘f3 [18.h4!?⩲ Δ h5]

18...♗xc1 19.♖axc1 ♘c5 20.c3 [20.h4 ♘xa4 21.c3 dxc3 22.bxc3⯹ Δ d4]

20...♘b3 [20...dxc3 21.♕e3 ♘xa4 22.bxc3⯹ Δ d4]

21.♖cd1 ♖ad8 22.♘h4 ♕c8 23.♗f3 ♕e6?! [As pretas poderiam jogar de maneira mais ativa para igualar a posição com 23...c5!? 24.♗g4 ♕c6=]

24.♗g4 ♕f7?! [As pretas perdem um tempo. Seria melhor jogar diretamente 24...♕g8!?]

25.♘f3!⩲ ♕g8 26.h4! ♔g7 27.♖f2 ♖d6?! [As pretas deveriam jogar de maneira mais ativa na ala da dama com 27...c5!? 28.c4 ♘a5 29.h5⩲]

28.♖df1 ♖dd8 29.♕c2 [Agora, as brancas conseguiriam uma posição ganhadora com 29.h5! gxh5 *(29...g5 30.cxd4 ♘xd4 31.♕d2+–)* 30.♗xh5 dxc3 31.bxc3 ♕e6 32.♘h4!+–]

29...b6 30.h5 [As brancas manteriam uma clara vantagem de espaço na ala da dama com 30.c4 ♘c5 31.b4 ♘e6 32.c5±]

30...c5 31.hxg6 [Ao fechar a ala da dama, as brancas poderiam explorar as casas fracas das pretas na ala do rei após 31.c4 ♘a5 32.♔g2 gxh5 33.♗xh5 ♘ac6 34.♘h4±]

31...dxc3 32.bxc3 c4 [32...♔xg6 33.♘h4+ ♔g7 34.♕e2!+– (Δ ♗h5); 32...♘xg6 33.♘h4! ♘xh4 *(33...♘e7 34.♕e2!+– Δ ♗h5)* 34.gxh4 ♕h7 *(34...♔h8 35.♖g2+–)* 35.♖g2+–]

33.d4! exd4

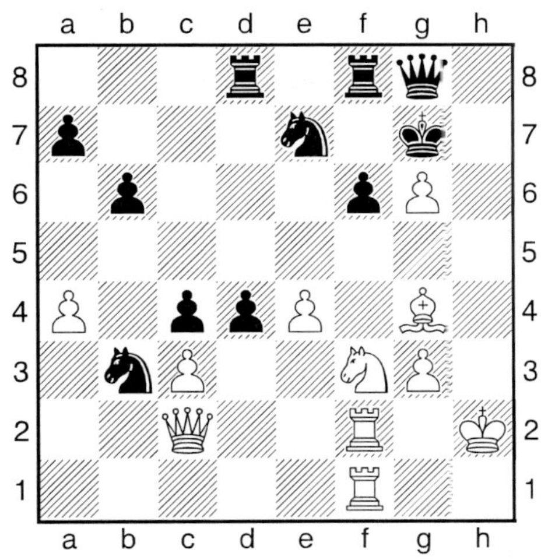

34.cxd4? [Um erro que permite que as pretas defendam a posição. As brancas poderiam continuar o ataque com 34.♘h4! dxc3 (34...d3 35.♕d1! ♘c5 *(35...d2 36.♖f5+–)* 36.e5!+–) 35.♕xc3 ♖d3 36.♕b4 ♘c6 37.♕b5 ♘bd4 38.♕a6 ♘e5 39.♖f4! *(39.♕xa7+? ♖f7! 40.gxf7 ♘xg4+ 41.♔h3 ♘xf2+ 42.♖xf2 ♕xf7 43.♕xb6 c3!⩱)* 39...♔h8 *(39...♘dc6 40.♔h3+–; 39...♖d2+ 40.♔h1+–)* 40.♕xa7 ♖b3 *(40...♘dc6 41.♕xb6 ♖b8 42.♕c5+–)* 41.♕c7 ♖e8 42.♔h3+–]

34...♘xd4! [Agora, as pretas conseguem posições ativas para as peças no centro do tabuleiro.]

35.♘xd4 ♖xd4 36.e5 f5!? 37.♗xf5□ ♕d5 38.♗e6!? ♖h8+□ [Seria um grave trocar as torres com 38...♖xf2+?? porque as brancas atacariam com as peças pesadas dobradas na coluna f com 39.♕xf2 ♕xe6 *(39...♖d2 40.♗xd5 ♖xf2+ 41.♖xf2 ♘xd5 42.♖d2+–)* 40.♕f8+ ♔xg6 41.♖f6++–]

39.♗h3

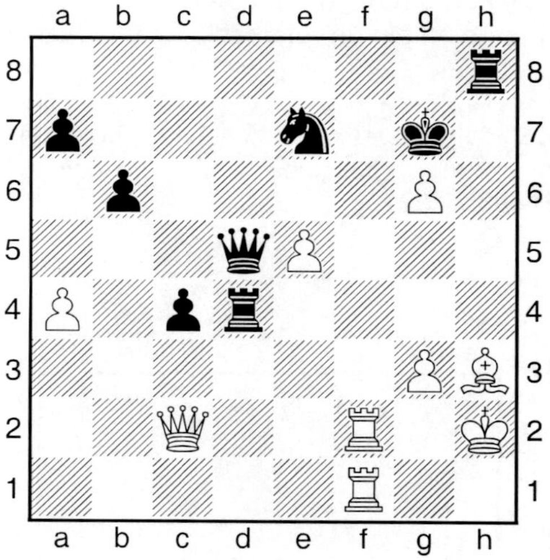

39...♘xg6?? [As pretas deixaram escapar o empate que havia com 39...♖d3□ 40.♖f7+ *(40.♕c1 ♖h5□ 41.♖f7+ ♔g8 42.♖f8+ ♔g7 43.♖1f7+ ♔xg6 44.♖f6+ ♔g7=)* 40...♔g8□ 41.♖f8+ ♔g7 42.♖1f7+ ♔xg6 43.♖xh8 ♔xf7 44.♗g2 ♕xe5 45.♕xc4+ ♔g7 46.♕xd3 ♔xh8=]

40.♖f7+! ♔h6 [Agora, as brancas podem sacrificar a dama para dar xeque-mate. As pretas também estariam perdidas após 40...♕xf7 41.♖xf7+ ♔xf7 42.♕f5+ ♔g7 43.♕f6+ ♔h6 *(43...♔h7 44.♗f5 ♖g8 45.♕g5+–)* 44.♗f5 ♖g8 45.e6+–]

41.♕xg6+! ♔xg6 42.♖1f6+! ♔g5 43.♖f5+! [Seria um grave erro jogar 43.♖g7+?? ♔h5!–+ porque as pretas escapariam da rede de mate.]

43...♔g6 44.♖7f6+! ♔h7 [As pretas levariam xeque-mate um lance antes, após 44...♔g7 45.♖g5+! ♔h7 46.♗f5#!]

45.♖h5+! ♔g7 46.♖g5+! ♔h7 47.♗f5#!

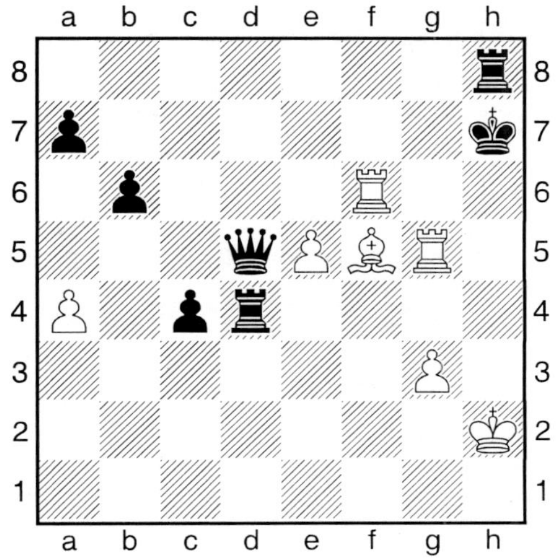

1–0

(21) R. Nezhmetdinov - A. Matskevich [B01]

Spartak por equipes (ch), 1955

1.e4 d5 2.exd5 ♕xd5 3.♘c3 ♕a5 4.d4 c6 5.♗c4 ♘f6

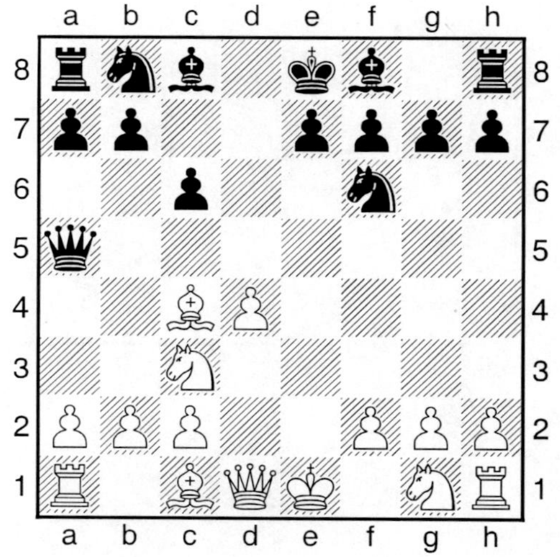

6.h3 [As variantes principais nesta posição da Defesa Escandinava são 6.♘f3 ♗g4 *(se 6...♗f5 7.♗d2* ver 6. ♗d2*)* 7.h3 ♗h5 8.g4 ♗g6 9.♗d2 e6 10.♘d5 ♕d8 11.♘xf6+ gxf6 12.♗b3± Δ ♕e2, 0–0–0; 6.♗d2 ♗f5 7.♘f3 e6 8.♘d5 ♕d8 9.♘xf6+ gxf6 10.♗b3 ♘d7 11.♕e2 ♕c7 12.♘h4± *(12.0–0–0±)*]

6...♗f5 7.♘f3 ♘bd7 8.0–0 [8.♕e2 e6 9.0–0 ♗e7 10.♗b3 h6 11.♖e1 0–0 12.♗f4 ♗b4 13.♗d2 ♕c7 14.♘b5 cxb5! *(14...♕a5?! 15.♘d6! ♗xd2 16.♕xd2 ♕xd2 17.♘xd2±* D. Kubecka - J. Gerych, Praga (open) 2005*)* 15.♗xb4 ♖fc8=]

8...e6

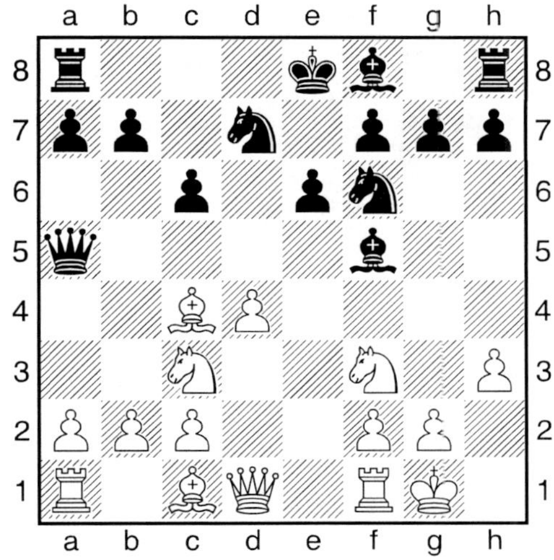

9.♗f4 [9.♘e2 ♗d6 10.♗f4 ♗xf4 11.♘xf4 0–0 12.c3 ♖ad8 13.♕e2 ♕c7 14.♘d3 c5= G. Russek Libni - A. Soltis, New York (open) 1992; 9.♘h4 ♗g6 10.♘xg6 hxg6 11.♗d2 0–0–0 *(11...♕b6 12.♘e2± Δ a4; 11...♕c7 12.a4±)* 12.♘e4±]

9...♘d5! 10.♗d2 [As pretas jogaram de maneira ativa no centro para equilibrar a posição. Por exemplo, 10.♘xd5 cxd5 11.♗e2 *(11.♗d3 ♗xd3 12.♕xd3 ♗e7= Δ 0–0)* 11...♗e7 12.c3 0–0=]

10...♘xc3 11.♗xc3 ♗b4! 12.♗xb4 [12.♗e1 0–0 13.a3 ♗xe1 14.♖xe1 h6=]

12...♕xb4 13.♗b3 0–0 14.♖e1 c5? [As pretas teriam uma posição sólida após 14...h6!? 15.c3 ♕b6 16.♘h4 ♗h7=]

15.c3! ♕b6 16.d5!±

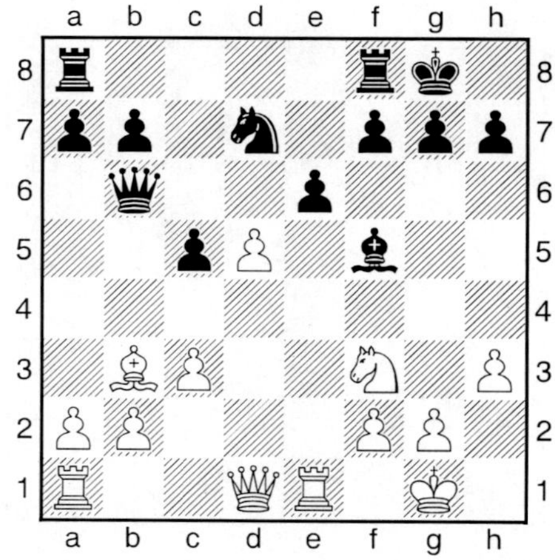

16...♖ad8 [As brancas estão com uma clara vantagem, como apontam as outras alternativas das pretas: 16...♘f6 17.g4 c4 18.gxf5 cxb3 19.fxe6 ♕d6 20.♘g5 fxe6 21.♘xe6 ♖f7 22.c4 bxa2 23.♖xa2 b5 24.b3±; 16...exd5 17.♕xd5 ♕f6 18.♕xb7 ♖ab8 19.♕xa7 ♗xh3 20.♖ad1±]

17.g4 c4 18.gxf5 cxb3 19.fxe6! fxe6 20.♖xe6! ♕b5 21.axb3 ♘c5 22.♘d4

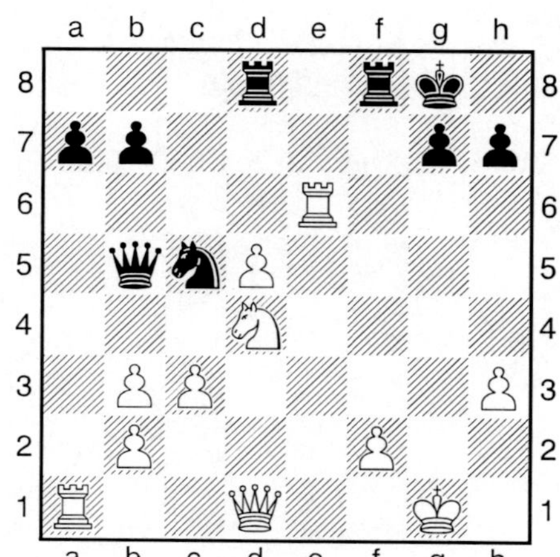

22...♕d7 [A captura do peão central simplifica a posição para um final favorável para as brancas após 22...♖xd5 23.♘xb5 ♖xd1+ 24.♖xd1 ♘xe6 25.♘xa7 ♘f4 26.h4 ♘h3+ 27.♔g2 ♘xf2 28.♖d4 h5 29.♘b5±]

23.♕e2 ♘xe6 24.♘xe6 ♖fe8 [A captura do peão central simplifica a posição para um final de torres favorável para as brancas após 24...♕xd5 25.♘xf8 ♖xf8 26.♕c4 ♕xc4 27.bxc4 a6 28.♖d1±]

25.c4 ♖a8 [25...b6 26.f4 ♕e7 27.♕e5 ♖d7 28.♔h2± (Δ ♖g1)]

26.♔h1 [26.♕e5 ♕f7 27.f4 a5 28.♔h2 b6 29.♖g1 ♖a7 30.♖g4± (Δ f5)]

26...♖e7?! [26...♕f7!? 27.b4 b5 28.b3±]

27.♕e5! a6?! [27...a5!? 28.♖g1 ♖ae8 29.f4 ♖f7 30.f5±]

28.♖g1 ♖ae8 29.♖g3?! [As brancas perdem desnecessariamente um tempo. Era decisivo o rápido avanço do peão com 29.f4! ♔h8 30.f5!+–]

29...♖f7 [As pretas poderiam manobrar de maneira defensiva com 29...g6!? 30.♖e3 ♖f7 31.♔g2 ♕e7 32.f4 ♖f5 33.♕d4± (Δ ♖e5)]

30.♔g2 ♕e7 31.f4 g6?! [Era melhor manter a posição estática com 31...♔h8!?]

32.f5!+–

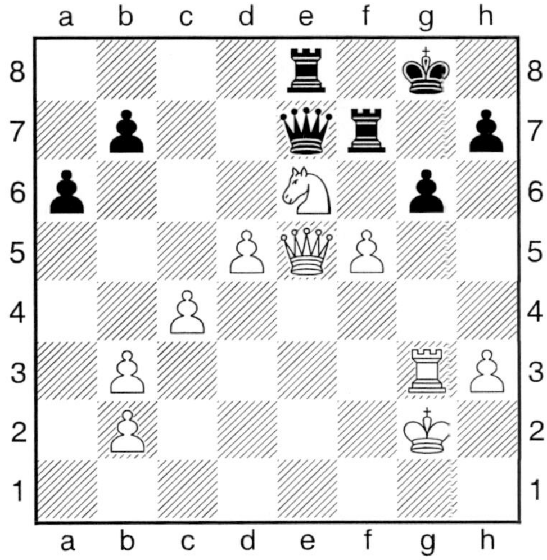

32...♕f6 [As brancas entram num final ganhador com a troca de damas, também após 32...♕b4 33.♔h2! ♕d2+ 34.♖g2 ♕d3 35.d6 ♖d7 36.c5 a5 37.h4 ♕f3 38.fxg6 h5 39.♕f4 ♕xf4+ 40.♘xf4+–]

33.♕xf6 ♖xf6 34.d6! ♖exe6 [34...♖f7 35.♖d3 gxf5 36.d7 ♖xd7 37.♖xd7 ♖xe6 38.♖xb7 ♖e2+ 39.♔f3 ♖xb2 40.c5+–]

35.fxe6 ♖xe6 36.♖d3 ♖e8 37.b4 ♖d8 38.c5 ♔f7 39.♖f3+ ♔e6 40.♖e3+ ♔d5 41.♖e7 b6 42.♖c7! a5 43.cxb6 axb4 44.b7

1–0

(22) R. Nezhmetdinov - I. Zilber [B62]

URSS por equipes (ch), 1955

1.e4 c5 2.♘f3 d6 3.d4 cxd4 4.♘xd4 ♘f6 5.♘c3 ♘c6 6.♗g5 e6 7.g3

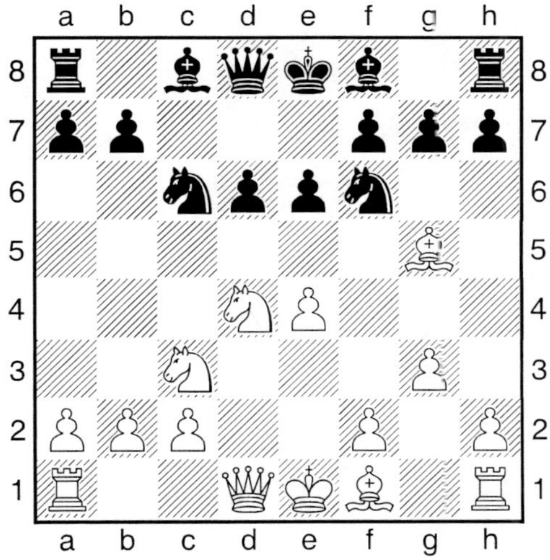

7...♕a5?! [A variante principal nesta posição da Defesa Siciliana é 7...♗e7 8.♗g2 0–0 9.0–0 com os dois lados completando o desenvolvimento da ala do rei.]

8.♗xf6 gxf6 9.♘b3± ♕c7 10.♕h5 a6 11.♗e2!? ♗e7 [Outro plano para as pretas é desenvolver a ala da dama com 11...b5 12.0–0 ♗g7 13.a4 b4 14.♘d1 ♗b7 15.♘e3 ♘e5 16.f4 ♕b6 17.♔f2 ♘d7 18.a5 ♕c7 19.♗d3±]

12.f4 ♗d7 13.f5 0–0 14.♖f1! ♘e5?! [Era melhor jogar de maneira ativa pela coluna g, sacrificando um peão, após 14...♔h8!? 15.♖f4 ♖g8 16.♕xf7 a5 17.a3 a4 18.♘d2 ♖g7 19.♕h5 ♘d4 20.♗d3 ♕c5 21.0–0–0±]

15.♖f4 ♔g7 16.♖h4 ♖h8 17.♕h6+ ♔g8 18.0–0–0± ♕d8 19.♘d4 ♗f8 20.♕h5 ♕e7

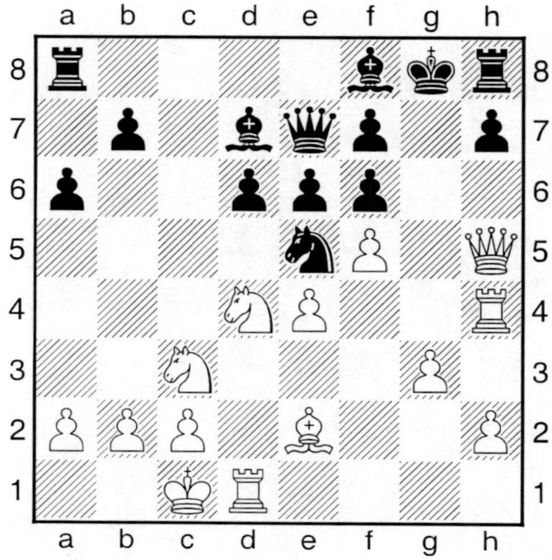

21.♘f3 [As brancas poderiam manter uma forte pressão com 21.♗g4! ♖e8 22.♘ce2 ♕d8 23.♘f4 ♕c8 24.♔b1±]

21...♗g7 22.♘xe5 dxe5 [Se 22...fxe5?! seguiria 23.♖f1! ♖c8 *(23...b5 24.♖g4 f6 25.fxe6 ♗xe6 26.♘d5 ♗xd5 27.exd5±)* 24.♖g4 f6 25.fxe6 ♗xe6 26.♘d5 ♗xd5 27.exd5±]

23.♗c4 b5?! [As pretas poderiam defender melhor a posição com 23...♖c8!? 24.♗b3± *(24.♖g4±)*]

24.fxe6! fxe6 [Oferecia uma maior resistência jogar 24...♗xe6 25.♘d5 ♕c5 26.♗b3± Δ ♖f1]

25.♘d5!

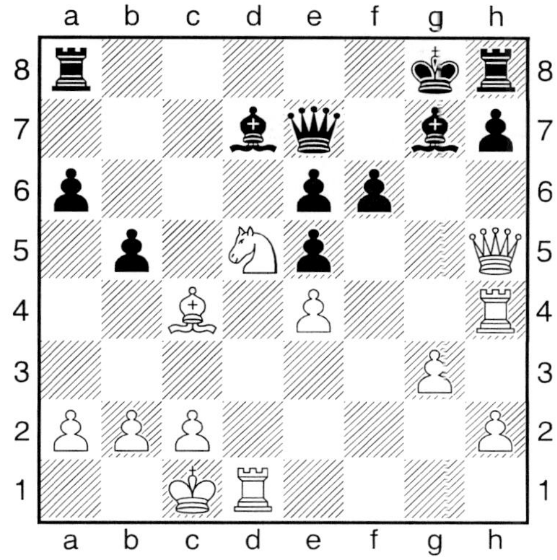

Um golpe tático que força a troca de damas e leva para um final ganhador para as brancas.

25...♕f7 26.♘c7 [As brancas teriam dois peões de vantagem após 26.♕xf7+ ♔xf7 27.♘c7 ♖ad8 28.♖xd7+! ♖xd7 29.♗xe6+ ♔e7 30.♗xd7 ♔xd7 31.♘xa6+–]

26...♕xh5 27.♖xh5 ♗e8 [As brancas também teriam um final ganhador após 27...♖a7 28.♗xe6+ ♗xe6 29.♘xe6 ♔f7 30.♖d6+–]

28.♗xe6+ ♔f8 29.♘xa8 ♗xh5 30.♖d7 ♗h6+ 31.♔b1 ♗e3 32.♘c7 ♗e8 33.♘xe8 ♔xe8 34.♖b7 ♔f8

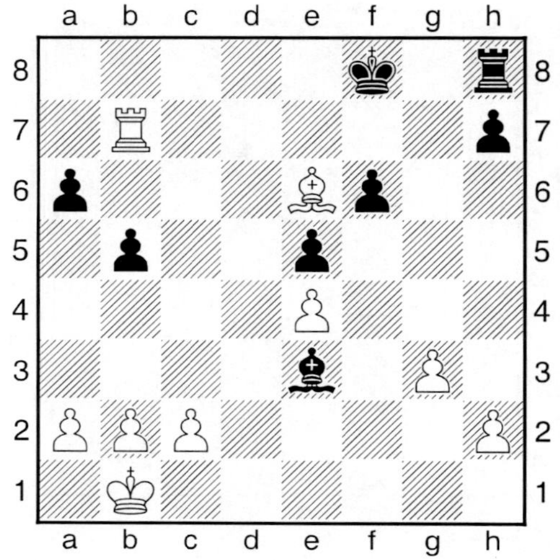

As brancas controlam a sétima fila com a torre e estão com um peão de vantagem. O plano é atacar as debilidades para ganhar outro peão e, assim, criar um passado distante na ala da dama.

35.c3! [As brancas evitam capturar o peão oferecido pelas pretas, pois após 35.♖f7+ ♔e8 36.♖xf6 ♔e7 37.♖f3 ♗g1 38.♗d5 ♖f8! ocorreria a troca forçada de torres que levaria a posição para um difícil final de bispos de cores opostas para concretizar a vitória, mesmo com dois peões de vantagem.]

35...h5 36.♗d5 [Também ganharia 36.b4 ♖h6 37.♔c2 h4 38.♔d3 hxg3 39.hxg3 ♗f2 40.c4 bxc4+ 41.♔xc4+–]

36...♖h6 37.♔c2 h4 38.♔d3 ♗g1 39.gxh4 ♖xh4 40.♖f7+ ♔e8 41.♖xf6 ♖xh2 [41...♖h3+ 42.♔c2 ♖xh2+ 43.♔b1 a5 44.♗c6+ ♔e7 45.♖f1+– (Δ ♗xb5)]

42.b4 ♖h3+ 43.♔c2 ♖h2+ 44.♔b3 ♗e3 45.♖xa6 ♗c1 46.♗c6+ [As pretas abandonaram, pois não há tempo para dar xeque-mate. O rei branco vai escapar por c4, após a captura do peão preto em b5.]

1–0

(23) R. Nezhmetdinov - A. Chistiakov [C12]

URSS (ch-sf), 1956

1.e4 e6 2.d4 d5 3.♘c3 ♘f6 4.♗g5 ♗b4 5.e5 h6 6.♗d2

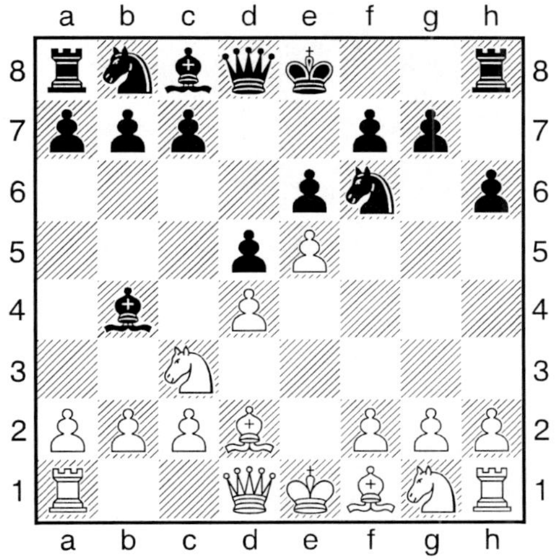

6...♘fd7 [Atualmente, a linha principal da Variante McCutcheon 6...♗xc3 7.bxc3 ♘e4 8.♕g4 tem uma posição standard complexa.]

7.♕g4 ♗f8 8.♘f3 [As brancas também podem optar por fortalecer o centro com 8.f4 c5 9.♘f3± Δ 0–0–0]

8...c5 [Na mesma época, em outra partida, o condutor das pretas optou por continuar com 8...a6 9.b4!? b6 10.♘a4 c5 11.bxc5 bxc5 12.♘xc5 ♘xc5 13.dxc5 ♕c7 14.♗e2 ♘d7 15.0–0 h5 *(15...g6?! 16.c4! dxc4 17.c6! ♕xc6 18.♖ac1±* Nikitin - Christiakov, URSS 1957*)* 16.♕f4 *(16.♕g5 ♘xc5 17.c4±; 16.♕a4 ♗xc5 17.♗a5 ♕a7 18.♖ad1 ♖b8 19.♗d3 g6 20.c4±)* 16...♗xc5 17.c4±]

9.♘b5 g6?! [Debilitando desnecessariamente a ala do rei. Era melhor continuar jogando no centro com 9...cxd4 10.♘bxd4 ♘c6 11.♗b5 ♘xd4 (Iveljic - Sprecic, Tuzla 2009) 12.♘xd4± Δ 0–0]

10.♗d3 ♖g8 [Se 10...a6 as brancas poderiam sacrificar uma peça com 11.♗xg6! axb5 12.♕xe6+ ♕e7 13.♗xf7+ ♔d8 14.♕xd5 ♘a6 15.♗g6 ♘c7 16.♕e4 cxd4 17.0–0±]

11.c4

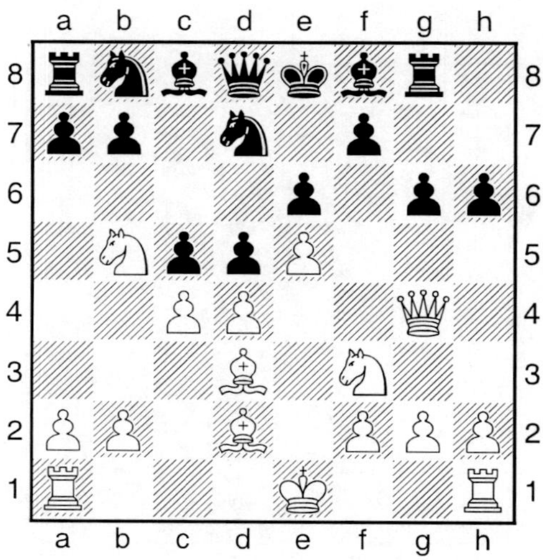

11...cxd4 [Se 11...dxc4 as peças brancas continuam mais ativas contra o rei preto no centro após 12.♗xc4 ♘c6 13.0–0 *(13.♗xe6?! ♘dxe5! 14.♘xe5 ♗xe6 15.♕e4 f5 16.♕e2 ♘xd4! 17.♘xd4 cxd4 18.0–0 ♕d5 19.♖fe1 0–0–0 20.♖ad1⩱)* 13...a6 14.♘d6+ ♗xd6 15.exd6 ♘f6 16.♕h3 cxd4 17.♕xh6 ♕xd6 *(17...♘e4 18.♖ad1±)* 18.♕h4 ♘h5 *(18...♘d5 19.♖fe1±; 18...♘d7 19.♖fe1±)* 19.♖fe1±]

12.cxd5 ♘c5 13.♕xd4 exd5 [Em caso de 13...♘c6 a troca de damas não alivia a posição das pretas por causa do rei no centro após 14.dxc6 ♘xd3+ 15.♔e2 bxc6 16.♕xd8+ ♔xd8 17.♗a5+ ♔e7 18.♔xd3 cxb5 *(18...♗a6 19.♘fd4±)* 19.♖ac1± Δ ♖c7]

14.♘d6+ ♗xd6 15.exd6 ♕xd6 16.0–0 ♘xd3 17.♕xd3 ♘c6 18.♖fe1+ ♗e6

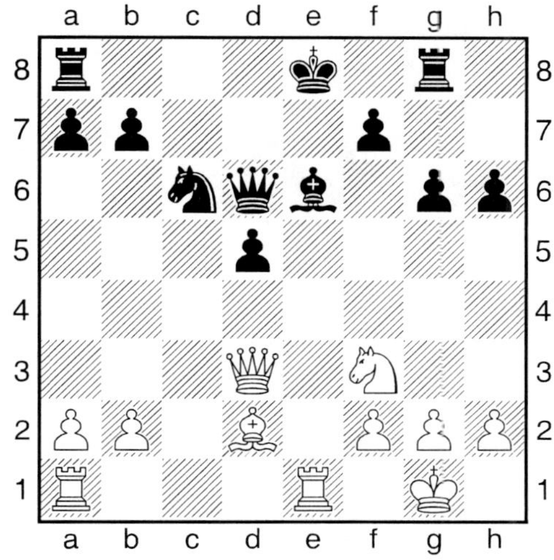

19.♘d4 [As brancas teriam uma posição ganhadora com 19.♖ac1! g5 *(19...0–0–0 20.♘d4! ♖de8 21.♘b5+–; 19...♖c8 20.♗xh6 ♔e7 21.♕b5+–; 19...h5 20.♕b3+– Δ ♘g5; Δ ♗g5)* 20.♘d4 com a mesma posição ocorrida na partida]

19...g5?! [Oferecia uma maior resistência trocar os cavalos e devolver o peão de vantagem após 19...♘xd4 20.♕xd4 ♕b6 21.♕a4+ ♕c6 22.♕f4 g5 23.♕f6± Δ ♕xh6]

20.♖ac1! ♔d7 [20...♕d7 21.♘b3!+– Δ ♘c5; 20...a6 21.♕h7 0–0–0 22.♗a5+–]

21.♘f5!+–

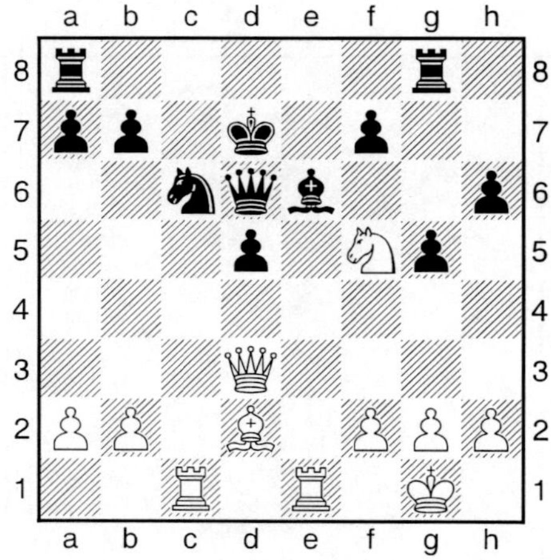

21...♕f8 22.♕b5 ♖c8 [22...♖b8 23.♖e5! ♖g6 24.♗a5! a6 25.♕b6 ♕d8 26.♖xc6!+–]

23.♕xb7+ ♖c7 24.♕b5 a6 25.♕d3 ♕b8 26.♘xh6 ♖g6 [26...♖g7 27.♗c3+–]

27.♘xf7 ♗xf7 28.♕f5+ ♔d8 29.♖xc6 ♖cxc6 30.♗a5+ ♕c7 31.♕xf7

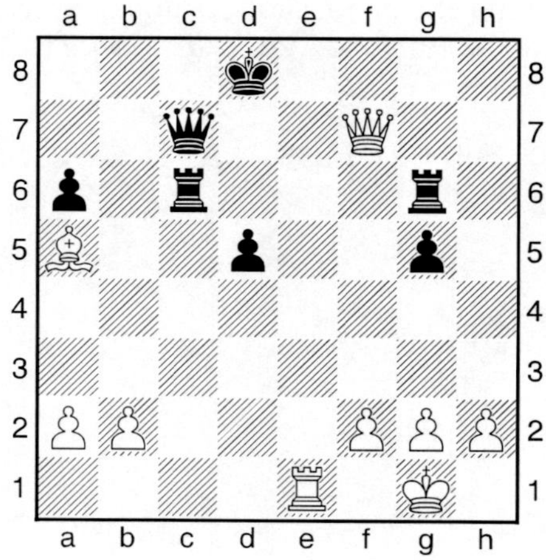

1–0

(24) R. Nezhmetdinov - V. Shiyanovsky [B07]

URSS (ch-sf), 1957

1.e4 g6 2.d4 ♗g7 3.♘c3 d6 4.♗e3 ♘f6 5.f3 0–0 6.♕d2 e5 7.♘ge2 c6

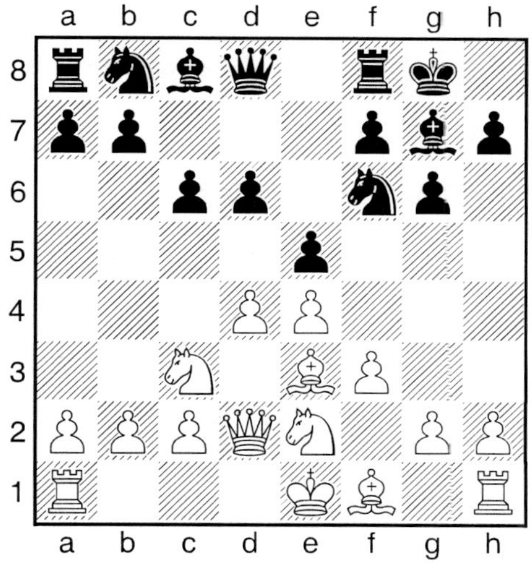

8.dxe5 [O plano natural da posição para jogar contra a Defesa Pirc é 8.0–0–0⩲ mantendo a tensão central.]

8...dxe5 9.0–0–0 ♕e7 [Com a coluna aberta, o natural seria trocar as damas com 9...♕xd2+ 10.♖xd2⩲]

10.h4 [Outro plano seria jogar 10.g4!? Δ ♘g3; Δ h4]

10...♗e6 [Se 10...h5?! as brancas poderiam atacar a ala do rei com 11.♗g5 ♕c7 12.g4 hxg4 13.♘g3 ♗e6 *(13...♘h5 14.♘xh5 gxh5 15.♗e2+–* Δ ♖hg1*)* 14.h5±]

11.g4 ♘a6

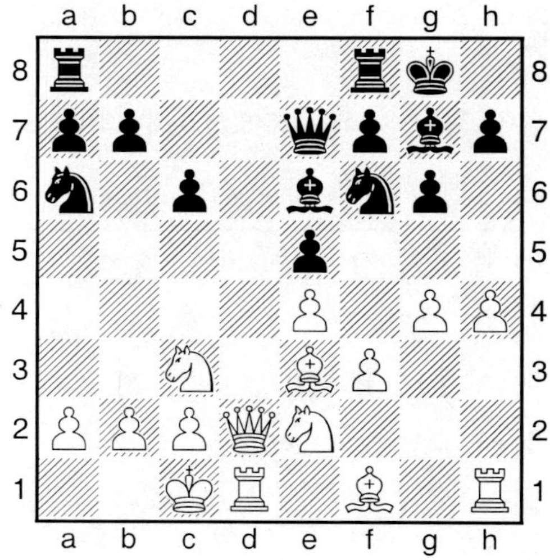

12.♕d6?! [A proposta de troca de damas na abertura foge totalmente às características de Nezhmetdinov. Mesmo muito complexa, seria interessante jogar a intrincada variante mais ao estilo de Nezhmetdinov, com duas sugestões de melhora, após 12.♘g3! ♖fd8 13.♕h2 ♖xd1+ 14.♘xd1 ♗xa2 15.♗xa6 bxa6 16.h5 ♖b8!? 17.hxg6 hxg6 18.♗h6 ♘h7!? 19.♘c3 *(19.f4!?⩲ Δ ♘e2)* 19...♕b4□ 20.♔d1 ♕d4+ 21.♔e1 ♖xb2 22.♘ge2 ♕b4□ 23.♗xg7 *(23.♗d2!?⩲ Δ ♘xa2)* 23...♖b1+□ 24.♔f2 ♖xh1 25.♕xh1 ♔xg7 26.♘xa2 ♕c5+ 27.♔g3 ♕xc2 28.♘ac3⩲]

12...♕xd6 13.♖xd6 ♖fe8?! [Também seria duvidoso jogar 13...♖fd8?! 14.♖xd8+ ♖xd8 15.♗xa7± pois as brancas ganham um peão; As pretas poderiam jogar de maneira ativa para igualar a posição com 13...h5! 14.g5 ♘d7 15.♗g2 ♖fd8 16.♖hd1 ♗f8 17.♖6d2 ♗c5=]

14.♘g3! ♘c7 15.h5 ♗f8 16.♖d2! ♘d7 17.♖dh2! ♗c5

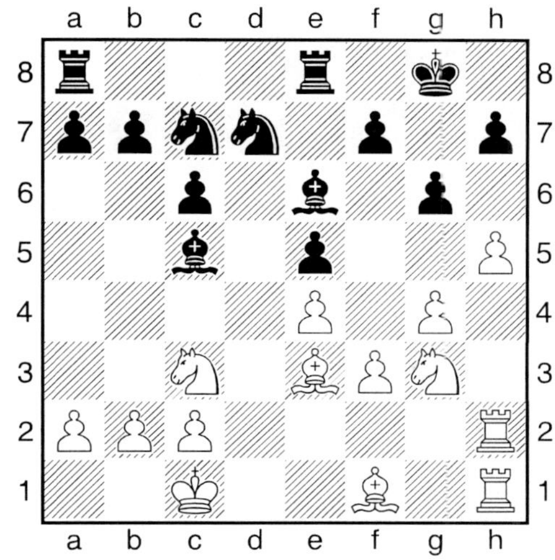

18.♗d2 [As brancas poderiam aproveitar a posição ativa das peças e realizar um ataque simultâneo nas duas alas com 18.♗xc5! ♘xc5 19.hxg6 hxg6 20.♘f5! gxf5□ 21.exf5!! ♔g7□ 22.b4! ♘d7 *(22...♖g8 23.♖h7+ ♔f8 24.bxc5 ♗d5 25.♘xd5 ♘xd5 26.♗c4+–)* 23.fxe6 ♘xe6 *(23...♖xe6 24.♗c4+–)* 24.♖h7+! ♔f6 *(24...♔f8 25.♘e4! ♔e7 26.♗c4!* ver 26.♗c4!*)* 25.♘e4+! ♔e7 *(25...♔g6?? 26.♖1h6#)* 26.♗c4! ♘df8 *(26...♘d8 27.♘g3!+–)* 27.♖7h5!+–]

18...♘f8 19.♘f5 [As brancas possuem melhores perspectivas com 19.hxg6! fxg6 *(19...hxg6 20.♘f5! gxf5 21.gxf5 f6 22.fxe6 ♘cxe6 23.♘e2± Δ* ♘g3*)* 20.♘f5! gxf5 21.gxf5 ♗f7 22.♗h6 ♘ce6 *(22...♖ad8!?)* 23.♖g2+ ♘g6 24.fxe6 *(24.♗c4±)* 24...♗xe6 25.♘a4 ♗e7 26.♗e3 b6 27.b3⩲ Δ ♘b2]

19...b5? [Plano muito lento na ala da dama. Era necessário eliminar a ameaça do cavalo e colocar o rei em segurança com 19...gxf5 20.gxf5 ♔h8!? 21.fxe6 ♘fxe6 22.♘d1 ♘f4 23.♘e3± Δ ♘f5]

20.hxg6 fxg6 21.♘h6+! ♔g7 22.f4!

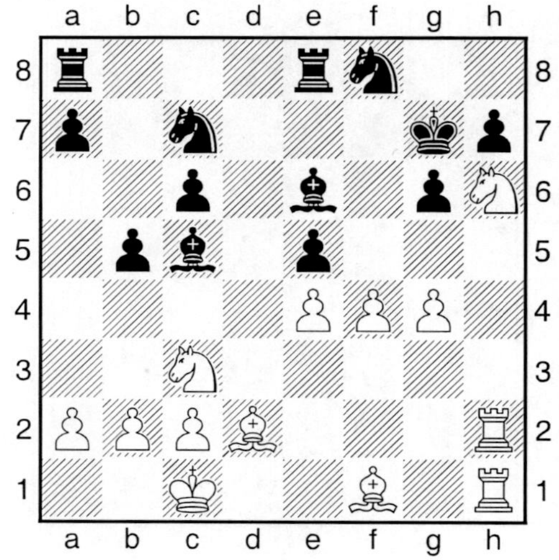

22...♖ad8 [As pretas perceberam tarde que não poderiam capturar o peão com 22...exf4?? pois as brancas ganhariam uma peça após 23.♗xf4+– já que o cavalo preto em c7 não pode ser defendido, pois há ameaça de xeque-mate com ♗e5#.]

23.f5! ♗c8 24.g5! gxf5 25.exf5 ♖xd2 [25...e4 26.f6+ ♔g6 27.♗e2! e3 28.♗e1 ♖d4 29.♖g2+–]

26.♔xd2 e4 27.♗e2 ♖e5 28.f6+ ♔g6 29.♖g2 e3+ 30.♔e1

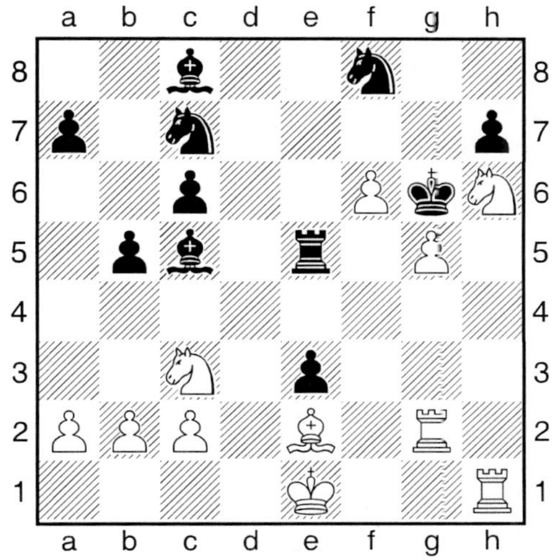

As pretas abandonaram. Se 30...♖xg5 as brancas seguiriam com 31.♘e4!! ♖xg2 32.♗h5+! ♔xh6 33.♗f7+ ♖h2 34.♖xh2+ ♗h3 35.♖xh3#.

1–0

(25) B. Gurgenidze - R. Nezhmetdinov [C77]

URSS (ch), 1957

1.e4 e5 2.♘f3 ♘c6 3.♗b5 a6 4.♗a4 ♘f6 5.♕e2 b5 6.♗b3 ♗c5 7.c3 d6 8.0–0 0–0 9.♖d1 ♕e7 10.h3 ♗b6

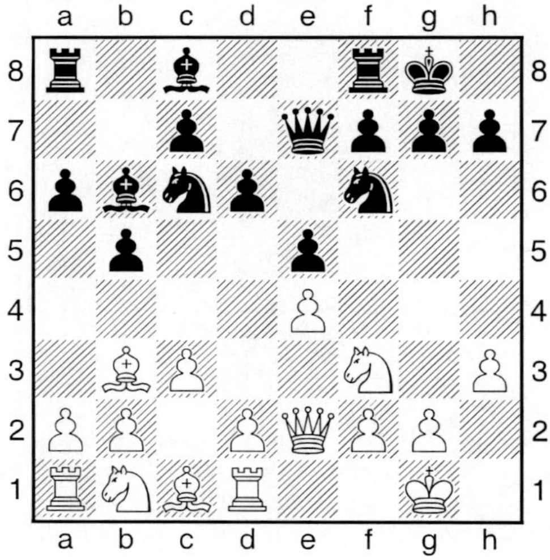

11.d4 [Outra opção, nesta posição da Abertura Ruy López, é jogar 11.d3 h6 12.♘bd2 ♘h5 13.♘f1 ♘a5 (13...♘f4 14.♗xf4 exf4 15.d4 ♗d7 *(15...♘a5 16.♗c2± Δ a4)* 16.♘1d2± Δ a4) 14.♗c2 c5=]

11...♗b7 [Interessantes complicações táticas, ao estilo Nezhmetdinov, surgiriam com a variante 11...exd4 12.cxd4 ♗f5!? 13.♘c3 ♘xe4 14.♘d5! ♕d7 15.♘h4 ♖ae8 *(15...♖fe8? 16.♘xb6 cxb6 17.♕f3!+– Δ g4; Δ ♗d5; 15...♗xd4 16.♗e3□ ♖ae8 17.♘xf5 ♕xf5 18.♖xd4! ♘xd4 19.♗xd4 c5 20.g4! ♕g5 21.♗e3 ♕h4=; 15...♘xd4 16.♖xd4! ♘g3□ 17.♕f3 ♗xd4 18.♕xg3 ♗e4! 19.♘f3 ♗xf3 20.♕xf3 ♖ae8=)* 16.♕f3 ♘xd4! 17.♖xd4□ ♗xd4 18.♘xf5□ ♗xf2+! 19.♔h2□ ♖e5! 20.♗c2 *(20.♕g4 ♖xf5 21.♕xf5 ♗g3+! 22.♔g1□ ♗f2+! 23.♔h2□=)* 20...♕xf5! 21.♘e7+ ♖xe7! 22.♕xf5 ♗g3+! 23.♔g1□ ♗f2+! 24.♔h2□=]

12.d5 ♘a5 13.♗c2 c6 14.dxc6 ♘xc6 15.♗g5 h6 16.♗xf6 ♕xf6 17.♘bd2 ♘e7 18.♘f1 [As brancas poderiam pressionar a ala da dama adversária para manter o equilíbrio da posição com 18.a4!?=]

18...♘g6!? 19.g3 ♕e6

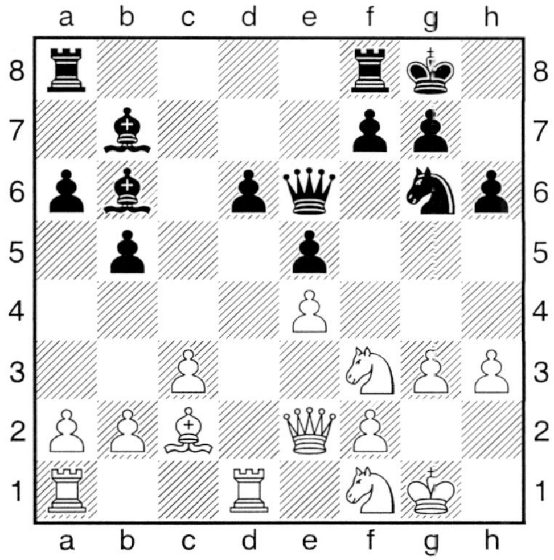

20.♘e3? [A manobra das pretas criou um problema prático defensivo para as brancas na ala do rei. A melhor alternativa seria 20.♔h2! ♗c8 21.♘g1 ♘e7 22.♘e3 ♖b8 23.♖d2 a5 24.♘f5 ♗c5= Δ b4]

20...♕xh3 21.♖xd6 [A troca do peão preto central pelo peão branco na ala do rei cria problemas defensivos, em decorrência da presença do par de bispos em duas diagonais em direção ao roque branco. As brancas também estariam claramente inferiores após 21.♘f5 ♖ad8 22.a4 ♗c8∓ (Δ d5)]

21...♗c5! 22.♖xg6?! [Oferecia uma maior resistência jogar 22.♖d2 f5! 23.♕f1 ♕h5 24.♕g2 fxe4 25.g4 ♘f4 26.♗b3+ *(26.gxh5 ♘xg2 27.♔xg2 exf3+ 28.♔g1 ♖ae8∓* Δ e4*)* 26...♔h8 27.gxh5 ♘xg2 28.♘xg2 ♖xf3∓]

22...fxg6 23.♘xe5 ♔h7 24.♖d1 ♖xf2!

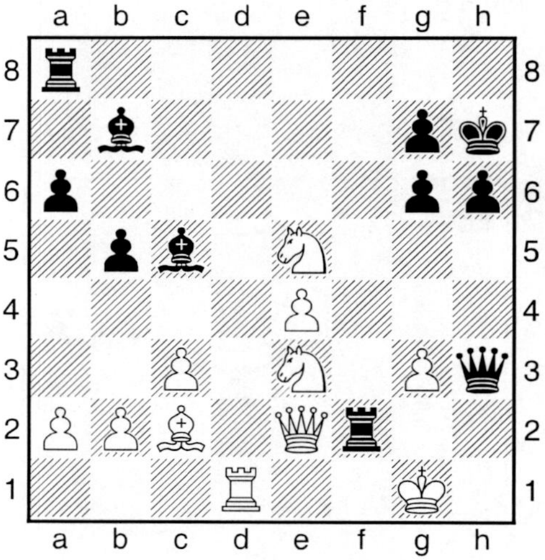

25.♔xf2 [As brancas também estão perdidas após 25.♕xf2 ♖f8! 26.♘f3 *(26.♕xf8 ♗xe3+ 27.♕f2 ♕xg3+ 28.♔h1 ♗xf2–+)* 26...♗xe3 27.♕xe3 ♕xg3+ 28.♔h1 ♖xf3 29.♕g1 ♕h4+ 30.♕h2 ♖h3–+]

25...♕h2+ 26.♔e1 ♕xg3+ 27.♔d2 ♕xe5 28.♘d5 [28.♔c1 ♕f4 29.♖e1 ♗xe4–+]

28...♕g5+

0–1

(26) R. Nezhmetdinov - M. Tal [C17]

URSS (ch), 1957

1.e4 e6 2.d4 d5 3.♘c3 ♗b4 4.e5 c5 5.♗d2 ♘e7 6.a3 [6.♘b5 ♗xd2+ 7.♕xd2 0–0 8.dxc5 ♘d7 9.f4 ♘xc5 10.♘d4 ♕b6 11.0–0–0 ♗d7 12.♘gf3 ♖fc8= Karpov - Nogueiras, Rotterdam 1989.]

6...♗xc3 7.♗xc3 b6

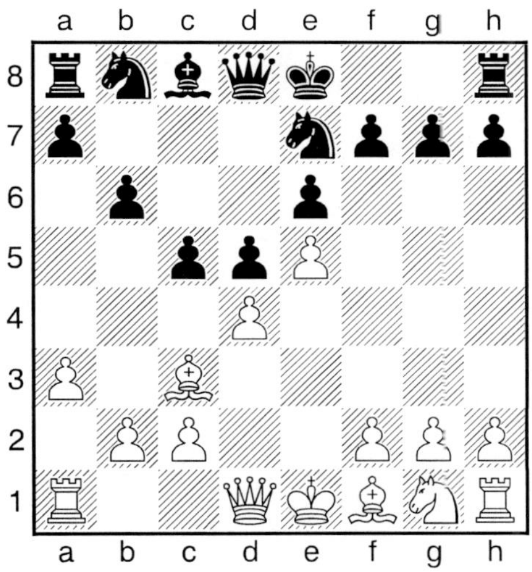

8.b4!? [8.♗b5+ ♗d7 9.♗d3 ♘bc6 10.♘f3 ♕b8 11.dxc5 bxc5= Svetushkin - Vallejo Pons, Monzon 2016.]

8...♕c7 [Diante do inusual plano das brancas, há várias alternativas para as pretas, por exemplo: 8...a5 9.♘f3 ♕c7 10.b5! ♘f5 *(10...cxd4 11.♗xd4 ♘f5 12.c3 ♘xd4 13.cxd4 ♕c3+ 14.♔e2! ♗d7 15.a4 0–0 16.♖c1±)* 11.♗d3 ♘d7 12.0–0 ♘xd4 13.♘xd4 cxd4 14.♗xd4 ♘xe5 15.♕h5 ♘xd3 16.cxd3 0–0 17.♗xg7 *(17.♖fc1!± Δ ♖c6)* 17...♔xg7 18.♕g5+ ♔h8 19.♕f6+ ♔g8 1/2 - 1/2 F. Olafsson - D. Bronstein, Mar del Plata 1960; 8...♘bc6 9.♘f3 cxd4 10.♘xd4 ♘xe5 *(10...♗d7=)* 11.♘xe6 ♗xe6 12.♗xe5 0–0 13.♗d3 ♗f5 *(13...♕d7 14.0–0 ♖fe8=)* 14.0–0 ♕d7 *(14...♗xd3 15.♕xd3 ♖c8 16.♖ad1 ♕d7 17.♖fe1±* V. Sokolov - S. Gligoric, Novi Sad 1965*)* 15.♖e1 ♖fe8=; 8...0–0 9.♘f3 h6 10.♗d3 ♗a6 11.bxc5 bxc5 12.dxc5 ♕c7 13.0–0 ♕xc5 14.♗b4 ♕c7 15.♗d6 ♕d7= (Δ ♖c8) D. Abakarov - V. Bagirov, URSS (ch-sf) 1957]

9.♘f3 ♘d7 [As pretas poderiam trocar o bispo de casa branca e manter o equilíbrio da posição após 9...cxb4 10.♗xb4 ♗a6 11.♗d3 *(11.♗xa6 ♘xa6 12.0–0 ♘xb4 13.axb4 ♕c4 14.♕d2 0–0*= O. Roese - J. Marschner, Bundesliga 1989*)* 11...♗xd3 12.♕xd3 ♘bc6 *(12...h6=)* 13.♗d6 *(13.0–0=)* 13...♕d7 14.a4 ♘a5 15.♘d2 ♖c8 16.0–0 0–0 17.♖fc1= R. Sanguinetti - R. Fuchs, Munique (ol) 1958]

10.♗e2 ♘c6 11.0–0 0–0

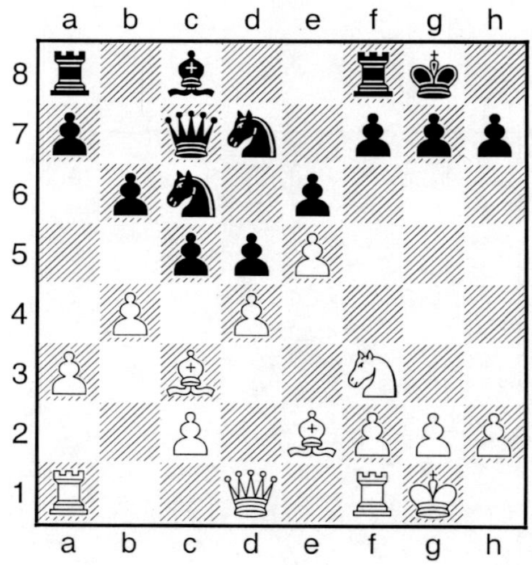

12.bxc5!? [As brancas poderiam sacrificar um peão para ativar as duas torres na ala da dama após 12.♕d3 h6 13.♗b2 cxb4 14.♕d2 bxa3 15.♗xa3 *(15.♖xa3 a5! 16.♘e1 ♗a6 17.♖g3 ♔h8!∓)* 15...♖e8 16.♗d6 ♕d8 17.♖fb1⩲]

12...bxc5 13.dxc5 ♘cxe5 14.♘xe5 ♘xe5 15.♕d4 f6 16.f4 ♘c6 17.♕e3 ♖d8 18.♖ad1

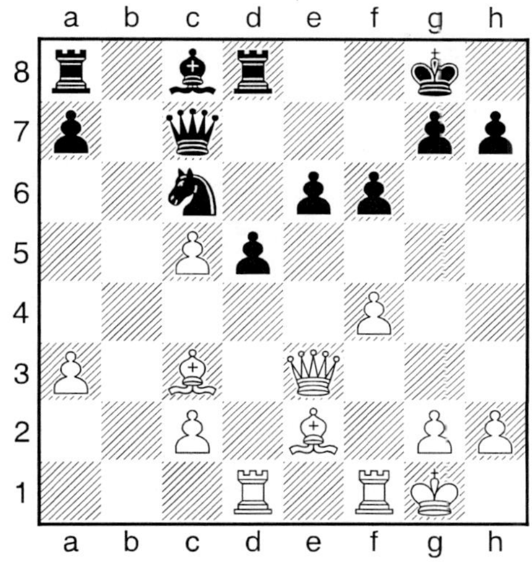

18...e5? [Tendo em vista que as brancas estão com o par de bispos, era melhor manter a posição fechada e continuar o desenvolvimento com 18...♖b8 19.♗f3 ♔h8= e, assim, levar o rei para uma posição mais segura.]

19.fxe5 fxe5?! [Era melhor tomar o peão com a peça menor e, assim, manter o cavalo centralizado numa posição mais ativa após 19...♘xe5 20.♗d4 ♗b7 21.♕g3±]

20.♗b5!± ♗b7 [Se 20...d4? as brancas conseguiriam criar múltiplas ameaças na ala do rei e ativar as torres pela coluna f, resultando em ganho material, após 21.♕e4 ♗b7 22.♗d3 g6 23.♗c4+ ♔h8 24.♖f7 ♖d7 25.♖df1! dxc3 26.♕h4 ♖xf7 27.♖xf7 ♕xf7 28.♗xf7 ♔g7 29.♗d5+–]

21.♕g3 [Seria um erro jogar 21.♗xc6? d4! 22.♕g3 ♕xc6 23.♗d2 ♕xc5∓ pois as pretas ficariam com um peão de vantagem.]

21...♖d7 22.♖f2 ♖e8 23.h3 ♗a8 24.♗a4 ♗b7 25.♔h1 ♗a8 26.♖f5!+–

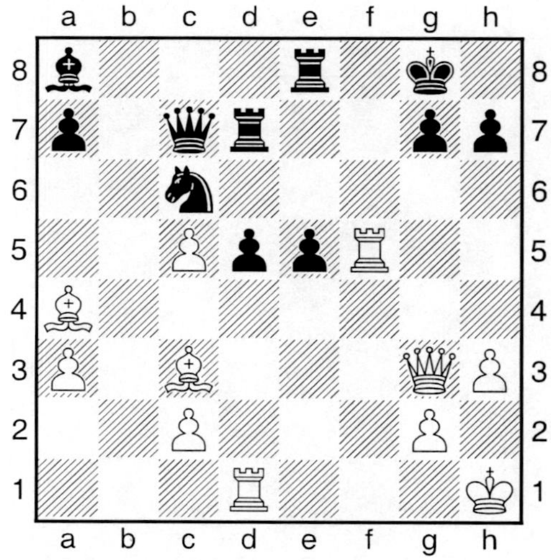

26...e4 [As peças pretas estão imobilizadas, a ameaça das brancas é dobrar as torres na coluna f, por exemplo: 26...♗b7 27.♖df1!+–; 26...♕c8 27.♖df1!+–]

27.♕xc7 ♖xc7 28.♖fxd5 e3 [A troca das damas e o sacrifício de um peão para poder avançar o peão passado não é suficiente para salvar a posição das pretas, por exemplo: 28...♖ee7 29.♖f5+– Δ ♗b3+; ♖df1]

29.♖d7 e2 [Se 29...♖xd7 seguiria 30.♖xd7 ♘e7 *(30...♖e7? 31.♗xc6!+–)* 31.♖xa7 ♗c6 32.♗xc6 ♘xc6 33.♖xg7+ ♔f8 34.♖xh7+–]

30.♗b3+! ♖e6 31.♗xe6+ ♔f8 32.♗xg7+!

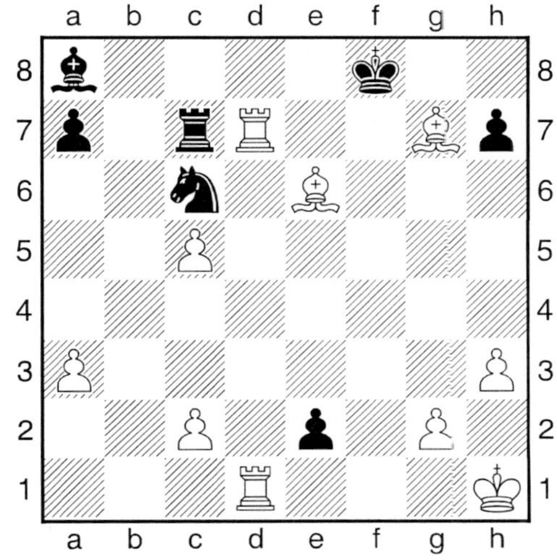

1–0

Rashid Nezhmetdinov cumprimentando Mikhail Tal, campeão soviético de 1957, durante a cerimônia de premiação.

(27) R. Nezhmetdinov - B. Spassky [B31]

URSS (ch), 1957

1.e4 c5 2.♘f3 ♘c6 3.♗b5 g6 4.0–0 ♗g7 5.c3 ♘f6 6.♕e2 0–0

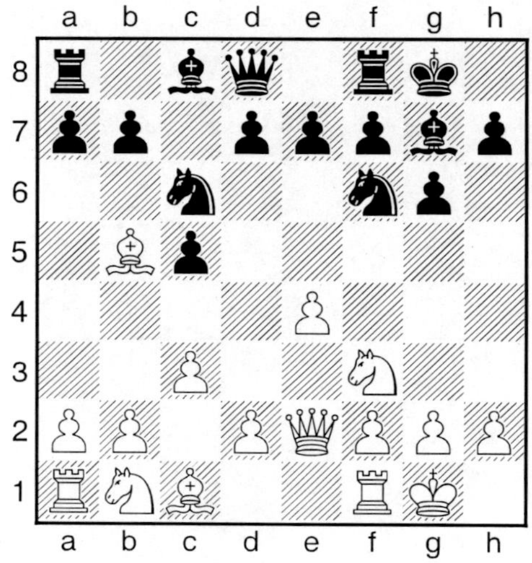

7.e5 [A variante mais utilizada é 7.d4 para manter o controle do centro.]

7...♘e8 [Outra possibilidade é jogar 7...♘d5 8.d4 *(8.♕c4?! ♘c7! 9.♗xc6 dxc6 10.♕xc5 ♗g4∓* Martinovic - Spasov, Groningen 1989*)* 8...cxd4 9.cxd4 d6 10.♘c3 ♗e6=]

8.d4 ♘c7 [A posição também está igualada após 8...cxd4 9.cxd4 ♘c7 10.♗a4 d6 11.♖d1 ♗g4 12.♘c3 ♘e6= 1/2 - 1/2 M. Tal - F. Gheorghiu, Wijk aan Zee 1968]

9.♗a4 cxd4 10.cxd4 d5 [Outra forma de continuar o desenvolvimento é deixar a estrutura de peões flexível com 10...d6 11.♖d1 ♗g4 12.h3 ♗xf3 13.♕xf3 dxe5 14.dxe5 ♕c8 15.♗xc6 bxc6 16.♕xc6 ♗xe5= Rogers - Agdestein, Biel 1993.]

11.h3 ♖b8

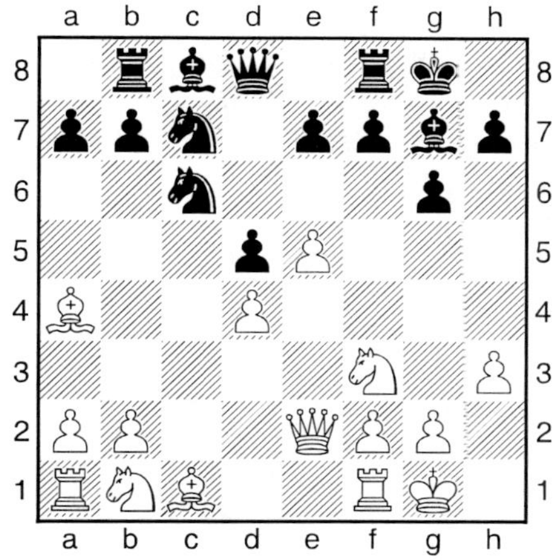

12.♗c2 [As pretas ganhariam um tempo de desenvolvimento e espaço na ala da dama após 12.♗e3 b5!? 13.♗c2 f6 14.exf6 exf6= (Δ f5; Δ b4)]

12...b6 13.♗d2 [As pretas ficariam com o par de bispo e o controle da coluna c, caso as brancas jogassem 13.♖e1 ♘b4 14.♘c3 ♗a6 15.♕d1 ♘xc2 16.♕xc2 ♕d7 17.♗e3 *(17.♗f4 ♘e6 18.♕d2 ♘xf4 19.♕xf4 ♖bc8*= Δ ♖c6; Δ ♖fc8 *)* 17...♘e6 18.♕d2 ♖bc8=]

13...♗a6 14.♗d3 ♗xd3 15.♕xd3 ♕d7 16.♘c3 ♘b4 17.♕e2 ♖bc8 18.a3 ♘c6

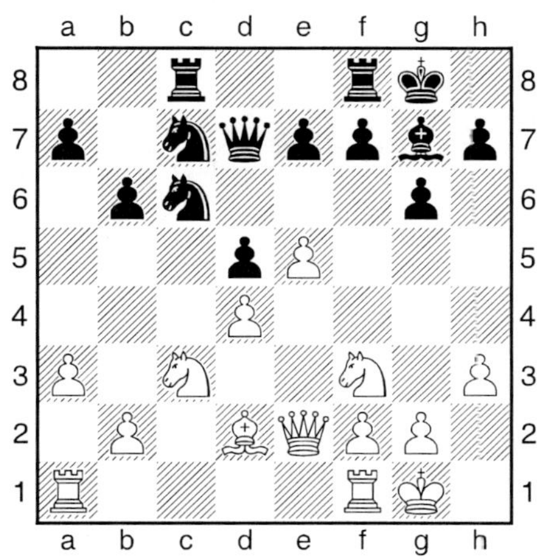

19.b4 [Mantendo o controle de espaço na ala da dama e evitando qualquer manobra de cavalo como, por exemplo, 19.♕d3 ♘a5=]

19...♘e6 20.♕d3 f6 21.exf6 [Uma interessante posição onde as pretas criariam um peão passado na ala da dama e as brancas buscariam contra-jogo na ala do rei surgiria, com a troca de damas, após 21.♖ad1 fxe5 22.♘xe5 ♗xe5 23.dxe5 ♘cd4 24.f4 ♕c6 25.g4 ♕c4 26.♕xc4 dxc4 27.f5 gxf5 28.♘d5 ♖f7 29.gxf5 ♖d8 30.♘e3 ♘g5=]

21...♗xf6?! [Um equívoco estratégico ficar com o peão atrasado numa coluna semi-aberta. As pretas poderiam manter a igualdade com 21...exf6!? 22.♖fe1 ♖fe8= (Δ f5)]

22.♘e2 ♗g7 23.♖ac1 a5?! [Outro erro estratégico das pretas. O melhor plano seria jogar 23...a6!? 24.a4 *(24.♖fd1 b5 25.♗e3±)* 24...♖c7 25.♖c2 ♘a7 26.♖xc7 ♘xc7 27.♖c1 b5 28.♘c3 ♖c8 29.♖a1± (Δ axb5)]

24.b5± ♘b8 [24...♘cd8 25.♖xc8 ♕xc8 26.♖c1 ♕d7 27.a4±]

25.♖xc8 ♖xc8

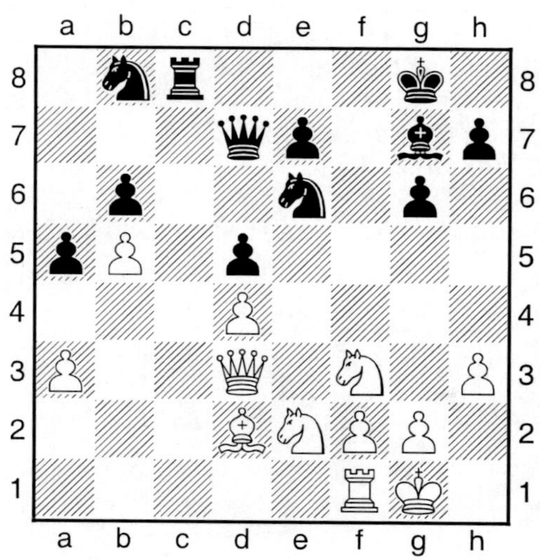

26.♘f4! ♖c4 [O cavalo passivo em b8 é um grande problemas para as pretas após 26...♘xf4 27.♗xf4 ♖f8 28.♗g3 ♗f6 29.♖c1 ♖c8 30.♕e3±]

27.♘xe6 [O sacrifício de uma peça menor por três peões levaria a um longo final após 27.♘xg6 hxg6 28.♕xg6 ♘f8 *(28...♘xd4 29.♘xd4 ♖xd4 30.♗c3! ♕d6 31.♕e8+ ♔h7 32.♗xd4 ♗xd4 33.♖d1+–)* 29.♕xb6 ♕c7 30.♕xc7 ♖xc7 31.♗xa5 ♖c4 32.♗b4 ♔f7 33.♖b1 ♘e6 34.a4 ♘xd4 35.♘xd4 ♗xd4 36.a5±]

27...♕xe6 28.♖e1 ♕d6 29.g3! ♘d7 [As pretas também estariam perdidas após 29...♖a4 30.♗f4 ♖xa3 31.♕c2 ♕d8 32.♘g5 ♗f6 33.♘e6 ♕e8 34.♕c7 ♘d7 35.♕c6+– Δ ♕xd5]

30.♗f4 ♕f6 [Se 30...e5 as brancas seguiriam com 31.dxe5 ♕c5 32.♗e3 ♕xb5 33.e6! ♘f6 34.♘e5+–]

31.♗g5 ♕f8 32.♖xe7 ♘f6 33.♕e2 h6 [As pretas abandonaram, já que as brancas dariam xeque com a dama (em e6), capturariam o cavalo preto com o bispo (em f6) e manobrariam a torre na sétima fila com ganho decisivo de material.]

1–0

(28) R. Nezhmetdinov - T. Petrosian [C85]

URSS (ch), 1957

1.e4 e5 2.♘f3 ♘c6 3.♗b5 a6 4.♗a4 ♘f6 5.0–0 ♗e7

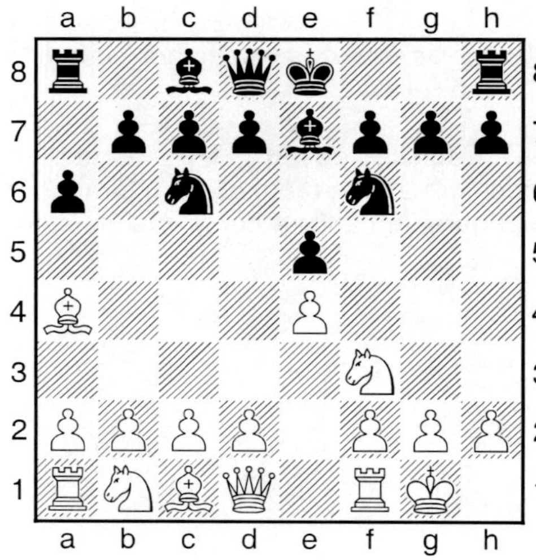

6.♗xc6!? [A variante principal nesta posição da Ruy López é 6.♖e1 b5 7.♗b3 d6 8.c3 0–0 com os dois lados concluindo o desenvolvimento da ala do rei.]

6...bxc6!? [Normalmente, as pretas continuam com 6...dxc6 7.d3 ♘d7 8.♘bd2 0–0 para concluir o desenvolvimento da ala do rei.]

7.d4 [As brancas podem jogar de maneira ativa para conseguir uma pequena vantagem com a variante 7.♘xe5! ♘xe4 8.♖e1! (8.d4 0–0 9.♕e2 ♘d6 10.c4 f6 11.♘f3 ♖e8 12.♗f4 ♗f8 13.♕c2 ♘f7 *(13...♘e4= Δ d5)* 14.♘c3 d6 *(14...d5=)* 15.h3± C. Pappier - C. Rebizzo, Argentina (ch) 1951) 8...♘f6 *(8...♘c5 9.d4 ♘e6 10.c4 0–0 11.d5±)* 9.♕e2 c5 *(9...0–0? 10.♘xc6! dxc6 11.♕xe7±)* 10.♘c3 0–0 11.♘c6 dxc6 12.♕xe7 c4 13.♕c5 ♖e8 14.♖xe8+ ♕xe8 15.♕xc4 ♗f5 16.f3 ♕e1+ 17.♕f1 ♕xf1+ 18.♔xf1 ♗xc2 19.d4± as pretas estariam com dois peões dobrados e isolados, mas a presença de bispos de cores opostas ajudaria na parte defensiva no final.]

7...exd4 [Se 7...♘xe4 seguiriam o desenvolvimento com 8.♖e1 d5 9.♘xe5±]

8.♘xd4 [As pretas conseguiriam igualar a posição e completar o desenvolvimento da ala do rei após 8.e5 ♘d5 9.♕xd4 0–0=]

8...c5?! [As pretas poderiam jogar de maneira ativa, ao capturar o peão central, para completar o desenvolvimento do rei para a ala da dama com o roque grande após 8...♘xe4! 9.♖e1 ♘c5 10.♘f5 ♘e6 11.♕g4 g6 12.♘xe7 ♕xe7 13.♗h6 ♗b7 14.♘d2 0–0–0 *(14...c5 15.♘f3 f6 16.♖ab1 0–0–0 17.b4⩲)* 15.♘f3⩲]

9.♘f3 [As brancas poderiam aproveitar o ganho de um tempo de desenvolvimento para posicionar as peças de maneira ativa após 9.♘f5! 0–0 10.e5 ♘e8 11.♘c3 d6 12.♘xe7+ ♕xe7 13.♖e1 ♗e6 14.♗f4±]

9...d6 10.e5 dxe5!? [As pretas poderiam manobrar o cavalo para a ala da dama após 10...♘d7 11.♗f4 ♘b6= mas preferiram forçar a troca de damas na partida.]

11.♕xd8+ ♗xd8 12.♘xe5 ♗e7

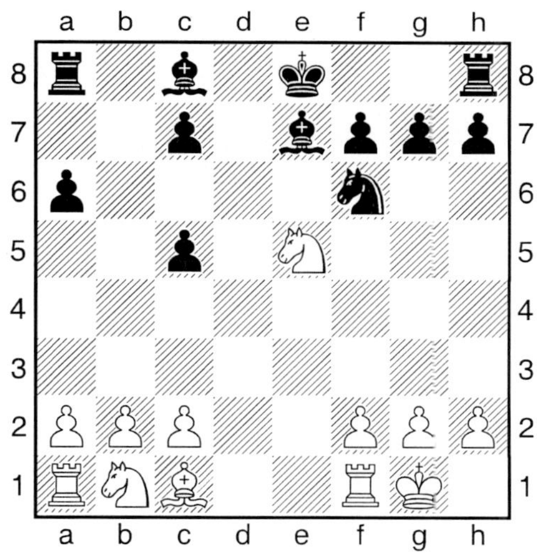

13.♘c3 [A posição está igualada também após 13.♖e1 ♘d5 14.♘c6 ♗e6 15.♘xe7 ♔xe7=]

13...♗f5 [As pretas poderiam completar o desenvolvimento da ala do rei com 13...0–0 14.♖e1 ♖e8=]

14.♘c6 [Aproveitando que o rei preto ainda está no centro, as brancas poderiam continuar o desenvolvimento jogando de maneira ativa com 14.♖e1! 0–0 *(se 14...♗xc2? seguiria 15.♘c6 ♔d7 16.♖xe7+! ♔xc6 17.♖xf7*

♖hg8 18.♗f4 ♖ac8 19.♖e1±) 15.♘c6! *(15.♘c4 ♖fe8 16.♗f4 ♗e6=)* 15...♗d6 16.♗f4! ♗xc2 *(16...♗xf4 17.♘e7+ ♔h8 18.♘xf5±)* 17.♗xd6 cxd6 18.♖ac1 ♖fe8 *(18...♗d3 19.♖ed1 c4 20.♘b4 ♗g6 21.♘a4 d5 22.♘xd5 ♘xd5 23.♖xd5±)* 19.♖xe8+ ♖xe8 20.f3 ♗d3 *(20...♗g6 21.♖d1 d5 22.♘xd5 ♘xd5 23.♖xd5±)* 21.♖d1 ♗b5 22.♘xb5 axb5 23.♖xd6± Δ ♔f2]

14...♗d6 15.♖e1+ ♔f8 16.♗g5 ♗xc2! 17.♖ac1 ♗f5

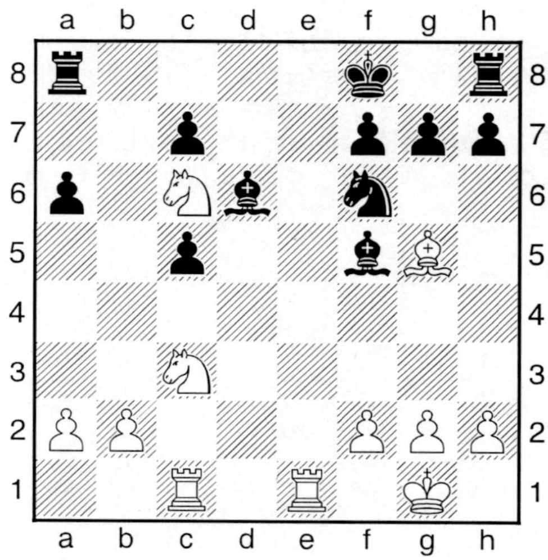

18.♘a5?! [O correto seria jogar 18.h3!? ♖e8= e o peão a mais dobrado e isolado não é uma vantagem material para as pretas.]

18...♘g4! 19.♘c4 [As pretas ficariam com o cavalo ativo e centralizado após 19.h3 ♘e5 20.♖cd1 f6∓]

19...♗xh2+ 20.♔h1 [As brancas ficariam perdidas se movessem o rei para o outro lado com 20.♔f1? ♗d3+ 21.♘e2 f6–+]

20...♗d6?! [As pretas poderiam manter uma pequena vantagem com 20...f6 21.♘e3 ♗e5 22.♘xf5 fxg5 23.♖c2 ♖e8 24.f3 ♘f6 25.♖ce2 ♘d7 26.♘e4 ♔f7! 27.♖d1 ♘f6 28.♘xc5 ♔g6∓]

21.♘xd6 cxd6 22.♗e7+ ♔g8 23.♔g1 ♘e5

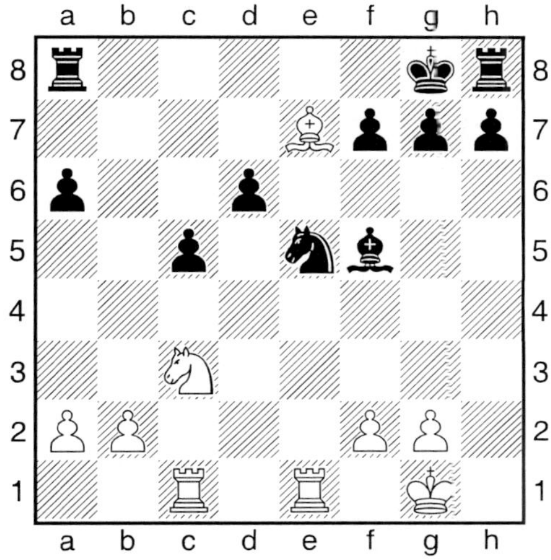

24.♗xd6!! ♘d3 25.♘d5! g6! [As pretas levariam xeque-mate após 25...♘xc1?? 26.♘e7+! ♔f8 27.♘c8+! ♔g8 28.♖e8#; As pretas ficariam perdidas após 25...♘xe1?? 26.♘e7+! ♔f8 27.♘xf5+! ♔e8 28.♖xe1+ ♔d7 29.♖e7+ ♔c6 30.♖c7+ ♔b6 31.♘e3+–; As pretas poderiam entrar num final empatado de torre e bispo de cores opostas após 25...♗e6 26.♘e7+ ♔f8 27.♘g6+ ♔e8 *(27...♔g8 28.♘e7+ ♔f8=)* 28.♘xh8 ♘xc1 29.♘xf7 *(29.♖xc1 ♔d7 30.♘xf7 ♗xa2 31.♖xc5 ♗xf7= ⧉)* 29...♔xf7 30.♖xc1 ♗xa2 31.♖xc5 ♔e6= ⧉]

26.♗e5! ♘xe5 [As pretas poderiam jogar 26...♗e6!? para ficar com um peão de vantagem no final de torres após 27.♘c7 ♖c8 28.♘xe6 fxe6 29.♔f1 ♔f7 30.♗xh8 ♖xh8 31.♖cd1 ♘xe1 32.♖d7+ ♔f6 33.♔xe1 ♖b8 34.b3 h5 35.♖c7 ♖b5 36.♔d2≌]

27.♖xe5 ♔g7 28.♖xc5 ♖he8 29.♘e3 ♗e6 30.a3 ♖ed8 31.♖c7 ♖d6 32.b4 ♖b8 33.♖ec5 [Um empate titânico, onde os dois jogadores procuraram atacar os reis adversários, mesmo sem as damas no tabuleiro.]

½–½

(29) R. Nezhmetdinov - Y. Kotkov [C67]

Rússia (ch), 1957

1.e4 e5 2.♘f3 ♘c6 3.♗b5 ♘f6 4.0–0 ♘xe4 5.♖e1 [Nezhmetdinov não joga a variante principal, pois não é seu estilo trocar as damas na abertura após 5.d4 ♘d6 6.♗xc6 dxc6 7.dxe5 ♘f5 8.♕xd8+ ♔xd8=]

5...♘d6 6.♘xe5 ♗e7 [As pretas podem igualar a posição após 6...♘xe5 7.♖xe5+ ♗e7 8.♗f1 0–0 9.d4 ♗f6 10.♖e1 ♘f5 11.c3 d5=]

7.♗d3 [Como visto no comentário anterior, a posição está equilibrada após 7.♗f1 ♘xe5 8.♖xe5 0–0 9.d4 ♗f6 10.♖e1 ♘f5 11.c3 d5=]

7...0–0 8.♘c3 ♘xe5 9.♖xe5 ♗f6

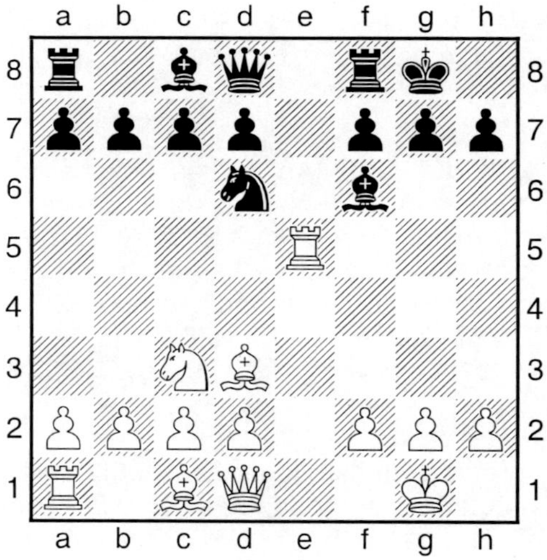

10.♖e3 g6 [Outra continuação é jogar 10...♗g5 11.♖e1 b6 12.♗f1 ♗b7 13.d4 ♗xc1 14.♕xc1 ♕f6 15.♕d2 ♖ae8 16.♘b5 ♘xb5 17.♗xb5 ♗c6 18.♗f1 d5= Dominguez Perez - So, Lichess.org 2020.]

11.♕f3 ♗g7 [Outras opções nesta posição são: 11...c6 12.b3 ♘e8 13.♗a3 d6 14.♖ae1 ♗e6 15.♗c4 ♗e7= Delgadillo - Pinto, corr. 2018; 11...♘e8!? 12.b3 (Krivoborodov - Sychev, Moscou 2012) 12...d6 13.♗b2 c6 14.♖ae1 ♗e6=]

12.b3 ♘e8 13.♗a3 d6 14.♖ae1 ♘f6 [Se 14...c6 as brancas poderiam pressionar o flanco de rei adversário com 15.h4! ♗e6 16.h5 ♕a5 17.♗b2

♕xh5 18.♕xh5 gxh5 19.♖g3! h4 20.♖g5 h6 21.♖h5 h3 22.gxh3 ♘f6 23.♖h4± (Δ ♖e3)]

15.h3 ♘d7 [As pretas poderiam jogar de maneira ativa para completar o desenvolvimento da ala da dama com 15...♖b8! 16.♗c4 ♗d7 17.♘d5 ♘xd5 18.♗xd5 c6 19.♗e4 ♕c7 20.♗d3 ♖be8 21.♖e7 ♗g4! 22.♕e3 ♗d7!=]

16.♘d5 f5?

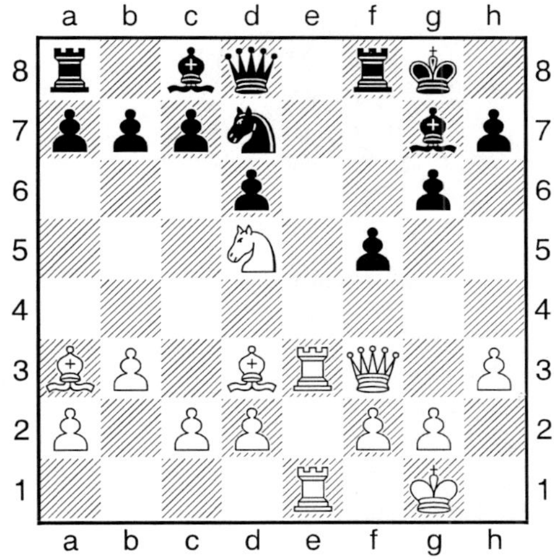

Um erro debilitar o flanco rei. Era necessário defender a posição com 16...♖b8! 17.♗c4 ♘e5 18.♖xe5! dxe5 *(18...♗xe5? 19.♖xe5! dxe5 20.♗e7!+–)* 19.♘e7+ ♔h8 20.♘xc8 ♕xc8 21.♗xf8 ♕xf8 22.♕xf7 ♕xf7 23.♗xf7 ♖d8 24.d3±

17.♘xc7! [As brancas também ganhariam com 17.♖e7! ♘e5 18.♖1xe5! ♗xe5 19.♗c4! ♔h8 20.♖xe5 dxe5 21.♗xf8 ♕xf8 22.♘xc7 ♖b8 23.♕d5! h5 24.♕xe5+ ♕g7 *(24...♔h7 25.♘e8+–)* 25.♕d6+–]

17...♕xc7 18.♕d5+! ♔h8 19.♖e8! [Jogando de maneira ativa com as torres dobradas na coluna central. Seria um erro jogar 19.♗xd6? ♘b6! 20.♕c5 ♕xc5 21.♗xc5 ♗d7! 22.♗xf8 ♗xf8 23.♗e2 ♘d5 24.♖e5 ♘f6 25.♗f3 ♖c8 26.c4 b6 27.d4 ♔g7=]
19...♘f6 20.♖xf8+ ♗xf8 21.♗b2! ♗g7 [As pretas também estariam perdidas após 21...♕g7 22.♖e8! ♗e6 23.♗xf6 ♕xf6 24.♖xe6+–]

22.♗c4!

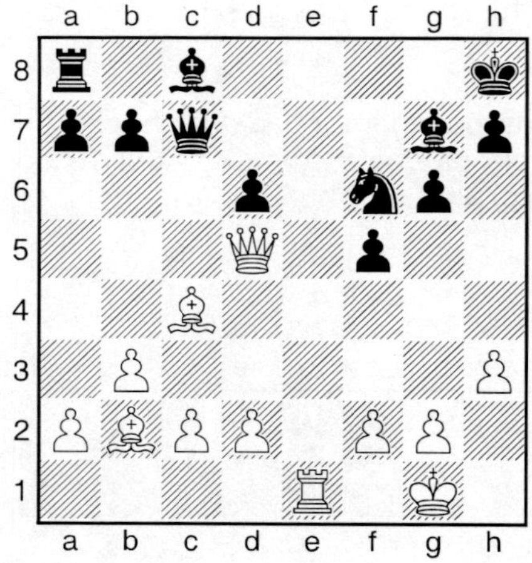

22...♗d7 23.♗xf6 [Era mais forte jogar 23.♕f7! ♕d8 24.♗xf6 ♕xf6 (24...♗xf6? 25.♖e8+! ♕xe8 *(25...♗xe8 26.♕g8#)* 26.♕xf6#) 25.♕xd7+– Δ ♖e7]

23...♗xf6 24.♕f7 ♕d8? [Um erro que provoca a imediata derrota. Oferecia maior resistência jogar 24...♗g5 para entrar no final após 25.g3! f4 *(25...♖c8 26.h4! ♗e6 27.♕xe6 ♗xd2 28.♕f6+ ♕g7 29.♕xg7+ ♔xg7 30.♖e7+ ♔h8 31.♖xb7+–)* 26.h4! fxg3 27.hxg5 gxf2+ 28.♔xf2 ♕c5+ 29.♖e3 ♕f5+ 30.♕xf5 ♗xf5 *(30...gxf5 31.♖d3+– Δ* ♖xd6*)* 31.♖e7 ♗xc2 *(31...♖b8 32.c3+–)* 32.♖xb7+–]

25.♖e8+!

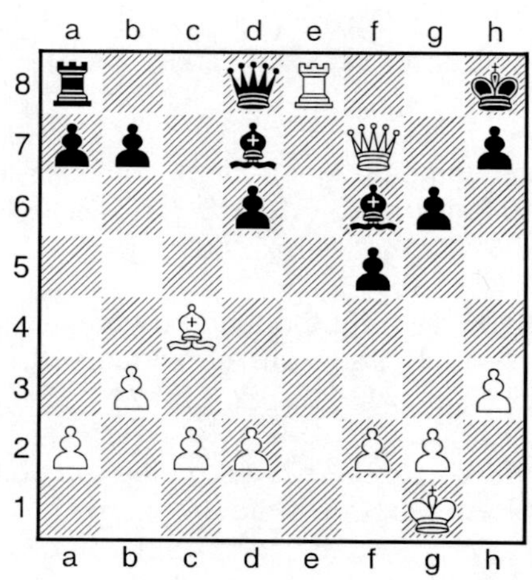

1–0

(30) I. Boleslavsky - R. Nezhmetdinov [C76]

URSS por equipes (ch), 1958

1.e4 e5 2.♘f3 ♘c6 3.♗b5 a6 4.♗a4 d6 5.c3 ♗d7 6.d4 g6 7.0–0 ♗g7

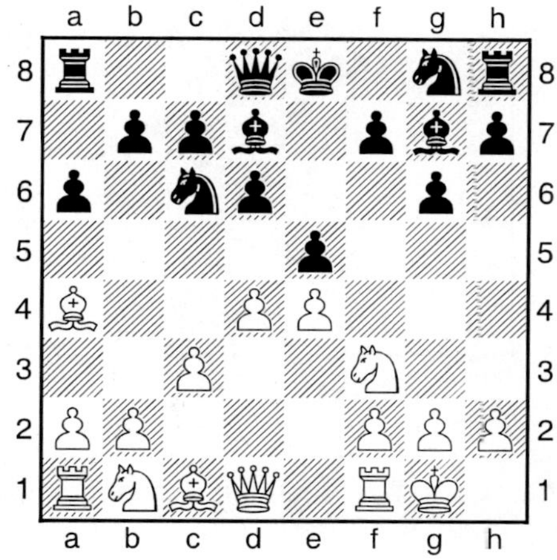

8.♗e3 [Há várias opções nesta posição da Ruy López para as brancas: 8.♖e1 (desenvolvimento); 8.dxe5 (troca no centro); 8.d5 (fechar o centro)]

8...♘f6 9.♘bd2 0–0 10.dxe5 dxe5 [Outra possibilidade é jogar 10...♘xe5 11.♘xe5 dxe5 12.♗c2 *(12.♗g5 h6 13.♗xf6 ♗xf6 14.♗xd7 ♕xd7=* Unzicker - Darga, Bundesliga 1989*)* 12...♕e7 13.h3 *(13.♗g5 h6 14.♗h4 ♖ad8∓* Fleck - Mandl, Bundesliga 1990*)* 13...♘h5= Panov - Keres, URSS (ch) 1940]

11.♗c5 [No mesmo ano, em outra partida foi jogada a variante 11.b4!? ♖e8 12.♗b3 h6 13.a4 ♗e6 14.♕c2 ♘g4 15.♗xe6 ♖xe6 16.♘c4 ♕e8 17.h3 ♘xe3 18.♘xe3± Nikitin - Pitksaar, Moscou 1958]

11...♖e8 12.♖e1 b6 13.♗a3 [13.♗e3 b5 14.♗c2 ♘a5 15.b4 ♘b7=]

13...♕c8 14.♘f1 b5 15.♗c2 a5! 16.♗c5 ♘d8 17.a4 ♕b7 18.axb5 ♗xb5 19.♗a3 ♘e6

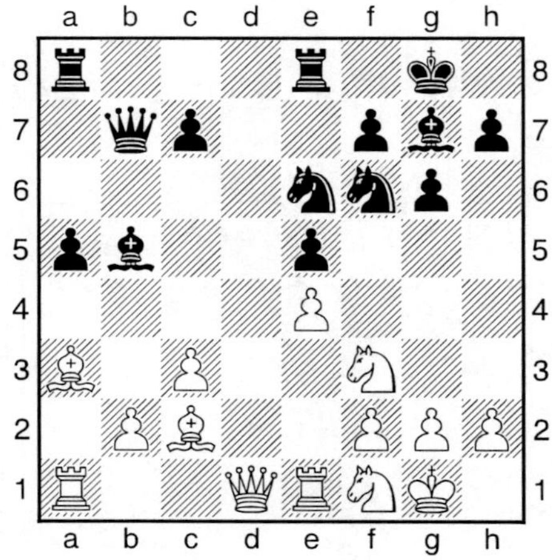

20.♘xe5 [As brancas poderiam recusar o sacrifício de peão e manter a posição equilibrada com 20.♘e3 ♖ad8 *(20...♘xe4 21.♗xe4 ♕xe4 22.♘d5!⩲)* 21.♕b1 ♘f4=]

20...♖ad8 21.♕c1 [As brancas poderiam jogar a dama numa posição mais ativa, mas as pretas teriam compensação pelo sacrifício do peão após 21.♕f3 ♗xf1 *(21...c5≌; 21...♘g5 22.♕f4 h6≌)* 22.♖xf1 ♕b5 23.♘g4 *(23.♘d3 ♘g5 24.♕d1 ♖xe4 25.♖e1=)* 23...♘xg4 24.♕xg4 ♖d2≌]
21...♘h5!

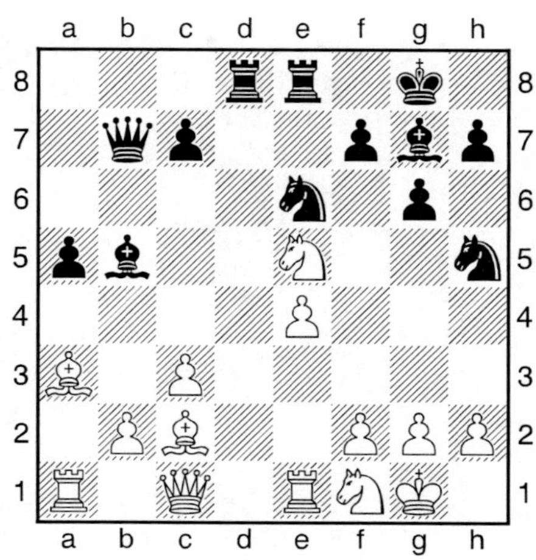

22.♘f3 ♘hf4 23.♘g3 [Agora, a posição das brancas é um pouco inferior após 23.♔h1 ♘d3 24.♗xd3 ♖xd3∓]

23...h5 [As pretas poderiam jogar diretamente 23...♗h6! 24.♕b1 ♘d3!∓]

24.h4?! [Lance passivo. As brancas perdem um tempo importante. Era necessário jogar 24.♖d1 ♗h6! 25.♖xd8 ♖xd8 26.♕e1 h4! *(se 26...♘d3 as* brancas conseguiriam completar o desenvolvimento da ala da dama após *27.♗xd3 ♗xd3 28.♖d1=)* 27.♘xh4 ♖d2! 28.♕xd2 ♘h3+ 29.gxh3 ♗xd2 30.♗b3 ♗d7 31.♗d5 ♕b6 32.♖d1 ♗h6 (Δ ♗a4; Δ ♘f4) 33.♗xe6 ♗xe6 34.♔g2 c5 35.♘f3 ♗f4∓]

24...♗h6! 25.♔h2 [Agora, a posição das brancas é claramente inferior. Por exemplo: 25.♕b1 ♕b6∓]

25...♔g7 26.♕b1 [26.♖e3 ♘d3 27.♗xd3 ♗xe3 28.♕xe3 ♖xd3 29.♕e1 f6∓]

26...♕b6

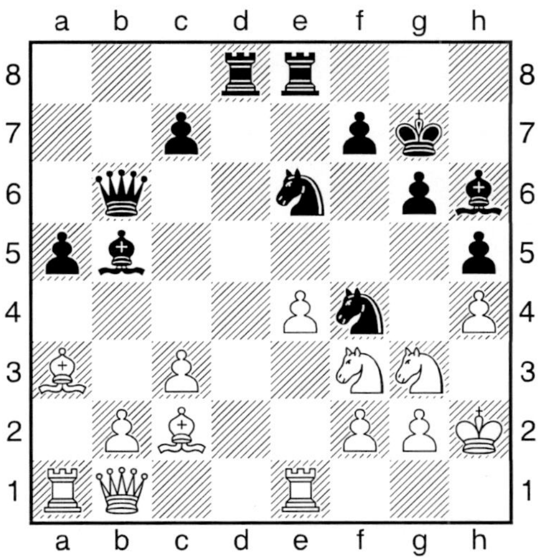

27.♔g1? [Oferecia uma maior resistência simplificar a posição e entrar no final após 27.♖f1 ♘d3! *(27...♗xf1 28.♕xf1 ♘c5 29.♗xc5 ♕xc5∓)* 28.♔g1 ♗f4 29.♘h1 *(29.♘e2 ♘xf2!–+)* 29...♘e5 30.♘xe5 ♗xf1 31.♘xf7 ♗xg2 *(31...♖d2 32.♔xf1 ♔xf7∓)* 32.♘xd8 ♗xh1 33.♘c6 *(33.♘xe6+?? ♕xe6–+)* 33...♗f3! 34.♕f1□ ♕xc6 35.♕d3□ ♗g4! 36.♗a4□ ♖d8 *(36...♕xa4 37.♗f8+ ♖xf8 38.♖xa4 ♖d8! 39.♖d4□ ♘xd4 40.cxd4 c5 41.d5 ♗e5 42.f3 ♗d7∓)* 37.♕xd8 ♘xd8 38.♗xc6 ♘xc6∓ ⊞]

27...♘xg2! 28.♔xg2 [As brancas também estão perdidas após 28.♖d1 ♘gf4 29.♘d4 ♘h3+ 30.♔g2 ♘ef4+ 31.♔f3 *(31.♔h2 ♘xf2–+)* 31...♖xd4! 32.♖xd4 *(32.cxd4 ♕e6–+)* 32...♕e6–+]

28...♘f4+! 29.♔h1 [29.♔g1 ♘h3+ 30.♔h1 ♕xf2–+]

29...♕xf2

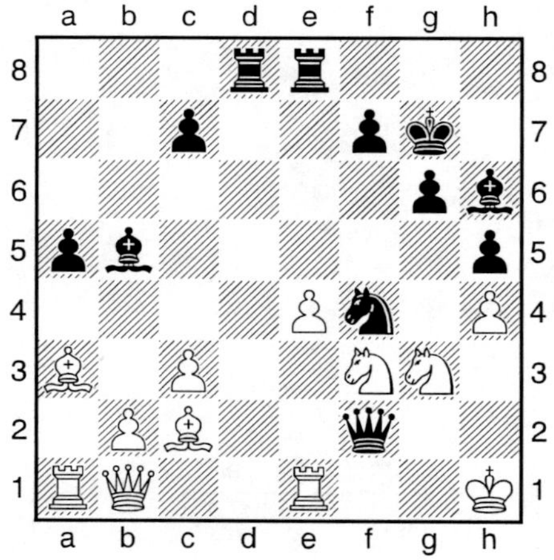

0–1

(31) L. Polugaevsky - R. Nezhmetdinov [A53]

Rússia (ch), 1958

1.d4 ♘f6 2.c4 d6 3.♘c3 e5 4.e4 exd4 5.♕xd4 ♘c6 6.♕d2 g6 7.b3 ♗g7 8.♗b2 0–0 9.♗d3 ♘g4!?

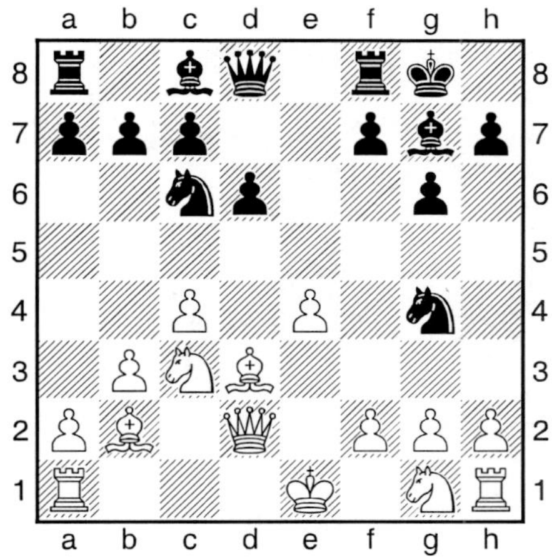

10.♘ge2?! [Lance passivo das brancas. Há melhores alternativas de desenvolvimento: 10.♘f3 ♘ge5 11.♗e2 ♘xf3+ 12.♗xf3 ♘d4 13.♗d1 f5 14.exf5 ♗xf5 (Alatortsev - Boleslavsky, Moscou 1950) 15.0–0=; 10.0–0–0 f5 *(10...a5!? 11.f4 ♖e8 12.♘f3 ♘f6 13.♖he1 ♗g4=)* 11.♖f1 *(11.f4!? Δ ♘f3)* 11...♘ce5 *(11...a5!? Δ ♘b4)* 12.♗c2 a6? *(12...fxe4! 13.♘xe4 c6!= Δ d5)* 13.f4! ♗h6?! *(13...♘c6 14.exf5 ♗xf5 15.♗xf5 ♖xf5 16.h3± Δ ♘f3; Δ ♘d5)* 14.♔b1! ♘f6 *(14...♘c6 15.♘d5+–; 14...fxe4 15.♘xe4+–; 14...♖f7 15.♘ge2+–; 14...c6 15.♘ge2+–)* 15.♘ge2+– c6 16.♘g3 fxe4 17.♘cxe4 ♘xe4 18.♘xe4 ♗f5 19.♕d4 ♗xe4 20.♕xe4 ♘g4? *(20...♘f7 21.f5+–; 20...♘d7 21.f5+–)* 21.♕e6+ 1–0 Shapiro - Luchan, Long Island 1995]

10...♕h4 [As pretas poderiam jogar de maneira ativa no centro com 10...♘ce5!∓ (Δ ♗h6; Δ ♕h4).]

11.♘g3? [As brancas poderiam defender a posição com 11.g3!= (Δ f4; Δ ♘f4)]

11...♘ge5? [As pretas teriam uma clara posição de ataque após 11...f5! 12.exf5 *(12.f4 ♘b4–+)* 12...♗h6! 13.♕e2 *(13.f4 ♗xf5 14.♗xf5 ♖xf5–+)* 13...♗xf5 14.♗xf5 *(14.♘xf5 gxf5 15.g3 ♕h5 16.♕e6+ ♖f7 17.♘d5 ♔f8!–+ Δ*

♖e8*)* 14...gxf5 15.♕e6+ ♖f7 16.♘d1 ♕e7 17.♕xe7 ♖xe7+ 18.♔f1 ♗d2! 19.♘e3 *(19.♔g1 ♖e1+ 20.♘f1 ♖ae8–+)* 19...♗xe3 20.fxe3 ♘xe3+ 21.♔g1 ♔f7 22.♖e1 ♖ae8–+]

12.0–0 [As brancas poderiam seguir de maneira profilática com 12.♗e2!?= Δ 0–0]

12...f5 [As pretas poderiam pressionar a ala do rei adversária com 12...♘g4!? 13.h3 ♘xf2 14.♖xf2 (Melhor ficar com um peão a menos do que entrar na variante *14.♕xf2?! ♗d4! 15.♕xd4 ♘xd4 16.♘d5 f5! 17.♗xd4 ♕xg3 18.♖f3 ♕h4 19.♘xc7 fxe4! 20.♖xf8+ ♔xf8* (Δ ♗f5) *21.♗e2 ♖b8 22.♗xa7 ♕g3! 23.♗xb8 ♗xh3! 24.♗f1 e3!–+)* 14...♗h6 15.♕e1 ♕xg3 16.♘d5 ♘e5 17.♗e2 ♗xh3 18.♕c3 ♕xc3 19.♗xc3 ♗e6 20.♘xc7 ♖ad8 21.♘xe6 fxe6 22.♖xf8+ ♖xf8 23.♗xe5 dxe5∓ ⧉]

13.f3 [As brancas poderiam equilibrar a posição com 13.exf5! ♕d4 14.♖ad1 *(14.♘b5 ♕xd3 15.♕xd3 ♘xd3 16.♗xg7 ♔xg7 17.♘xc7 ♖b8 18.♖ad1 ♘f4 19.fxg6 hxg6 20.♖xd6⩲)* 14...♘xd3 15.♕xd3 ♕xd3 16.♖xd3 ♗xf5 17.♘xf5 ♖xf5=]

13...♗h6!

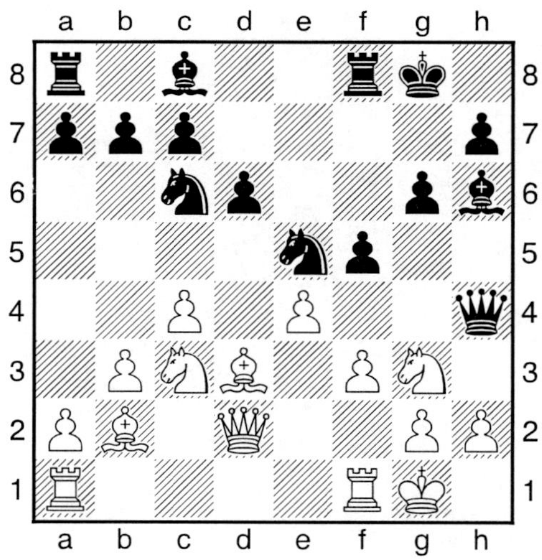

14.♕d1 f4 [As pretas tinham um ataque decisivo com 14...♗e3+! 15.♔h1 f4! 16.♘ge2 g5! 17.♘d5 g4! 18.g3 *(18.♘xe3?? g3!–+)* 18...fxg3 19.♘xg3 ♗d4! 20.♗xd4 ♘xd4 21.f4 ♘ef3! 22.♖f2 c6! 23.♘e3 ♘xh2!–+]

15.♘ge2 g5! 16.♘d5 g4 [16...♖f7!? Δ g4]

17.g3! fxg3 [As pretas não conseguiriam nenhuma vantagem com 17...♕h3 18.♘exf4 ♗xf4 19.♘xf4 ♖xf4! 20.♗xe5! ♘xe5! 21.gxf4 ♘xf3+ 22.♖xf3 gxf3 23.♔f2 ♕xh2+ por causa de 24.♔e3!= *(pois as brancas evitariam jogar 24.♔xf3?? ♗g4+!! 25.♔xg4 ♔h8!! 26.♔f3 ♖g8! 27.e5 dxe5!–+)*]

18.hxg3 ♕h3 19.f4 ♗e6!!

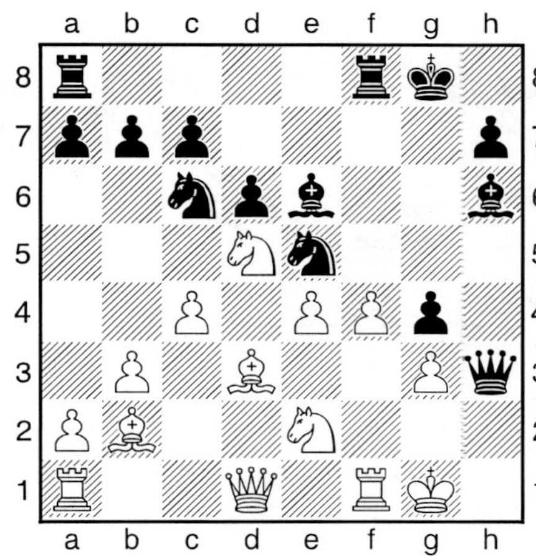

Seria precipitado jogar 19...♘f3+? por causa de 20.♔f2 ♕h2+ 21.♔e3 ♕h5 22.♖h1 ♕g6 23.♘xc7+–

20.♗c2 [Outras alternativas são claramente inferiores para as brancas, por exemplo: 20.fxe5 ♗xd5! 21.♗c1 ♘xe5! 22.♗xh6 ♘f3+ 23.♔f2 ♕xh6 24.cxd5 ♘e5+ 25.♔g2 *(25.♔g1 ♕e3+ 26.♔h1 ♖xf1+ 27.♕xf1 ♖f8–+)* 25...♕h3+ 26.♔g1 ♘f3+ 27.♔f2 ♘e1+ 28.♘f4 ♘xd3+–+; 20.♘xc7 ♖xf4!! 21.gxf4 *(21.♘xe6?? ♖xf1+ 22.♕xf1 ♗e3+ 23.♕f2 ♘f3#)* 21...g3! 22.♘xg3 ♕xg3+ 23.♔h1 ♕h4+ 24.♔g1 ♗h3! 25.♕d2 ♖f8! 26.♕f2 ♕g4+ 27.♔h1 ♗xf1 28.♗xf1 *(28.♖xf1 ♘xd3–+)* 28...♗xf4–+]

20...♖f7 21.♔f2 [Agora, as brancas poderiam simplificar a posição e escapar com o rei após 21.♗xe5! ♘xe5 22.♔f2 ♕h2+ 23.♔e3 ♗xd5 24.cxd5 ♕h3 25.♔d2 *(25.♖h1? ♖xf4! 26.♖xh3 ♖f3+ 27.♔d4 gxh3→ Δ ♖af8; Δ ♗g7))* 25...♘f3+ 26.♔d3 ♕h5 27.♘d4 ♘xd4 28.♖h1! ♕g6 29.♔xd4 ♗g7+ 30.♔e3 ♗xa1 31.e5! ♗d4+! 32.♔e2 ♖f5 33.e6 *(33.♗xf5 ♕xf5 34.♕xd4 dxe5 35.♕xe5 ♕c2+ 36.♔e3 ♕xa2 37.♕e6+ ♔h8=)* 33...♗c5 34.♕b1! ♖af8□ 35.e7 ♖e8 36.♗xf5 ♖xe7+ 37.♗e6+ ♔f8 38.♕xg6 hxg6 39.♖h4 ♔g7 40.♖xg4 ♔f6 41.♖h4 c6= ⬓]

21...♕h2+ 22.♔e3 ♗xd5! 23.cxd5 ♘b4

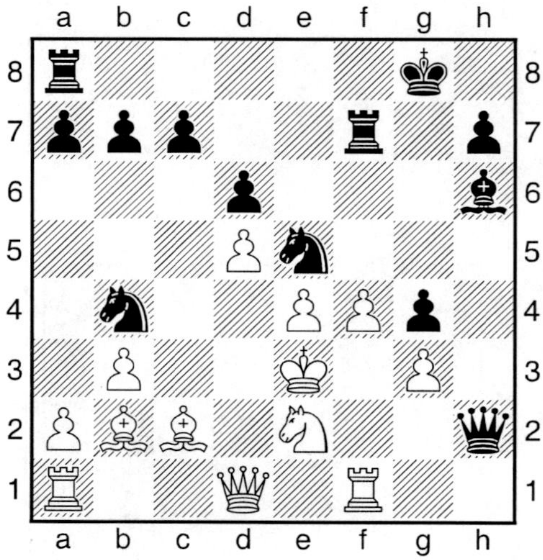

24.♖h1? [Um erro fatal. As brancas poderiam arduamente defender a posição com 24.a3! ♘xc2+ 25.♕xc2 ♕h3! 26.♗xe5!

a) 26.♖h1? ♗xf4+! 27.♔d4 ♕g2! 28.gxf4 ♕f2+ 29.♔c3 ♕e3+ 30.♔b4 ♘d3+ 31.♔a4 ♕xe4+ 32.♘d4 ♕e8+–+;

b) 26.♔d2?! ♘f3+! 27.♔d3 ♕g2! 28.♖h1 ♖e8!! 29.♖xh6 ♖xe4 30.♕d1 ♖fe7 31.♖e6 ♖7xe6 32.dxe6 ♖xe6 33.♕f1 ♕h2 34.f5 ♖e8 35.♖c1 d5! 36.a4 *(36.f6 ♕h5–+; 36.♖d1 c5–+; 36.♖xc7 ♕h6–+; 36.♗d4 ♕h6–+)* 36...c6!∓;

26...dxe5 27.♔d3 ♕g2! *(27...♖xf4 28.♘xf4 ♕xg3+ 29.♔c4 ♗xf4=∞)* 28.♖h1 ♕f3+ 29.♔d2 exf4! 30.♕d3□ ♗g7 31.♖af1 ♕xd3+ 32.♔xd3 f3 33.♘d4 ♗xd4 34.♔xd4 ♖d8 35.♖h4 ♖g7 36.e5 ♖g5 37.♖fh1 ♖d7 *(37...h5 38.♖xh5 ♖xh5 39.♖xh5 ♖f8 40.♖h1 f2 41.♖f1 ♖f3∓)* 38.♔e4 ♖e7 39.e6 c6 40.dxc6 ♖xe6+ 41.♔f4 ♖g7 42.cxb7 ♖xb7 43.♖xg4+ ♔h8 44.♔xf3 ♖xb3+ 45.♔g2 ♖xa3∓]

24...♖xf4!!

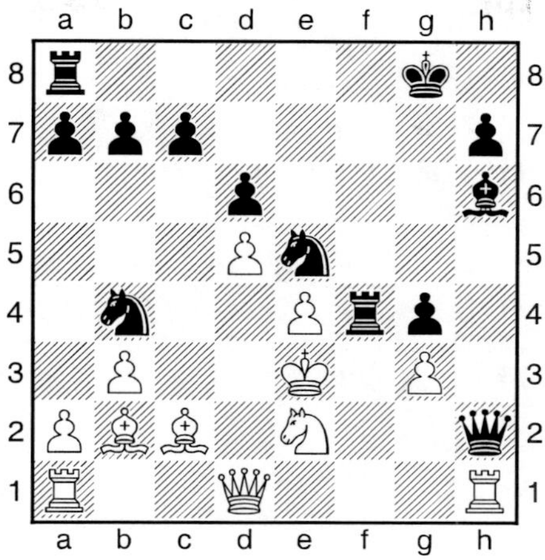

25.♖xh2 ♖f3+ 26.♔d4 ♗g7 27.a4 [As brancas também estão perdidas nas outras variantes: 27.♗d3 ♘exd3+ 28.♔c4 ♘xb2+ 29.♔xb4 ♘xd1 30.♖xd1 ♖e8 31.♖c1 ♖xe4+ 32.♖c4 ♖fe3–+; 27.♘f4 b5! (Δ ♘ec6#) 28.♕xf3 ♘xf3+ 29.♔e3 ♗xb2 30.♖ah1 ♗d4+! 31.♔e2 ♘xh2 32.♖xh2 ♘xc2–+]

27...c5+! 28.dxc6 bxc6 29.♗d3 ♘exd3+! 30.♔c4 d5+! 31.exd5 cxd5+ 32.♔b5 ♖b8+! 33.♔a5 ♘c6+!

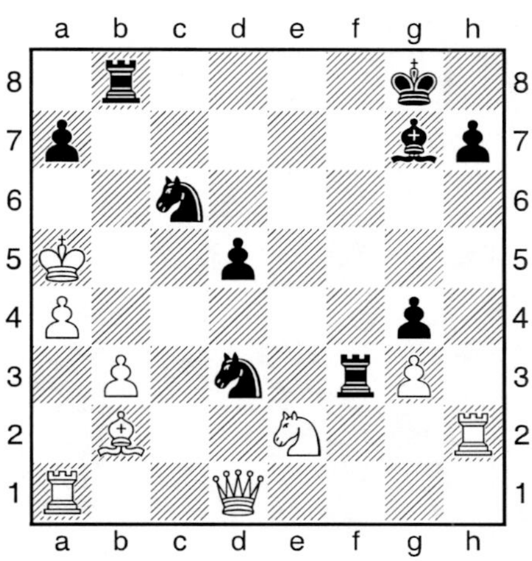

As brancas abandonaram, pois após 34.♔a6 levariam xeque-mate de três maneiras possíveis: 34...♘db4#, 34...♘c5#, 34...♖b6#,

0–1

(32) R. Nezhmetdinov - M. Tal [B48]

URSS - Spartak (final), 1959

1.e4 c5 2.♘f3 e6 3.d4 cxd4 4.♘xd4 a6 5.♘c3 ♕c7

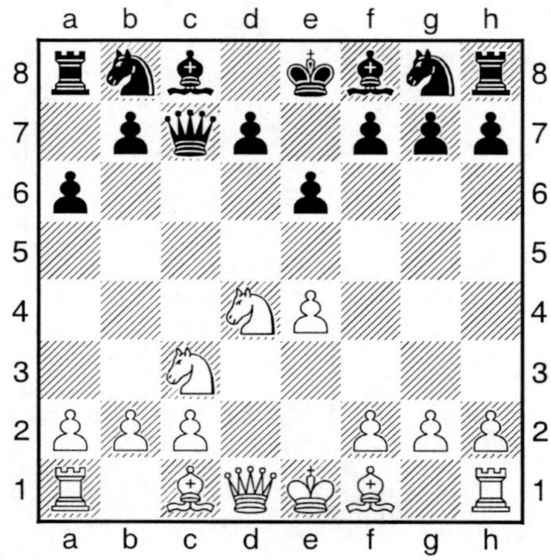

6.♗d3 ♘c6 7.♗e3 ♘f6 8.0–0 ♘e5 [Caso as pretas jogassem 8...d6 haveria uma transposição para a Siciliana Scheveningen.]

9.h3!? b5 10.f4 ♘c4 11.♗xc4 ♕xc4 12.♕d3

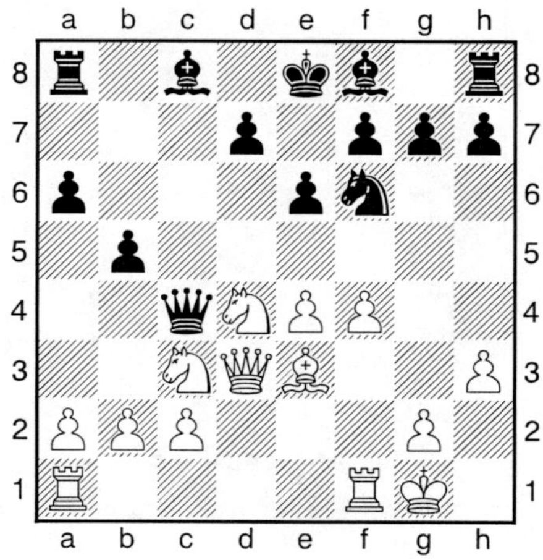

12...d5 [Em caso de troca de damas com 12...♕xd3 13.cxd3 ♗b7 14.a4! bxa4 chega-se, por inversão de lances, à mesma posição da próxima variante.; As brancas podem pressionar a ala da dama após 12...♗b7 com 13.a4! ♕xd3 14.cxd3 bxa4 [1/2 - 1/2 Kjartansson - Miezis, Reykjavik 2007] (anteriormente havia sido jogado *14...b4 15.♘ce2 ♗c5?! 16.♖fc1 d6 17.♔f2 ♔d7 18.♘b3! ♗xe3+ 19.♔xe3 a5 20.♘ed4±* Short - Illescas, Linares 1990. Melhor seria 15...♗e7!? Δ 0–0) 15.♖fc1 ♗e7 16.♘xa4 0–0 17.♘c5 ♖fb8 18.b4 ♗c8 19.♗d2±]

13.exd5 [Nezhmetdinov joga com seu característico estilo de abrir a posição para procurar o ataque. Aqui, as brancas deveriam fechar o centro com 13.e5 ♘d7 *(13...♕xd3 14.cxd3 ♘d7 15.♖ac1 g5 16.♘ce2 gxf4 17.♗xf4 ♗c5 18.a3 ♗b7 19.b4 ♗b6 20.♔h2±)* 14.♕d2±]

13...♕xd3 14.cxd3 b4! 15.♘e4 ♘xd5 16.♗d2 a5 [As pretas poderiam jogar 16...g6!? para evitar o avanço branco com f5.]

17.♖ac1 [Primeira oportunidade para avançar o peão da ala do rei com 17.f5!? e5 18.♘f3 f6 19.d4 ♗xf5 20.♖fe1 ♗e7 21.dxe5 0–0 22.exf6 ♘xf6=]

17...♗a6 [As pretas teriam uma posição sólida e confortável para pressionar o peão branco isolado (d3) após 17...g6!? ⊞ Δ ♗a6]
18.♖fe1 [Segunda oportunidade para avançar o peão da ala do rei com 18.f5!? e5 (em caso de *18...♗xd3 19.♖fe1 ♗e7 20.fxe6 0–0* por inversão de lances, mesma posição analisada no próximo comentário) 19.♖fe1 f6 20.♘c5 ♔f7 21.♘de6 ♗d6 22.d4 exd4 23.♘xd4 ♗e5 24.♖e4 ♖hc8=]

18...g6 [As pretas poderiam capturar o peão isolado com 18...♗xd3 No caso das brancas avançarem o peão na ala do rei, para criar complicações contra o rei no centro, as pretas poderiam devolver o peão para completar o desenvolvimento da ala do rei após 19.f5!? ♗e7 20.fxe6 0–0 21.♘f5 ♗d8 22.e7 ♘xe7 23.♘xe7+ ♗xe7 24.♘f2 ♗f6 25.♘xd3 ♖ad8 26.♗xb4 *(26.♖e3 ♗d4 27.♘f2 ♗xe3 28.♗xe3 ♖c8=)* 26...axb4 27.♘xb4 ♗xb2=]

19.f5?! [Nezhmetdinov teve duas oportunidades de avançar o peão, mas decidiu-se por fazê-lo no momento equivocado, pois sempre procura posições complexas e complicadas de difícil cálculo. Ele joga em seu estilo de procurar sempre atacar o adversário. As brancas poderiam manter a posição equilibrada com 19.♘c5 ♗xc5 20.♖xc5 0–0 21.♘c6 ♗xd3 22.♘e5 ♗a6 23.♖xa5 ♖fc8 24.♖c1 ♖xc1+ 25.♗xc1 ♖c8 26.♗d2 ♖c2 27.♗e1=]

19...♗g7 20.f6 [Nezhmetdinov procura uma variante para complicar a partida. A outra alternativa seria 20.♘f3 ♗xb2 21.♖c2 ♗g7 22.fxe6 0–0 23.♘eg5 fxe6 24.♘xe6 ♖fc8 25.♖xc8+ ♖xc8 26.♘xg7 ♔xg7 27.♖e5 ♗b7 28.♘d4 ♔g8 29.♔f2 a4∓ com final favorável às pretas que podem criar um peão passado distante.]

20...♘xf6 21.♘d6+ ♔e7 22.♘xf7!? [Fiel ao seu estilo de jogo, as brancas decidem sacrificar uma peça para criar problemas defensivos para as pretas. A alternativa seria 22.♘c4 ♘d5 23.♘c6+ ♔f8∓ Posição aberta favorável às pretas com o par de bispos e o cavalo centralizado.]

22...♔xf7 23.♖c7+ ♔g8 24.♘xe6 ♘e8! 25.♖d7

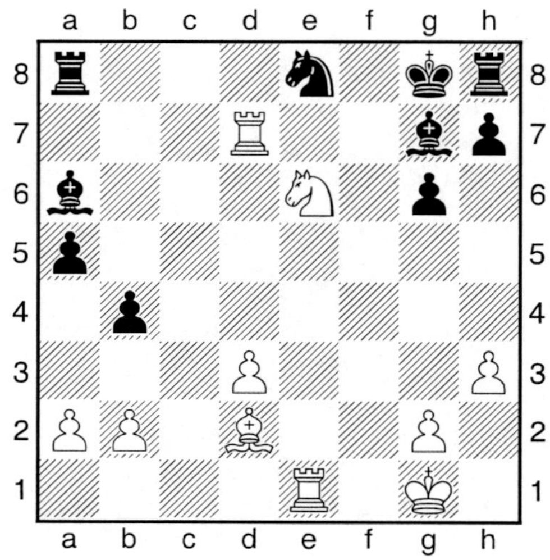

25...♗f6?? [Um grave erro que provoca a derrota. As pretas poderiam sacrificar um peão, com o objetivo de simplificar a posição, para forçar um final claramente favorável após 25...h5! 26.♘xg7 ♘xg7 27.♖ee7 ♘f5 28.♖e6 ♖h7! (lance defensivo chave para trocar as torres) 29.♖xg6+ ♔h8 30.♖xh7+ ♔xh7 31.♖g5 ♗xd3 32.♖xh5+ ♔g6 33.g4 ♘g3 34.♖e5 ♘e4∓ As brancas possuem apenas dois peões pelo cavalo sacrificado. Entretanto, as pretas precisam tomar cuidado com a posição, pois não devem trocar peões na ala da dama e, além disso, o peão de torre é da casa de coroação contrária ao bispo.]

26.♖f1!+– ♘g7 27.♖xf6 ♘xe6 28.♖xe6 ♗b5 29.♖c7 h5 [Agora é muito tarde para o plano de sacrificar um peão.]

30.♖xg6+ ♔f8 31.♗h6+ [Seria mais forte jogar 31.♗e3 ♖a6 32.♗c5+ ♔e8 33.♖gg7 ♖c6 34.♖a7 ♗a6 35.♗b6 ♗c8 36.♗xa5 ♖a6 37.♖ae7+ ♔f8 38.♗xb4+–]

31...♔e8 32.♖e6+ ♔d8 33.♖c5 ♔d7 34.♖b6 ♗xd3 35.♗f4 ♖hf8 36.♖d6+ ♔e7 37.♖c7+ ♔e8 38.♗g5 ♖f1+ 39.♔h2 ♗b1 40.♖h6!

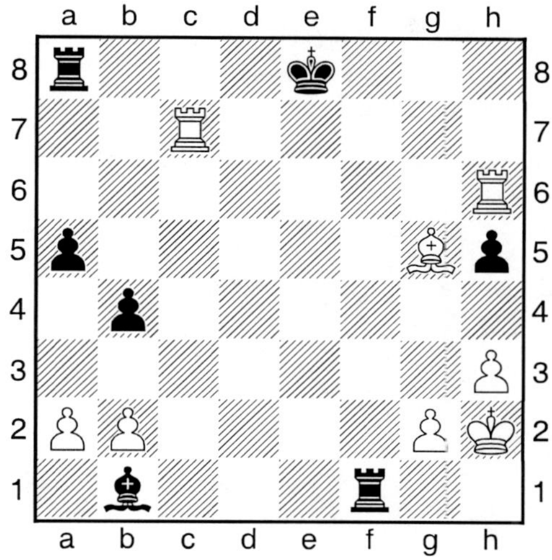

As pretas abandonaram. Há xeque-mate em 4 lances para as brancas.

1–0

(33) V. Bagirov - R. Nezhmetdinov [C87]

URSS (ch), 1961

1.e4 e5 2.♘f3 ♘c6 3.♗b5 a6 4.♗a4 d6 5.0–0 ♗g4 6.h3 ♗h5 7.c3 ♘f6 8.d3 ♕d7 9.♖e1 ♗e7 10.♘bd2 g5

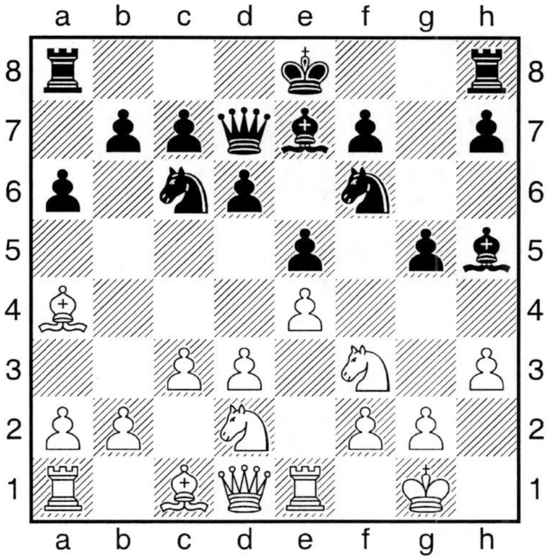

11.g4?! [No mesmo ano, outra partida nesta posição seguiu com 11.♘f1!? g4 12.hxg4 ♗xg4 13.♘1h2! (13.♘e3 ♖g8! 14.♔f1 *(14.♘xg4 ♕xg4 15.g3 h5!?∞ Δ 0–0–0)* 14...0–0–0!?∞) 13...b5 *(13...♖g8 14.d4!±; 13...♗h5 14.d4!±)* 14.♘xg4 ♕xg4 15.♘h2 ♕g6 16.♗b3 ♖g8 17.♕f3 ♘d8 18.a4± Evans - Sherwin, Estados Unidos (ch) 1961; Outra opção para as brancas seria contra-atacar no centro com 11.d4!? b5 12.♗b3 *(12.dxe5 ♘xe5 13.♗c2 g4 14.♘xe5 dxe5 15.hxg4 ♗xg4 16.♘f3 ♖g8 17.♕xd7+ ♘xd7 18.♔f1 ♖b8=* Sideif Sade - Lerner, URSS 1980*)* 12...♖g8 (12...exd4 13.♕c2! h6 *(13...dxc3? 14.♕xc3±)* 14.cxd4 0–0 15.d5 *(15.e5 dxe5 16.♘xe5 ♘xe5 17.dxe5 ♘d5 18.♘e4±)* 15...♘a5 16.♘d4 ♗g6 17.a4±) 13.♗d5 *(13.♘f1!? exd4 14.g4 dxc3 15.gxh5 g4 16.♘3h2 gxh3+ 17.♘g3±)* 13...g4! 14.♗xc6 *(14.hxg4 ♘xd5 15.exd5 ♕xg4 16.g3 ♘a5 17.dxe5 0–0–0⩱)* 14...♕xc6 15.hxg4 ♖xg4? *(15...♗xg4=)* 16.dxe5! dxe5 *(16...♘d7 17.♘d4±)* 17.♘xe5 ♕b6 18.♘xg4 *(*era melhor *18.♘df3!±* mesmo eventualmente devolvendo o peão de vantagem*)* 18...♘xg4 19.♖f1!? *(*As pretas poderiam empatar em complicada variante após *19.♕f3* (Nijboer - Romanishin, Groninger (open) 1990) *19...♗c5! 20.♖f1 ♘xf2! 21.♕xh5□ ♘xe4+! 22.♔h2□ ♕d6+! 23.g3□ ♕xg3+ 24.♔h1 ♘f2+! 25.♖xf2 ♕xf2 26.♕g4! f5!?* (as variantes 26...♕e1+ e

26...♖d8 também apontam para xeque perpétuo ou compensação pela peça sacrificada) *27.♕g8+! ♔d7 28.♕xh7+ ♔c8 29.♕g8+! ♔d7□ 30.♕h7+ ♔c6 31.♕g6+! ♔d7□ 32.♕h7+ ♔e6 33.♕g6+! ♔e5 34.♕g7+! ♔e6=)* 19...♘xf2 20.♕xh5 ♘xe4+ 21.♔h2 ♕d6+ 22.g3 ♕xg3+ 23.♔h1 ♘f2+ 24.♖xf2 ♕xf2 25.♘f3! 0–0–0 26.♗f4! ♔b8 27.♖e1!± as brancas conseguem desenvolver as peças da ala da dama, mas é uma posição difícil de converter a vantagem material (uma peça por dois peões).]

11...b5 [O melhor plano das pretas é rocar grande e pressionar as debilidades da ala do rei adversária, com o avanço do peão h, após 11...♗g6! 12.♗xc6 *(12.♘xg5? h5!∓; 12.d4 b5! 13.♗c2 h5!∓; 12.♘f1 h5! 13.♗xc6 bxc6 14.♘3h2 0–0–0∓* Δ hxg4*)* 12...♕xc6! 13.d4 *(13.♘xg5? h5!∓; 13.♘f1 h6!* (Δ 0–0–0) *14.♘g3 h5!∓)* 13...0–0–0! 14.dxe5 *(14.♕e2 exd4! 15.♘xd4 ♕d7∓)* 14...dxe5 15.♘xe5 ♕c5! 16.♘xg6 *(16.♘ef3 h5!∓* Δ hxg4*)* 16...hxg6 17.♕f3 *(17.♖e3 ♗d6∓* (Δ ♗f4)*)* 17...♘d7!∓ (Δ ♘e5)]

12.gxh5?! [As brancas entram em complicações desnecessárias nesta posição. Era mais tranquilo ganhar um peão e forçar a simplificação ao jogar 12.♗b3 ♗g6 13.♘xg5 h5 14.f3 hxg4 15.fxg4 ♘xg4 16.♕xg4 ♕xg4+ 17.hxg4 ♗xg5 18.♘f3 ♗xc1 19.♖exc1 ♔d7=]

12...bxa4 13.♘h2 [As pretas podem jogar de maneira ativa no centro após 13.♔h2 ♘xh5 14.♘c4 h6 15.♕xa4 f5! 16.exf5 ♖f8 17.♘e3 d5!∓]

13...♕xh3 14.♘df1 ♘d8! 15.♕xa4+ ♔f8

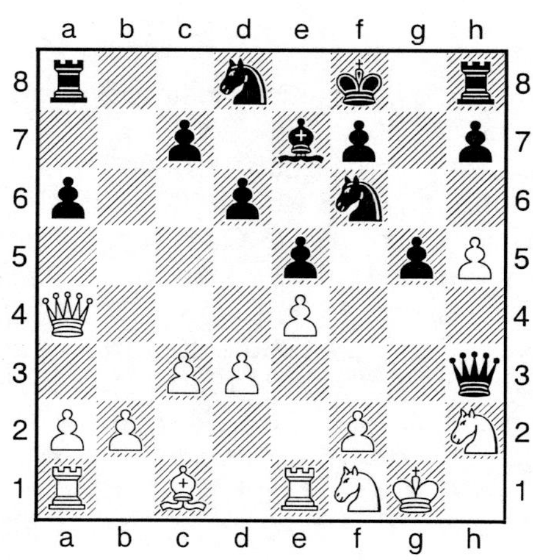

16.♖e3 [Lance intermediário necessário para defender a posição e que evita a manobra ganhadora de cavalo que ocorreria após 16.♘g3?? ♘e6! 17.♕d1 ♘f4! 18.♕f3 g4 19.♕h1 ♘6xh5–+]

16...♕xh5 17.♘g3 ♕g6 18.♘f5 h5! [O posicionamento do cavalo branco em f5 não compensa o peão sacrificado, mesmo com a incômoda posição do rei preto em f8.]

19.♖g3 [As brancas deveriam ter procurado contra-jogo no centro com 19.d4!? exd4 20.cxd4 ♘e6∓]

19...♘e6 20.♘f3 [20.♘h4 ♕h7 21.♘f5 h4!∓]

20...h4! 21.♖g2 [As brancas estariam perdidas com qualquer uma das duas formas de captura do peão: 21.♘3xh4?? ♕h5! 22.♕c6 *(22.♗xg5 ♘xg5–+)* 22...♖a7 23.♗xg5 *(23.♗e3 gxh4!–+)* 23...♘xg5–+; 21.♘5xh4? ♕h7! 22.♗xg5 ♘xg5 23.♖xg5 ♘xe4! 24.♖g2 ♘c5 25.♕c6 ♖d8 26.♖h2 ♖g8+ 27.♘g2 ♕xd3–+]

21...♕h5

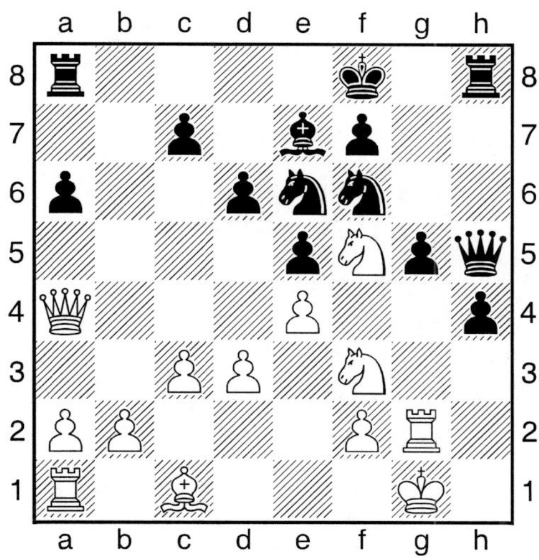

22.♘xg5? [A captura do peão é um sério erro porque abre a coluna g. Oferecia maior resistência trazer a dama para a defesa com 22.♕d1 ♖g8∓ Δ h3]

22...h3! 23.♘xe6+ [As brancas também estariam perdidas após 23.♖g3 ♘f4 24.♗xf4 *(24.♔h1 ♖g8–+)* 24...exf4 25.♘g7 ♔xg7 26.♘e6+ ♔h6 27.♘xf4 h2+ 28.♔h1 ♕e5–+ Δ ♖ag8]

23...fxe6 24.♘g7 ♕f7! 25.♖g3 ♘g4 26.♗e3 [As brancas levariam xeque-mate se capturassem o cavalo após 26.♖xg4?? h2+ 27.♔h1 ♕f3+ 28.♖g2 ♕xg2+ 29.♔xg2 h1♕+ 30.♔g3 ♕h3#]

26...♕xg7 27.f3

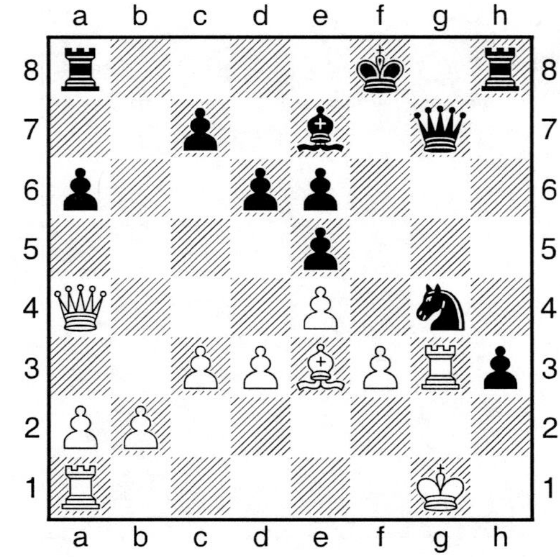

27...♘xe3!? [Fiel ao seu estilo, Nezhmetdinov joga para complicar a posição e sacrifica a dama. Ganharia diretamente jogando 27...♕f7! 28.fxg4 ♗h4! 29.♖f1 h2+ 30.♔g2 ♕xf1+ 31.♔xf1 h1♕+ 32.♔e2 ♗xg3–+]

28.♖xg7 ♔xg7 29.♕d7 ♔f7 30.♕xc7 ♖ag8+ 31.♔h1 ♖g3 32.♕a7 ♖xf3 33.♖e1 ♘g4 34.♕g1 ♖g8 [34...♘f2+ 35.♔h2 ♗h4 36.d4 ♖g8–+]

35.♖f1 ♖f4 36.♖xf4+ exf4 37.♕f1 e5 38.d4 ♔f8 39.♕f3 ♗h4 40.dxe5 ♘f2+ 41.♔h2 ♗g3+

0–1

(34) L. Shamkovich - R. Nezhmetdinov [E97]

URSS (ch), 1961

1.d4 ♘f6 2.c4 g6 3.♘c3 ♗g7 4.e4 0–0 5.♘f3 d6 6.♗e2 e5 7.0–0 ♘c6 8.d5 ♘e7

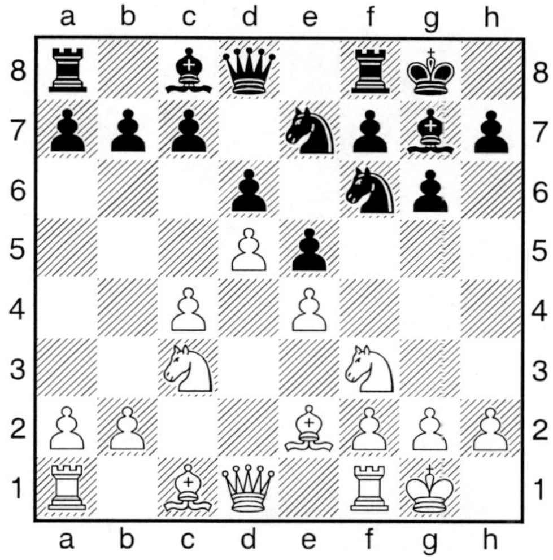

9.♘d2 [As outras variantes principais nesta posição da Índia de Rei são 9.♘e1; 9.b4]

9...♘e8 [A variante mais jogada 9...a5 visa impedir a expansão de peões das brancas na ala da dama.]

10.b4 f5 [Se 10...a5 as brancas poderiam seguir com 11.bxa5 ♖xa5 12.♘b3 ♖a8 13.c5±]

11.f3 f4 12.c5 g5

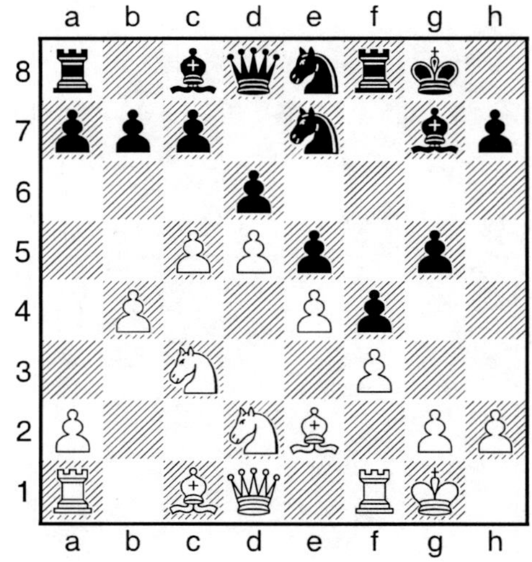

Os peões brancos avançam na ala da dama e os peões pretos, na ala do rei.

13.♘c4 ♖f7 14.♗d2 ♘g6 15.♗e1 [15.a4 ♗f8 16.cxd6 cxd6 17.♗e1 h5 18.♗f2 ♘f6 19.♘b5 (Gagarin - Juric, Zadar 1996) 19...g4∞]

15...♗f8 16.♗f2 h5 17.♖c1 [17.a4 ♖g7 18.♔h1 ♘f6 19.cxd6 ♗xd6!? 20.♘b5 g4∞]

17...♘f6 18.cxd6 cxd6 19.♘b5 g4 [As brancas jogaram o clássico plano de avançar os peões da ala da dama e abriram a coluna c. Enquanto isso, as pretas seguiram com o avanço dos peões da ala do rei para montar um clássico ataque contra o rei branco.]

20.♘xa7 [Posição complexa após 20.♗xa7 ♖xa7 21.♘xa7 ♗d7∞ As brancas ficam sem o bispo de casa preta para defender a ala do rei.]

20...♗d7

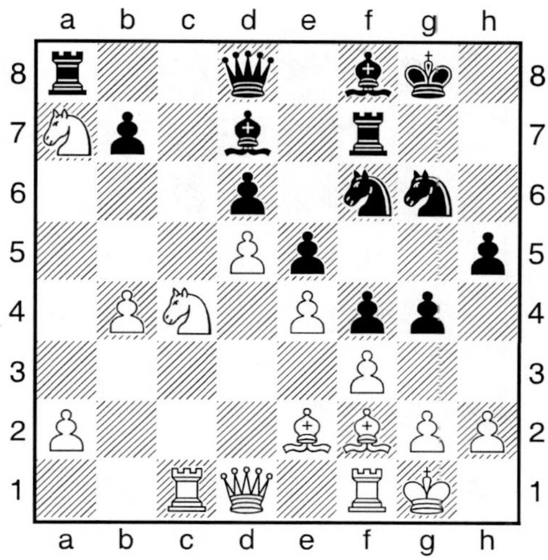

21.a4? [O plano das brancas é muito lento. Seria melhor jogar de maneira mais ativa com 21.♘b6! g3 22.♘xa8 gxf2+ 23.♖xf2 ♕xa8 24.♘b5 ♕xa2 25.♖a1 ♕b2 26.♖b1=]

21...g3! 22.♗b6 [Oferecia uma maior resistência jogar 22.hxg3 fxg3 23.♗xg3 *(23.♗b6 ♕e7 24.♘xd6 ♘e8 25.♘f5 ♗xf5–+* Δ ♕h4; *23.♗e3 ♘e8 24.♖e1 ♕h4 25.♕d2 ♕h2+ 26.♔f1 ♘f4 27.♗d1 ♕h1+ 28.♗g1 h4–+)* 23...♖xa7 24.a5 h4 25.♗f2 ♖a8 26.♗b6 *(26.♘b6 ♘h5!→* Δ ♘gf4*)* 26...♕e7 27.♗c7 ♘e8 28.♘b6 ♘xc7 29.♖xc7 ♖d8∓]

22...♕e7 23.♔h1 [As pretas teriam um ataque muito claro após 23.h3 ♘h4 24.♘b5 ♘e8 25.♖e1 ♗xh3!→]

23...♖h7!! 24.♘b5 ♘g4!

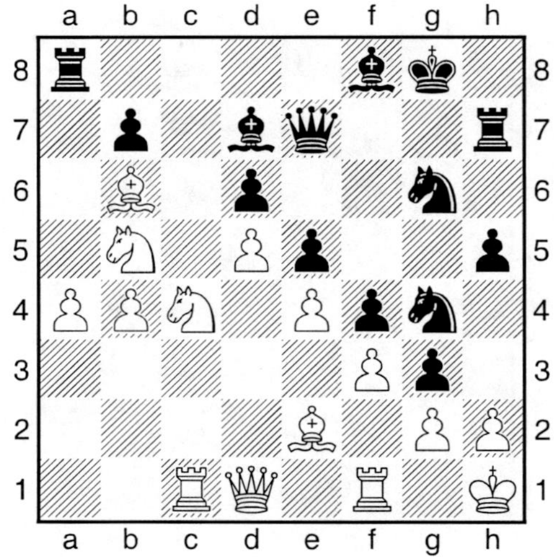

25.h3 [O ataque das pretas também é decisivo após 25.fxg4 hxg4 26.h3 gxh3 27.♗h5 ♕h4–+]

25...♕h4! 26.♕d2 [As brancas também estão perdidas após 26.♘cxd6 ♗xd6 27.♘xd6 ♘e3 28.♘f5 ♘xf5! 29.exf5 ♗xf5 30.♗d3 ♗xh3!–+]

26...♘e3! 27.♗d3 ♗xh3! 28.gxh3 g2+ 29.♔g1 gxf1♕+ 30.♗xf1 ♕g3+ 31.♗g2 ♘h4 32.♕f2 ♘exg2 33.♕xg3+ fxg3

0–1

(35) R. Nezhmetdinov - M. Tal [B84]

URSS (ch), 1961

1.e4 c5 2.♘f3 d6 3.d4 cxd4 4.♘xd4 ♘f6 5.♘c3 e6 6.♗e2 a6 7.0–0 ♕c7 8.f4 ♘bd7 9.g4!? [Uma inovação do condutor das brancas. Os lances normais nesta posição da Siciliana Scheveningen são: 9.♗f3; 9.♔h1]

9...b5 10.a3 ♗b7 11.♗f3

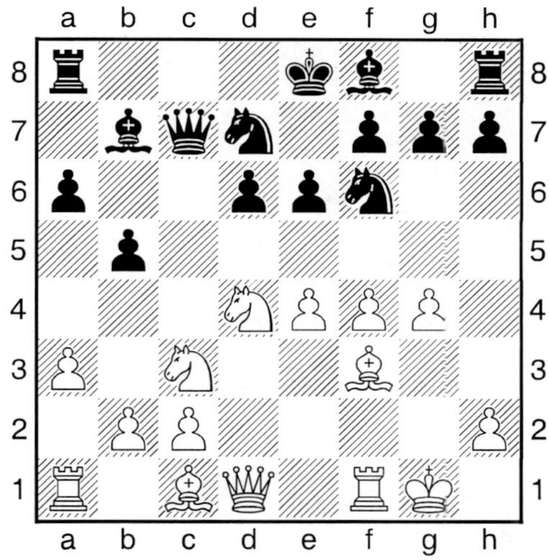

11...♘c5?! [Era melhor manobrar o cavalo para a ala da dama e, assim, completar o desenvolvimento da ala do rei após 11...♘b6!? 12.g5 ♘fd7 13.♗g2 ♗e7= Δ 0–0]

12.♕e2 e5 [Uma alternativa seria jogar 12...♗e7 13.g5 ♘fd7 14.b4 ♘a4 15.♘xa4 bxa4 16.c4 ♖c8 17.♗b2 ♕xc4 18.♕d2 ♕c7 19.♖ac1 ♕b6 20.♖xc8+ ♗xc8 21.♖c1 ♗b7 22.♔f1 0–0 23.♕c3! e5 *(23...♖c8? 24.♘c6 ♔f8 25.♕xg7+ ♔e8 26.♘a5±)* 24.♘f5 ♗d8 25.♕d2 ♗c7 26.♕f2±]

13.♘f5 [As brancas poderiam jogar de maneira ativa no centro com 13.♘d5!? ♘xd5 14.exd5 0–0–0 15.♘c6 e4! 16.♗xe4 ♘xe4 17.♕xe4 ♗xc6 18.dxc6 d5 19.♕f5+ ♔b8 20.♗e3 f6 21.♗f2 ♕xc6 22.♖ae1±]

13...g6 14.fxe5 [14.♘g3 ♘e6 15.g5 ♘d7 16.♘d5 ♗xd5 17.exd5 ♘d4 18.♕g2 ♕xc2 19.♖f2 ♕b3 20.♗g4 ♘c5 21.♘e4 h5!?∞]

14...dxe5 15.♘h6 [A troca de peças e simplificação da posição, fazendo a transição para o final, levaria ao equilíbrio após 15.♘e3 ♘e6 16.♘cd5 ♘xd5 17.♘xd5 ♗xd5 18.exd5 ♘d4 19.♕e4 ♖c8 20.♗d1 f5! 21.♕e1 ♗c5 22.♗e3 fxg4 23.♖f2 ♕d6 24.b4 ♘f3+ 25.♗xf3 ♗xe3 26.♕xe3 gxf3 27.♖xf3 ♖xc2=]

15...♘e6 16.♗g2

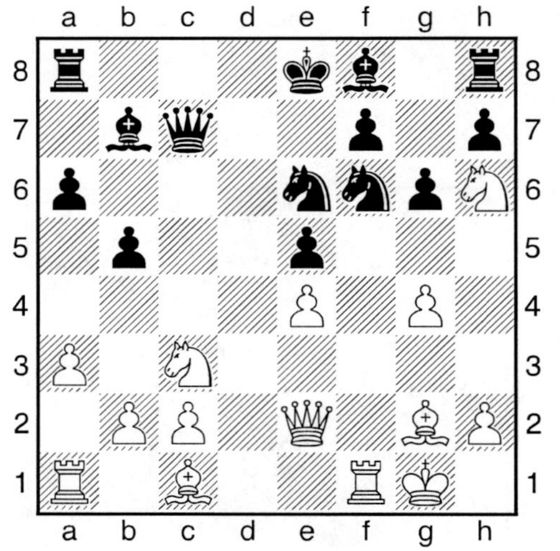

16...♗g7 [As pretas poderiam equilibrar a posição com 16...♘f4! 17.♗xf4 exf4 18.e5 ♘d5! 19.♘xd5 ♗xd5 20.♗xd5 ♕c5+ 21.♕f2 ♕xd5 22.♖ad1 ♕c6 23.♘xf7! ♗c5 *(23...♔xf7 24.♕xf4+ ♔g7 25.♕f7+ ♔h6 26.♕f4+ g5 27.♕f6+ ♕xf6 28.♖xf6+ ♔g7 29.♖d7+ ♔g8 30.♖e6≌)* 24.♘d6+ ♔f8 25.♖d4 ♔g7 26.b4 ♗b6 27.e6 ♖hd8 28.♕xf4 ♖xd6 29.♕f7+ ♔h8 30.♕f6+ ♔g8=]

17.♖xf6 [17.♘xf7?! 0–0 18.♘h6+ ♔h8 19.g5 ♘h5⩱; 17.g5 ♗xh6 18.gxh6 ♘h5 *(18...♘d4 19.♕d3⩲)* 19.♘d5⩲]

17...♗xf6 18.♘d5 ♕d8 [Se 18...♗xd5 as brancas manteriam uma clara vantagem no meio-jogo após 19.exd5 ♕b6+ *(19...♘d4 20.♕f2 ♕a7 21.♔h1! ♗g7 22.d6! 0–0–0 23.c3! ♗xh6 24.cxd4 ♕xd4 25.♕c2+ ♕c4 26.♕xc4+ bxc4 27.♗xh6 ♖xd6 28.♗g7 ♖e8 29.♖c1± ⧉)* 20.♔h1 ♘d8 *(20...♘d4 21.♕f2 ♕d6 22.♗e3 ♖f8 23.♖f1±)* 21.a4 ♖c8 *(21...bxa4 22.♖xa4±)* 22.axb5 ♕xb5 *(22...axb5 23.c3±)* 23.♕f3 ♗g7 24.♗f1 ♕d7 25.c3±]

19.♕f2 ♘f4 [As pretas poderiam simplificar a posição e fazer a transição para o final após 19...♗xd5 20.exd5 ♘f4 21.♗xf4 exf4 22.♕xf4 ♕b6+ 23.♔h1 0–0–0 24.♘xf7 ♗xb2 25.♖f1 ♖he8! *(25...♖hf8? 26.d6!±)* 26.a4 ♕d4! 27.♘xd8 ♕xf4 28.♖xf4 ♖e1+ 29.♗f1 ♔xd8 30.axb5 axb5 31.♔g2± ⧉]

20.♗xf4! [20.♘xf4? ♕d1+! 21.♗f1 exf4 22.♕xf4 ♗d4+ 23.♗e3 ♕d2 24.♖e1 0–0–0 25.♖e2 ♗xe3+ 26.♖xe3 ♗c6∓]

20...exf4

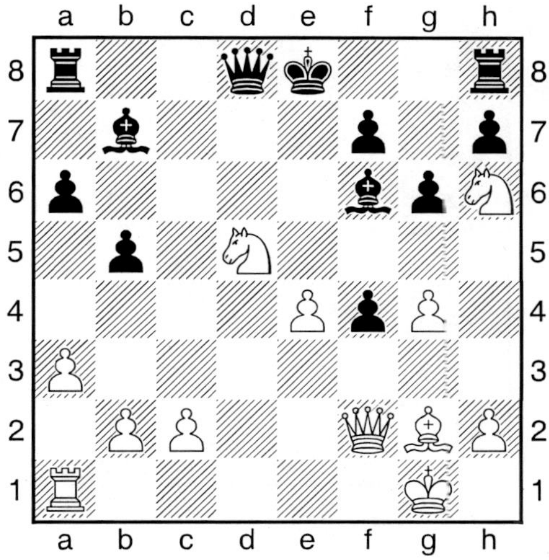

21.e5?! [As brancas poderiam jogar de maneira mais ativa com 21.♕xf4! ♗xd5 22.exd5 ♕b6+ 23.♔h1 0–0–0 24.♘xf7 ♗xb2 25.♖f1 ♖he8 *(25...♖hf8? 26.d6!±)* 26.♕b4 ♗d4 27.♘xd8 ♔xd8 28.♖f7±]

21...♗xe5? [Também seria um erro jogar 21...♗xd5? 22.exf6 ♗xg2 23.♖e1+ ♔d7 24.♖d1+ ♔e6 25.♖xd8 ♖hxd8 26.♔xg2+–; Mas, agora, as pretas deixaram escapar uma clara vantagem que havia com 21...♗h4! 22.♕d4 ♖f8! 23.♖d1 ♖c8! 24.♕a7 ♗xd5 25.♖xd5 ♕c7 26.♕xa6 ♔e7! 27.g5 ♗xg5 28.♖xb5 ♕d7 29.c3 f5!∓ explorando a incômoda posição do cavalo branco em h6.]

22.♖e1 f6? [Um erro decisivo. Oferecia maior resistência simplificar a posição para entrar no final após 22...♗xd5 23.♖xe5+ ♗e6 24.♗c6+ ♔f8 25.♗xa8 ♕d6 26.♕xf4 ♔g7 27.♗g2 f6 28.♖e4 ♕xf4 29.♖xf4 ♔xh6 30.♖xf6±]

23.♘xf6+! ♕xf6 24.♕d4 ♔f8 25.♖xe5 ♕d8 26.♖f5+ gxf5 27.♕xh8+ ♔e7 28.♕g7+ ♔e6 29.gxf5+

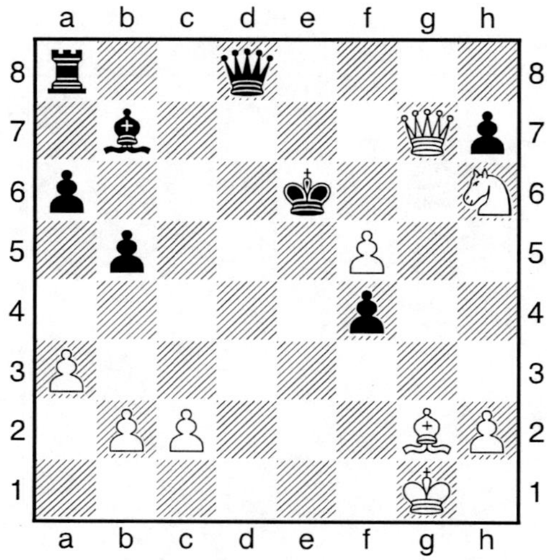

1–0

(36) L. Belov - R. Nezhmetdinov [C59]

Rússia (ch), 1961

1.e4 e5 2.♘f3 ♘c6 3.♗c4 ♘f6 4.♘g5 d5 5.exd5

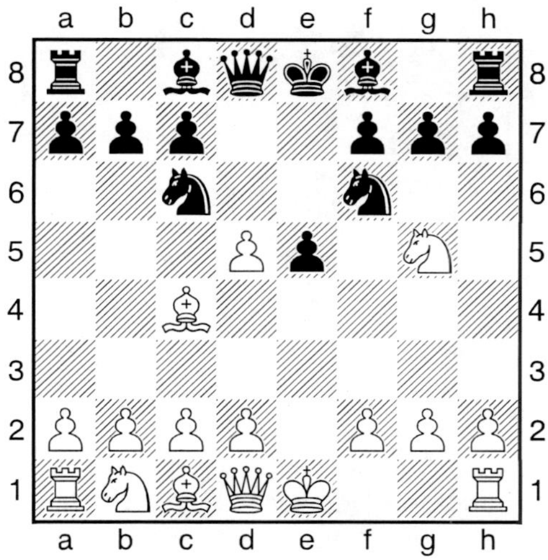

5...♘a5 [Se as pretas capturam o peão com 5...♘xd5 as brancas seguem com 6.d4! (melhor do que jogar diretamente *6.♘xf7 ♔xf7 7.♕f3+ ♔e6 8.♘c3 ♘cb4 9.♕e4 c6 10.a3 ♘a6 11.d4 ♘ac7 12.f4 ♕h4+ 13.g3≌* Δ fxe5; Δ 0–0) 6...♗e7 (*6...♗b4+?! 7.c3 ♗e7 8.♘xf7! ♔xf7 9.♕f3+ ♔e6 10.0–0±* Langier - R. Acosta, Buenos Aires, 1993; *6...exd4?! 7.0–0! ♘e5 8.♖e1 ♘e3 9.♘xf7! ♘xf7 10.fxe3 ♗e7 11.exd4±; 6...♘xd4 7.c3 f6 8.cxd4 ♗b4+ 9.♗d2 ♗xd2+ 10.♘xd2 fxg5 11.0–0 0–0 12.dxe5⩲*) 7.♘xf7! ♔xf7 8.♕f3+ ♔e6 9.♘c3 ♘cb4 10.♕e4 c6 11.a3 ♘a6 12.♕xe5+ ♔f7 13.♘xd5 cxd5 14.♗xd5+ ♔f8□ 15.♗f4! ♗f6 16.♕h5 g6 (*16...♕e8+ 17.♕xe8+ ♔xe8 18.0–0–0⩲* Δ ♖he1) 17.♗h6+ ♔e8 18.♕e2+ ♕e7 19.♕xe7+ (*19.♗e4!? ♘c7 20.0–0–0⩲*) 19...♔xe7 20.0–0–0 ♘c7 21.♖he1+ ♔d8 22.♗e4 ♖e8 23.c3 ♖b8 24.♗f4⩲ P. van der Houwen - R. Ströher, corr. 2001]

6.♗b5+ c6 7.dxc6 bxc6 8.♗e2 h6 9.♘f3 e4 10.♘e5 ♗d6 11.d4 exd3 12.♘xd3 ♕c7≅

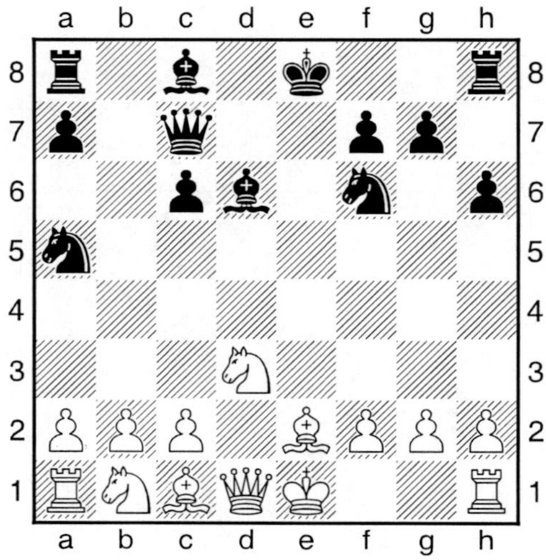

13.♘d2 [Posição Teórica da Defesa dos Dois Cavalos com compensação pelo peão sacrificado, onde agora o lance mais utilizado pelas brancas é 13.b3 (Δ ♗b2) para desenvolver a ala da dama.]

13...♗a6 [Conhecido era 13...0–0 14.b4 ♘d5! 15.♗b2 ♘xb4 16.♘xb4 ♗xb4 17.0–0 ♖d8 18.♗d3 ♕f4= Spielmann - Cohn, Estocolmo 1909]

14.♘f3 [As peças pretas conseguem ficar ativas na variante 14.♘c5 ♗xc5 15.♗xa6 ♕b6 *(15...♗xf2+? 16.♔xf2 ♕b6+ 17.♔f3!! ♕xa6 18.♖e1+ ♔f8 19.♘e4!±)* 16.♕e2+ ♔f8 17.0–0 ♖e8 18.♕d3 ♖d8 19.♘c4 ♘xc4 20.♕xc4 ♖d4 21.♕e2 ♖e4 22.♕d3 ♖d4 23.♕f5 ♖d5 24.♕c8+ ♖d8 25.♕b7 ♗xf2+! 26.♔h1 ♘e4 27.♕xb6 ♗xb6=; O melhor plano para as brancas parece ser mesmo desenvolver a ala da dama com o fianchetto do bispo após 14.b3!? c5 *(14...0–0 15.♗b2 ♘d5 16.♘e4 ♗xd3 17.♕xd3 ♗e5 18.0–0–0±)* 15.♗b2 c4 16.bxc4 ♘xc4 17.♗xf6 gxf6 18.♘e4±]

14...0–0 15.0–0 ♖ad8 16.b3 ♖fe8 17.♖e1?! [Era melhor continuar o desenvolvimento da ala da dama com 17.♗b2 ♘e4 18.c4 c5 19.♕c2 ♘c6≅]

17...♘g4! 18.h3? [O lance automático das brancas, em atacar o cavalo, permite um espetacular sacrifício das pretas em f2. Era melhor devolver o peão de vantagem e defender a posição com 18.♗b2 ♗xh2+ 19.♔f1 c5 20.♘d2 ♘e3+! *(20...♗xd3 21.♗xd3 ♘xf2 22.♖xe8+ ♖xe8 23.♔xf2 c4!? 24.♘f3□ cxd3 25.♕xd3 ♗g3+ 26.♔f1 ♘c6 27.♕c3 f6 28.♕c4+ ♔h8*

29.♖d1=) 21.fxe3 ♖xe3 22.♘f2 c4! 23.bxc4 ♕b7 *(23...♘xc4 24.♘xc4 ♖xd1 25.♘xe3 ♗xe2+ 26.♔xe2 ♖d8 27.♖ad1 ♖e8 28.♔f1 ♗f4 29.♗d4 ♗xe3 30.♖xe3 ♖xe3 31.♗xe3 ♕c4+ 32.♔g1 ♕xa2∓* (Δ a5)*)* 24.♗d3 ♖xe1+ 25.♕xe1 ♕xb2 26.♖b1 ♕e5 27.♕xe5 ♗xe5 28.c5 ♗c8!∓]

18...♘xf2!!

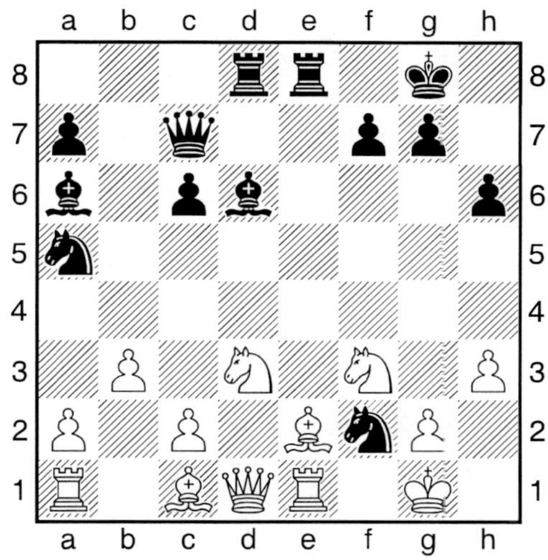

19.♔xf2 [As brancas perderiam a dama após 19.♘xf2 ♗h2+ 20.♘xh2 ♖xd1 21.♘xd1 ♖xe2–+]

19...♕b6+ 20.♔f1 ♗g3! 21.♕d2 c5! 22.c4 [As brancas também estariam perdidas após 22.♗b2 c4! 23.♕c3 *(23.♗c3 ♗xe1 24.♖xe1 cxd3 25.♗xd3 ♗xd3+ 26.cxd3 ♘c6–+)* 23...f6 24.bxc4 *(24.♘d4 cxd3 25.♗xd3 ♗xe1 26.♖xe1 ♖xe1+ 27.♕xe1 ♗xd3+ 28.cxd3 ♘b7–+)* 24...♘xc4 25.♕b4 ♘e3+ 26.♔g1 ♘xc2+ 27.♕xb6 axb6 28.♗f1 ♗xe1 29.♘dxe1 ♘xa1 30.♗xa6 ♖d1!–+]

22...♗xe1 23.♔xe1 [23.♘fxe1 ♕f6+!–+; 23.♕xe1 ♖xd3–+]

23...♘xc4! 24.bxc4 ♗xc4 25.♔f2 [25.♔f1 ♖xe2 26.♔xe2 ♖xd3 27.♕xd3 ♗xd3+ 28.♔xd3 ♕f6–+]

25...♗xd3! 26.♗xd3 c4+ 27.♔g3 ♖xd3 28.♕b2 ♕g6+ 29.♔f2 [29.♔h2 ♕d6+ 30.♔g1 ♖xf3–+]

29...♕e4 30.♗d2 ♖xf3+ 31.gxf3 ♕h4+!

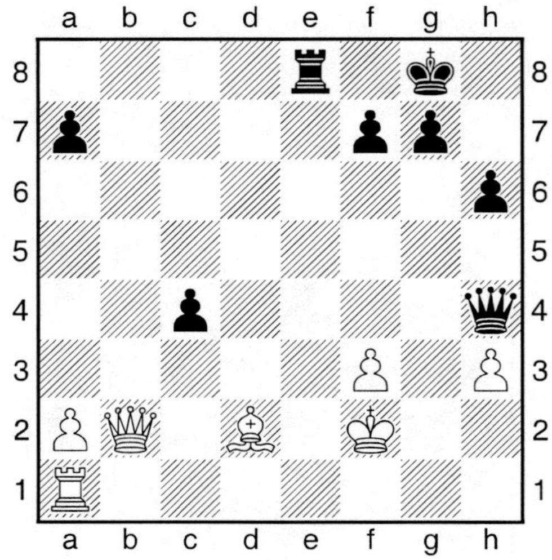

As pretas abandonaram, pois seguiria 32.♔f1 ♕xh3+ 33.♔f2 ♕h2+ 34.♔f1 ♖e2–+.

0–1

(37) R. Nezhmetdinov - O. Chernikov [B35]

Chigorin (por equipes), 1962

1.e4 c5 2.♘f3 ♘c6 3.d4 cxd4 4.♘xd4 g6 5.♘c3 ♗g7 6.♗e3 ♘f6 7.♗c4 0–0 8.♗b3 ♘g4!?

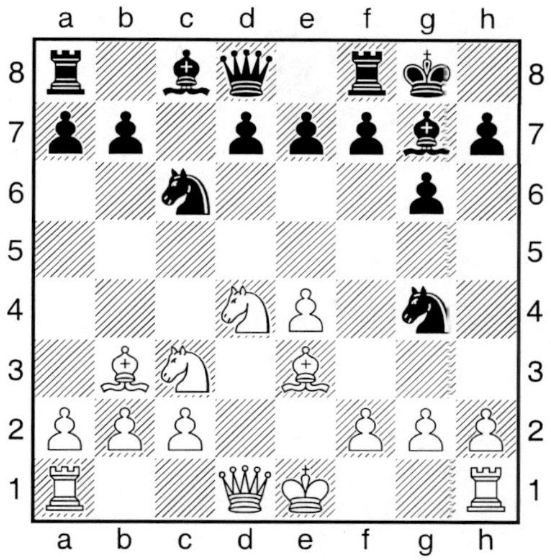

As principais opções para as pretas, nesta posição da Siciliana, são: 8...d6; 8...a5

9.♕xg4 ♘xd4 10.♕h4 [A outra alternativa é jogar 10.♕d1 ♘xb3 11.axb3 b6 12.♕d5 ♗xc3+ 13.bxc3 ♕c7□ 14.0–0–0 *(14.c4!?± Δ 0–0)* 14...♕xc3 15.♗d4 *(15.♕xa8 ♕a1+ 16.♔d2 ♕a5+ 17.c3 ♕a2+ 18.♔c1=)* 15...♕c6 16.♕e5 f6 17.♕xe7 ♖f7 *(17...♗b7=* R. Fischer - S. Reshevsky, Estados Unidos (m/4) 1961*)* 18.♕e8+ ♖f8 19.♕e7 ♖f7=]

10...♕a5 11.0–0! [As brancas perderiam um peão após 11.0–0–0? ♘xb3+! 12.cxb3 *(12.axb3 ♕a1+ 13.♔d2 ♕xb2∓)* 12...♗f6 13.♕g3 ♗xc3 14.bxc3 ♕xa2∓]

11...♗f6

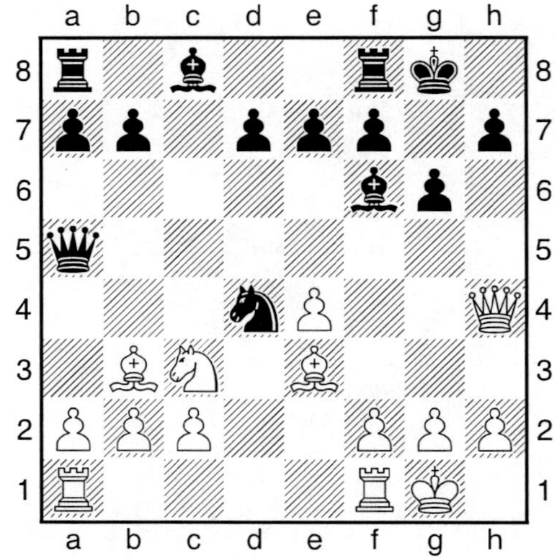

12.♕xf6!? [Um interessante e inovador sacrifício de dama que dá dinamismo para a posição. A alternativa seria um anódino final após 12.♕h6 ♗g7 13.♕g5 *(13.♕h4 ♗f6 14.♕g4 d6 15.♕d1 ♘c6=)* 13...♘xb3 14.axb3 ♕xg5 15.♗xg5 ♗xc3 16.bxc3 f6 17.♗e3 a6 18.c4 d6= ▣; No ano anterior, havia sido jogado 12.♕g4 d6 13.♕d1 ♘c6 14.♕d3 *(14.♗d2=)* 14...b6 15.♕d2 ♗a6= R. Fischer - S. Reshevsky, Estados Unidos (m/6) 1961]

12...♘e2+ 13.♘xe2 exf6 14.♘c3 ♖e8 [As pretas poderiam ativar as peças rapidamente para equilibrar a posição após 14...d6!? 15.♘d5 ♗e6 16.♘xf6+ ♔g7 17.♗d4 ♖fc8 *(17...♗xb3 18.♘e8+ ♔g8=)* 18.♘d7+ ♔h6 *(18...♔g8=)* 19.♗e3+ ♔g7 20.♗d4+ ♔g8= e as brancas sempre têm xeque de cavalo para repetir a posição.]

15.♘d5 ♖e6 16.♗d4 ♔g7

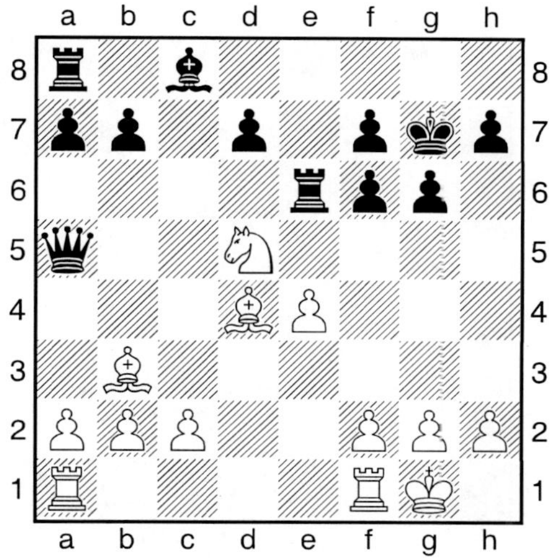

O plano das pretas de defender o peão dobrado provoca o atraso no desenvolvimento da ala da dama.

17.♖ad1 d6 [Outra alternativa seria 17...♖c6 18.♖d3! d6 (Δ ♗e6) 19.c4!± (Δ ♗c3)]

18.♖d3! ♗d7 19.♖f3 [As brancas poderiam entrar num final de duas torres e bispo contra dama e torre após 19.♘xf6 ♖xf6 20.♖f3 ♔g8 21.♖xf6 ♗e6 22.♗xe6 fxe6 23.♖xe6± com dois peões de vantagem.]

19...♗b5 20.♗c3 [As brancas deveriam jogar de maneira mais ativa com 20.♘xf6! ♗xf1 21.♘g4+ ♔f8 22.♗xe6 ♔e7 23.♗d5 ♕e1 24.♖xf7+ ♔d8 25.h3 *(25.♗c3!?)* 25...♗c4+ 26.♔h2 ♗xd5 27.exd5 ♖c8 28.♗f6+ *(28.c3 ♖c4 29.♖xh7 ♖xd4 30.cxd4 ♔c8 31.♖g7±)* 28...♔e8 29.♖xh7 ♖xc2 30.♖xb7±]

20...♕d8 21.♘xf6

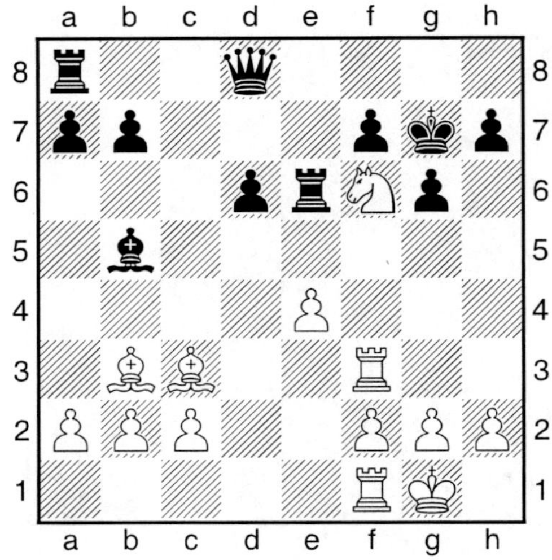

21...♗e2? [Um erro que provoca a derrota. As pretas deixaram escapar o empate que havia com 21...♖c8! 22.♘e8+ *(22.♗xe6 fxe6 23.♖d1!? ♖xc3□ 24.bxc3 ♕a5! 25.♖xd6* - ver 27..♖xd6*)* 22...♔g8□ 23.♗xe6 fxe6 24.♘f6+ ♔g7□ 25.♖d1!? ♖xc3□ 26.bxc3 ♕a5! 27.♖xd6 ♕a3□ 28.♖d1! ♗e2□ 29.♖d7+ ♔f8□ 30.♘xh7+ ♔e8□ 31.♘f6+ ♔f8□=]

22.♘xh7+! ♔g8 23.♖h3 [As brancas teriam dois peões de vantagem no final após simplificar a posição com 23.♘f6+ ♔f8 24.♖h3! ♖xf6 25.♖h8+ ♔e7 26.♖xd8 ♖xd8 27.♗xf6+ ♔xf6 28.♖e1+–]

23...♖e5 24.f4! ♗xf1 [Se 24...♖h5 as brancas teriam forte ataque na sétima fila com 25.♘f6+! ♔f8 26.♘xh5 gxh5 27.♖f2 ♕b6 28.♖g3!+– (Δ ♖g7; Δ ♗g7+,e5)]

25.♔xf1 [As brancas também teriam uma posição ganhadora após 25.♘g5 ♗b5 26.♗xf7+ ♔g7 27.♖h7+ ♔f6 28.♘f3 ♕b6+ 29.♔h1+– Δ fxe5]

25...♖c8 26.♗d4 [26.fxe5 dxe5 27.♖d3 ♕h4 28.♗xe5! ♕xh7 29.♖h3+– com final ganhador de par de bispos contra torre.]

26...b5 [As pretas também estão perdidas em outras variantes: 26...♖xe4 27.♘f6+ ♕xf6 28.♗xf6 ♖xf4+ 29.♖f3 ♖xf3+ 30.gxf3+– ⊞; 26...♖h5 27.♘f6+ ♔f8 28.♘xh5 gxh5 29.♖xh5 ♔e7 30.♖f5 ♔d7 *(30...♕e8 31.♖xf7+ ♕xf7 32.♗xf7 ♔xf7 33.c3+–)* 31.♖xf7+ ♔e8 32.♖h7 ♕a5 33.c3 ♕b5+ 34.♔f2+–]

27.♘g5 ♖c7 28.♗xf7+ [Também ganharia 28.♗xe5 dxe5 29.♗xf7+ ♔g7 30.♘e6+!+–]

28...♖xf7 29.♖h8+! ♔xh8 30.♘xf7+ ♔h7 31.♘xd8 ♖xe4 32.♘c6 ♖xf4+ 33.♔e2 [Tendo um peão de vantagem, o final de duas peças menores contra torre é ganhador para as brancas.]

1–0

(38) R. Nezhmetdinov - V. Zagorovsky [C90]

Rússia, 1963

1.e4 e5 2.♘f3 ♘c6 3.♗b5 a6 4.♗a4 ♘f6 5.0–0 ♗e7 6.♖e1 b5 7.♗b3 0–0 8.d3 d6 9.c3 ♘a5 10.♗c2 c5 11.♘bd2 ♖e8 12.♘f1 h6

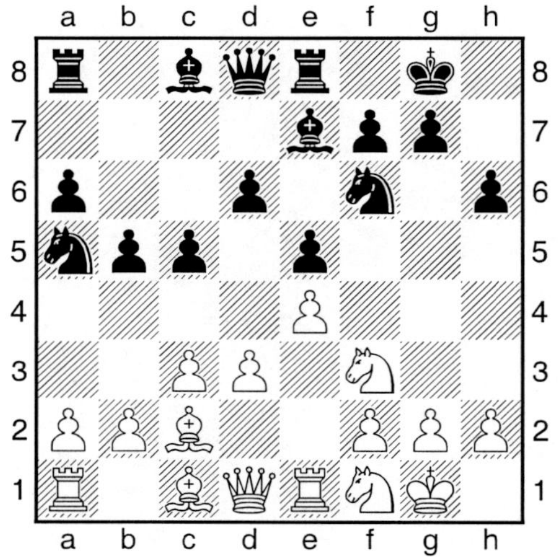

13.a4 [As variantes principais, nesta posição da Ruy López, são: 13.d4; 13.♘g3]

13...b4 [13...♗d7 14.axb5 axb5 15.♘g3 ♗f8 16.h3 b4 17.cxb4 cxb4 18.♗d2 ♕b6= Kosten - Kupreichik, Esbjerg 1988]

14.cxb4 cxb4 15.♘e3 [15.d4 exd4 16.♘xd4 ♗b7 17.♘g3 ♗f8=]

15...♗f8

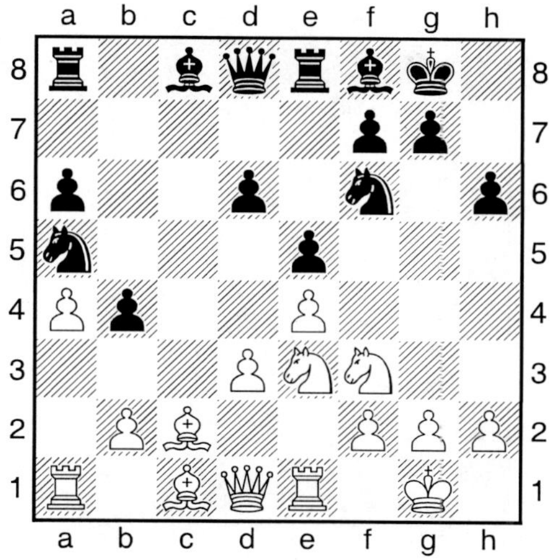

16.d4 [As pretas teriam vantagem de espaço na ala da dama e posições ativas de peças no centro após 16.b3?! d5! 17.exd5 ♘xd5 18.♘xd5 ♕xd5 19.d4 e4! 20.♘e5 ♗f5! 21.♗b2 ♖ac8∓ Smirin - Adams, Burgas 1993]

16...♕b6 [As pretas poderiam jogar a posição de maneira mais dinâmica com jogo ativo de peças após 16...exd4!? 17.♘xd4 g6 18.♗d2 ♕b6 19.♘b3 ♗b7 20.♖c1 ♖ac8 (20...♘xb3 21.♗xb3 ♗xe4 *(21...♘xe4 22.♘g4=∞; 21...♖xe4 22.♘c4=∞)* 22.♘c4=∞) 21.♕f3 ♗g7 22.♘xa5 ♕xa5 23.♗b3 ♖xc1 *(23...♗xe4 24.♕g3=∞; 23...♖xe4 24.♕g3=∞)* 24.♖xc1 ♗xe4 25.♕g3=∞]

17.b3?! [As brancas poderiam fechar o centro com 17.d5!? ♘d7 18.b3 ♘c5 19.♘d2= Δ ♘dc4]

17...exd4! 18.♘xd4 [18.♕xd4 ♕xd4 19.♘xd4 ♗b7∓]

18...♗b7∓ 19.♗b2 [19.♘ef5 ♗xe4 20.♗xe4 ♘xe4 21.♗xh6 d5! 22.♗e3 ♘c3! 23.♕c2 *(23.♕h5 ♖e4∓; 23.♕f3 ♖e4∓)* 23...♗c5∓]

19...♘xe4 20.♘df5 d5! 21.♘g4

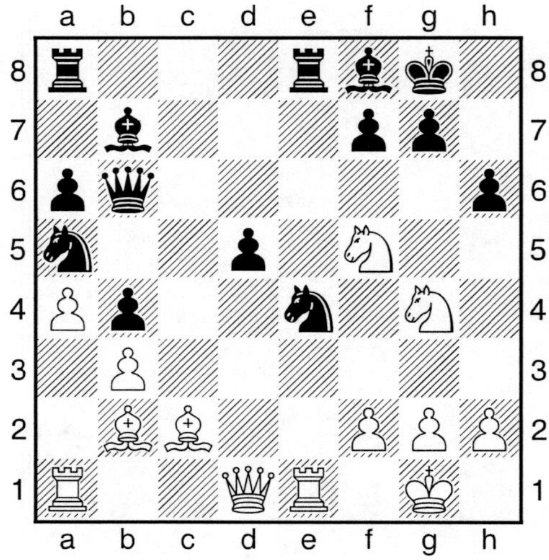

21...h5?! [O melhor plano para as pretas seria jogar a torre de maneira ativa na terceira fila com 21...♖e6! 22.♗d4 *(22.♖c1 ♖ae8∓; 22.♖e3 ♖g6∓; 22.♘d4 ♖g6∓)* 22...♕c7∓]

22.♗xe4! ♖xe4? [Um erro que leva à derrota. Era necessário jogar 22...hxg4□ 23.♗d4! ♗c5 *(23...♕c6 24.♖c1!+–)* 24.♗xc5 ♕xc5 25.♖c1! ♕f8 26.♗xd5 ♖xe1+ 27.♕xe1 ♗xd5 *(27...♖e8? 28.♕d2+–)* 28.♘e7+! ♔h7 29.f4! g3 *(29...g6 30.♘xd5±)* 30.♘xd5⩲]

23.♖xe4 [A ordem dos lances também poderia ser 23.♘f6+! gxf6 24.♖xe4 dxe4 25.♕xh5 chegando-se por inversão na mesma posição da partida após 25.♕xh5.]

23...dxe4

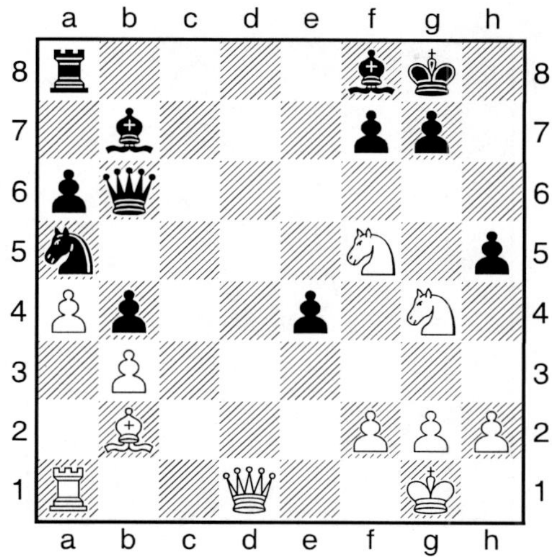

24.♘f6+! [O sacrifício de cavalo correto. A outra alternativa levaria ao xeque perpétuo após 24.♘fh6+? ♔h7□ 25.♘f6+ gxf6□ 26.♘f5 ♔g6□ 27.♘h4+ ♔h6=]

24...gxf6 25.♕xh5 ♖d8 26.♖e1 [As brancas ganhariam mais rapidamente com 26.♕g4+! ♔h8 27.♕h4+ ♔g8 28.♗xf6+– pois as pretas são forçadas a sacrificar a dama para evitar o xeque-mate.]

26...♖d2 27.♕g4+ ♔h7 28.♕h4+ ♔g6 [As pretas também estão perdidas após 28...♔g8 29.♗xf6 ♕xf2+ 30.♕xf2 ♖xf2 31.♔xf2 ♘xb3 32.♖d1+–]

29.♗d4!!

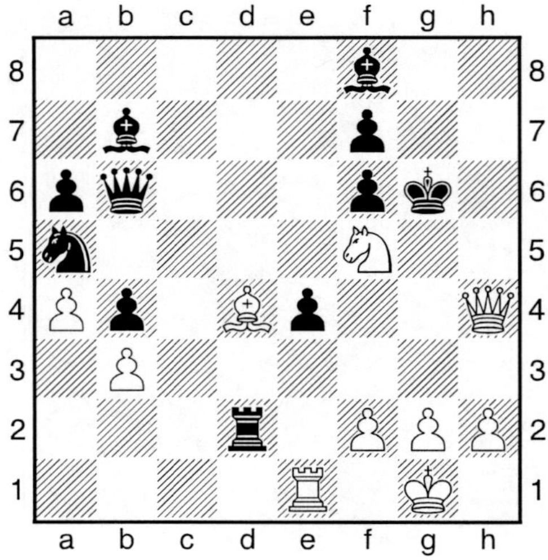

29...♕xd4 [As pretas sacrificam a dama para evitar o inevitável xeque-mate que haveria após 29...♖xd4 30.g4!+–; Se 29...♕e6 também seguiria 30.g4!+–]

30.♕g4+ ♔h7 31.♘xd4 ♖xd4 32.♕f5+ ♔g8 33.♕xa5 ♖d3 34.♕b6 ♗c8 35.♕xf6 ♗e6 36.♕g5+ ♗g7 37.h3 ♖xb3 38.♖xe4 ♖b1+ 39.♔h2 b3 40.♕d8+ ♗f8 41.♖e5 b2 42.♖g5+ ♔h7 43.♕xf8 [As pretas abandonaram, pois havia xeque-mate em 3 lances para as brancas: 43...♖h1+ 44.♔g3 ♖xh3+ 45.gxh3 b1♕ 46.♕g7#.]

1–0

(39) L. Lengyel - R. Nezhmetdinov [E67]

Budapeste, 1963

1.c4 g6 2.d4 ♗g7 3.♘f3 ♘f6 4.♘c3 d6 5.g3 0–0 6.♗g2 c6 7.0–0 ♕a5 8.e4 e5

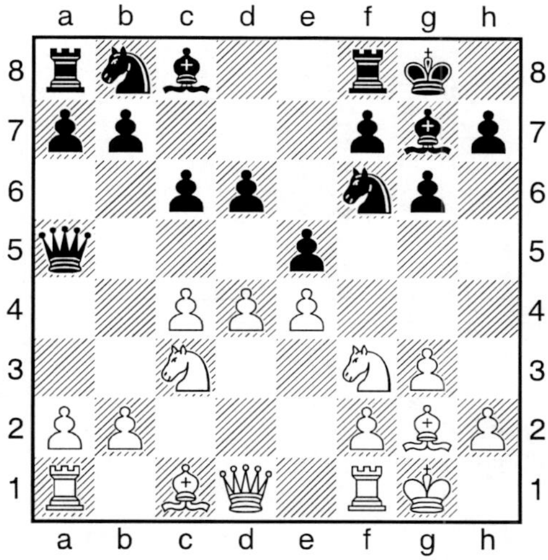

9.♕c2 [Nesta posição, as brancas normalmente jogam 9.h3 para impedir o acesso das peças pretas à casa g4.]

9...♘bd7 [9...exd4 10.♘xd4 ♘a6 11.♗f4 ♘g4 12.♘b3 *(12.♖ad1±)* 12...♕h5! 13.h3 ♘e5 14.g4 ♕h4 15.♗g3 ♕e7 16.♘d1 ♖e8= *(16...g5 17.♘e3±* Poobalasingam - G. Jones, Grã-Bretanha (ch) 2012*)*]

10.♖d1 ♖e8 [Uma opção para as pretas seria jogar 10...exd4 11.♘xd4 ♘e5∞ Δ ♗g4]

11.b3 a6 12.d5! c5?! [As brancas controlariam a coluna c aberta após 12...cxd5 13.♘xd5 ♘xd5 14.cxd5 ♘f6 15.♗d2 ♕d8 16.♖ac1±]

13.a4! ♕d8 14.a5 ♖b8 15.♘e1 ♖f8 16.♘d3 ♘e8

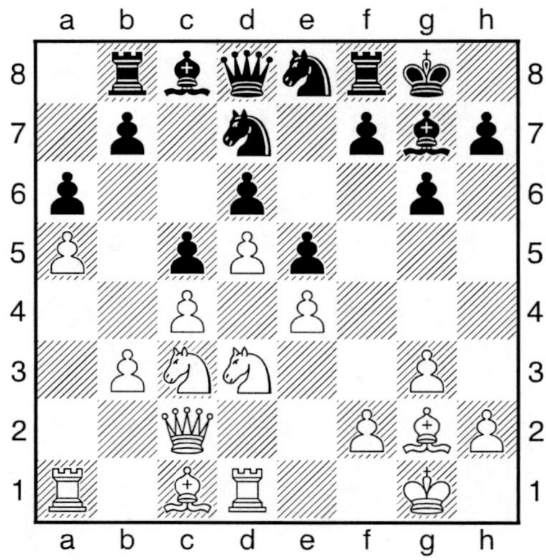

17.♗b2 [Como a grande diagonal está fechada, as brancas poderiam optar por desenvolver o bispo com 17.♗d2 f5 18.f3±]

17...h5 [Agora, se 17...f5 as brancas poderiam seguir com 18.f4 b6 19.exf5 gxf5 20.fxe5 ♘xe5 21.♘f4± Δ ♘e6]

18.♖f1 [Um plano das brancas poderia ser abrir a coluna b após 18.♗a3!? Δ b4]

18...h4 19.♘d1 hxg3 20.hxg3 ♕g5 [O plano das pretas deveria ser jogar o temático avanço de peão na ala do rei com 20...f5!?]

21.♕c1 ♕h5 22.♘e3 f5 23.exf5?! [As brancas deveriam jogar 23.f4!? para manter a tensão central.]

23...gxf5 24.♕d1 [Após 24.f4 e4 25.♘f2 ♘df6∓ a posição das pretas é mais confortável para manobrar as peças na ala do rei.]

24...♕h7

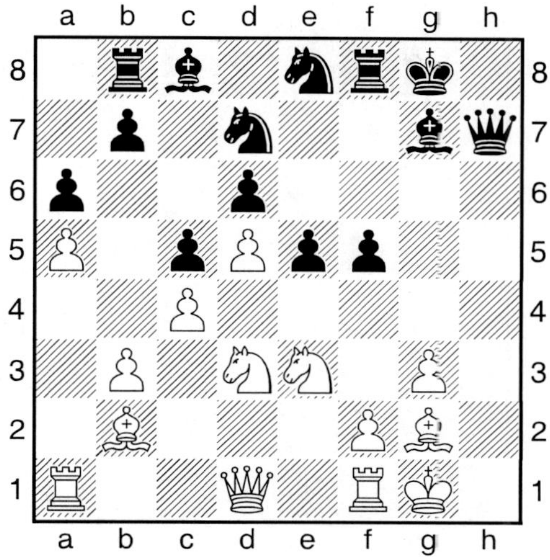

25.g4? [Um erro avançar o peão que protege o próprio rei porque torna menos seguro o roque branco e mais suscetível ao ataque das pretas. As brancas deveriam proteger a segunda fila com 25.♖a2!? f4 26.gxf4 e4 27.♘c1 ♗xb2 *(27...♖xf4∞)* 28.♖xb2 ♖xf4∞]

25...fxg4 [As pretas também ganhariam com 25...e4 26.♗xg7 *(26.♘xf5 ♗xb2 27.♘xb2 ♘e5!–+ Δ ♗xf5)* 26...♘xg7 27.♘f4 ♘e5! 28.♘e6 *(28.gxf5 ♗xf5!–+)* 28...♖f6!–+]

26.♕xg4 ♘df6! 27.♕d1 [As manobras de cavalo para posição ativas de ataque são decisivas após 27.♕e2 ♘h5! 28.♕c2 *(28.♖ab1 ♘f4! 29.♘xf4 exf4 30.♘g4 ♗f5–+; 28.♖a2 e4! 29.♘e1 ♘f4! 30.♕c2 ♗xb2 31.♖xb2 ♘f6–+ Δ ♗h3)* 28...e4! 29.♘c1 *(29.♘e1 ♗xb2 30.♕xb2 ♘f4–+ Δ ♗h3)* 29...♗xb2 30.♕xb2 ♘f4 31.♘e2 ♘xg2 32.♘xg2 ♘f6 33.f3 ♗g4!!–+]

27...♘h5! 28.f3 ♗h6 29.♖e1 ♘f4!

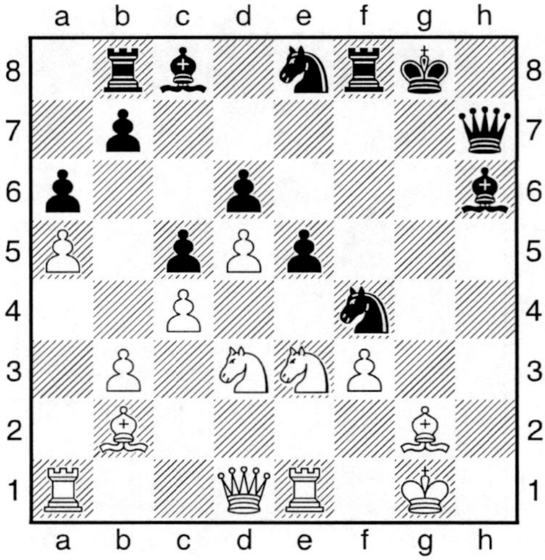

30.♘xf4 [As pretas conseguiram uma posição ganhadora com ataque, por exemplo: 30.♘f2 ♘f6 31.♗c1 ♖f7! 32.♘eg4 ♗f5! 33.♖a2 ♖bf8–+; 30.♘xc5 ♗h3 31.♘e6 *(31.♘e4 ♕g6 32.♕c2 ♖f7–+ Δ ♖g7)* 31...♘xg2 32.♘xg2 ♕g6 33.♕e2 ♖f7! 34.♗c1 ♗xc1 35.♖axc1 ♘g7–+]

30...♗xf4 31.♘f1 ♘f6 32.b4 [32.♖e2 ♖f7! 33.♖a2 *(33.b4 b6 34.♗c3 ♖g7–+; 33.♗c1 ♘h5 34.♘e3 ♘g3–+)* 33...♖g7 34.♗c1 ♗xc1 35.♕xc1 ♘h5–+ Δ ♘f4]

32...b6 [32...cxb4 33.c5 ♗h3 34.♖e2 ♔f7–+ Δ ♖g8]

33.♗c1 ♘h5 34.axb6 cxb4 35.c5 [35.♗e3 ♗xe3+ 36.♘xe3 ♘f4 37.c5 dxc5 38.♕c2 ♕h4 39.♕xc5 ♗h3 40.d6 ♖b7 41.♕xe5 ♖g7–+]

35...dxc5 36.♗b2 ♕g7 37.♕c2 ♖xb6

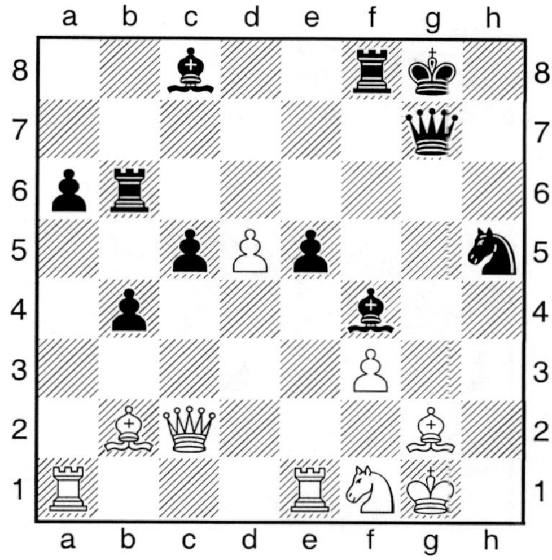

38.♖e2 ♖h6 [Também seria forte jogar 38...♗h3–+ Δ ♖g6]

39.♕xc5 ♘g3 40.♘xg3 ♕xg3 41.♔f1 ♗d7 42.♖a5 ♖c8 43.♕a7 ♗f5

0–1

(40) R. Nezhmetdinov - V. Sergievsky [B49]

Spartak por equipes (ch), 1963

1.e4 c5 2.♘f3 e6 3.d4 cxd4 4.♘xd4 a6 5.♘c3 ♕c7 6.♗e2 ♘c6 7.♗e3

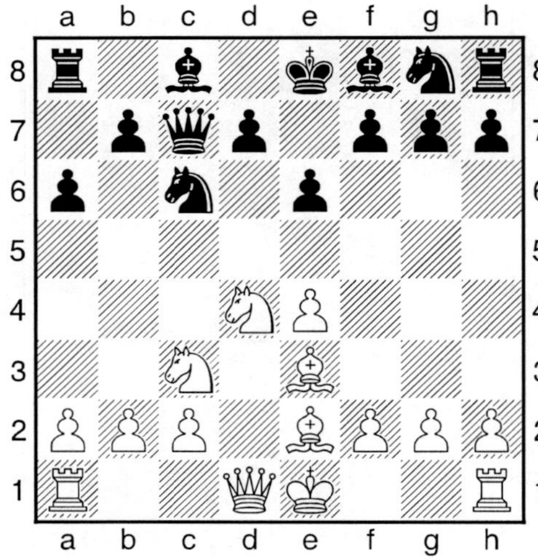

7...♗b4?! [As variantes principais, nesta posição da Siciliana, são: 7...♘f6; 7...b5]

8.♘xc6! dxc6 [Se 8...♗xc3+?! as brancas seguiriam com 9.bxc3 ♕xc6 10.♕d4! ♘f6 *(10...f6 11.e5 ♕c7 12.f4 b5 13.0–0±)* 11.♗f3 b5 12.♗g5 ♗b7 13.♖d1±]

9.♕d4! ♗f8 [Se 9...♗xc3+?! as brancas estariam com o par de bispos e também teriam o controle da coluna aberta após 10.♕xc3 ♘f6 11.0–0–0 0–0 12.f3± Butkiewicz - Gdanski, Karpacz 2008]

10.0–0 [As brancas poderiam optar por ter vantagem de espaço no centro após 10.e5!? ♘e7 11.f4 ♗d7 *(11...♘f5 12.♕b6 ♕xb6 13.♗xb6±)* 12.♘e4 ♘d5 *(12...♘f5 13.♕b6 0–0–0 14.0–0–0±)* 13.0–0–0±]

10...e5 11.♕d2?! [A dama fica mal colocada em d2. As brancas poderiam manter uma pequena vantagem de desenvolvimento, por exemplo: 11.♕b6 ♕xb6 12.♗xb6±; 11.♕d3 b5 12.a4 b4 13.♘b1 a5 14.♘d2 ♗a6 15.♘c4 ♘f6 16.c3±]

11...♘f6 12.f4 [As pretas poderiam rapidamente desenvolver as peças menores após 12.f3 ♗e6 13.♘a4 ♘d7 14.c4 b5 15.♘c3 ♗c5=]

12...♗e7 [As pretas poderiam equilibrar a posição, jogando de maneira ativa, com 12...♗b4! 13.♗f3 ♗g4 14.fxe5 ♕xe5 15.♖ad1 0–0=]

13.♕e1!

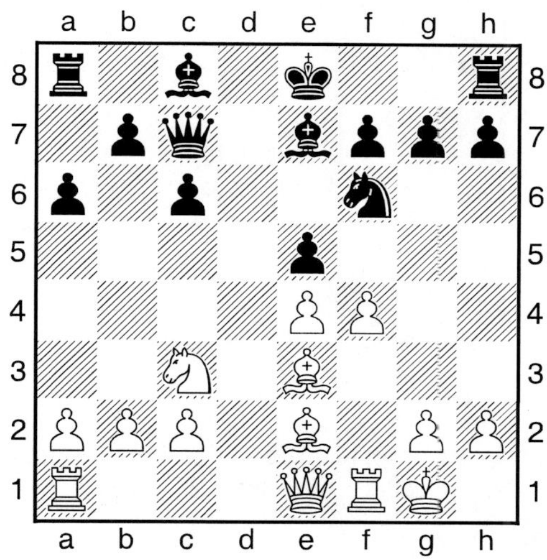

13...exf4 [Se 13...0–0 as brancas poderiam manobrar a dama para a ala do rei com 14.♕g3 exf4 15.♗xf4 ♕b6+ 16.♔h1 ♔h8 17.♗c7 ♕c5 18.♗d3±]

14.♗xf4 ♕b6+ 15.♔h1 ♗e6 [Agora, seria um erro capturar o peão com 15...♕xb2? porque as brancas seguiriam com 16.♕g3! 0–0 *(16...♘d7 17.♖ab1 ♕a3 18.♖b3 ♕c5 19.♕xg7 ♗f6 20.♕g3+–)* 17.♗e5! ♘e8 *(17...♖e8 18.♖ab1 ♕a3 19.♗xf6 ♗xf6 20.♖xf6+–)* 18.♘d5! ♕a3 19.♕xa3 ♗xa3 20.♘b6+– com ganho material.]

16.a4 [As brancas perdem um importante tempo. Era mais forte manobrar a dama na ala do rei com 16.♕g3! 0–0–0 *(16...0–0 17.e5 ♘e8 18.♘e4±)* 17.b3 ♘d7 18.♖ad1±]

16...a5 [As pretas deveriam ter aproveitado a oportunidade para completar o desenvolvimento da ala do rei com 16...0–0 17.♕g3 ♔h8=]

17.e5!

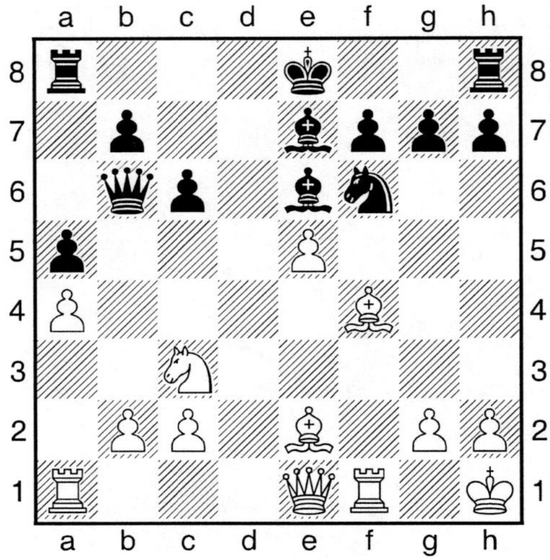

17...♘g4? [Um erro que compromete a defesa da posição. O correto seria jogar 17...♘d7 18.♘e4 ♕xb2 19.♕d2 ♕b4 20.♕e3 ♕b6 21.♕g3±]

18.♗xg4 ♗xg4 19.♘e4 ♗e6 [Agora, se 19...0–0? seguiria o sacrifício 20.♘f6+! gxf6 21.♕h4±]

20.♘d6+ ♗xd6 21.exd6 ♕c5 [Se as pretas optassem por 21...0–0 as brancas teriam posições ativas para dama e torre com vantagem de desenvolvimento após 22.♕g3! ♕d4 *(22...f6? 23.♗h6! ♖f7 24.♖xf6! ♕xb2 25.♖af1+–; 22...♔h8 23.♖ae1±)* 23.♖fe1±]

22.d7+ ♔xd7 23.♖d1+ ♔c8 [Se 23...♔e8 as brancas seguiriam 24.♕g3! ♖g8 25.♖fe1 ♕xc2 *(25...♖d8 26.♖xd8+ ♔xd8 27.♗e3! ♕d5 28.♕b8+ ♗c8 29.♗b6+ ♔d7 30.♕c7#)* 26.♗b8 ♕c5 27.♕c7 ♕e7 28.♖xe6! fxe6 29.♕c8+ ♔f7 30.♖f1+ ♔g6 31.♕xg8+–]

24.♕g3 b6 25.♗e3 ♕b4 26.♖f4 [As brancas também ganhariam com 26.♖d6 ♕c4 *(26...♗d5 27.♖xd5!+–; 26...♔b7 27.♖xe6!+–)* 27.♖f4 ♕xc2 28.♕xg7 ♖e8 29.♖xe6! fxe6 *(29...♕d1+ 30.♗g1 ♖xe6 31.♖xf7 ♕d8 32.♕g4 ♕e8 33.♕f5 ♖b8 34.♖f8+–)* 30.♖d4! ♕b1+ 31.♗g1 ♖d8 32.♖xd8+ ♔xd8 33.♕h8+ ♔c7 34.♕xa8+–]

26...♕xb2

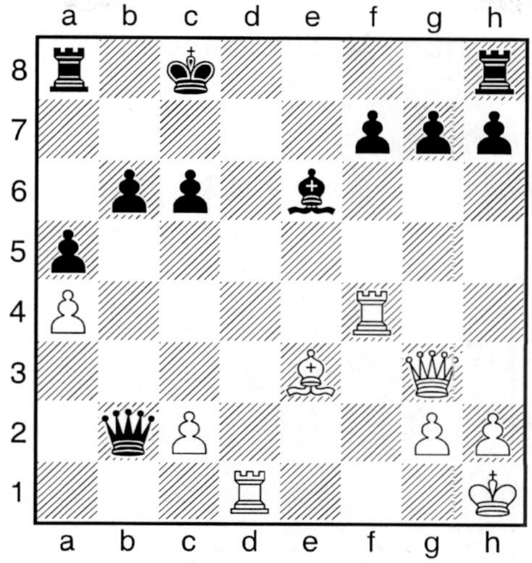

27.♖ff1 [As brancas também ganhariam após 27.♖fd4 ♔b7 *(27...♕a3 28.♕f3! ♕c3 29.♖1d3 ♕xc2 30.♗g1 ♔b7 31.♖c3+–)* 28.♖d7+ ♔a6 *(28...♗xd7 29.♖xd7+ ♔a6 30.♕c7 ♖hb8 31.♕xc6 ♕a1+ 32.♗g1 ♕f1 33.c4+–)* 29.♕c7! ♖hb8 30.♕xc6 ♕b4 *(30...♗xd7 31.♖xd7 ♕a1+ 32.♗g1 ♕f1 33.c4+–)* 31.♖7d6 ♖a7 32.c3! ♕b3 33.♕e4 ♖e7 34.♖b1+–]

27...♖a6 [Se 27...♕c3 as brancas seguiriam com 28.♖d3! ♕b4 *(28...♕b2 29.♖d6!+–)* 29.♖d4! ♕c3 *(29...♕e7 30.♖d6!+–)* 30.♕e5 ♕a3 31.♖d6 ♔b7 32.♖xe6 fxe6 33.♖f7+ ♔a6 34.♕c7+–]

28.♕d6 ♔b7 29.♕e7+ [As brancas poderiam dar mate mais rápido com 29.♖xf7+! ♗xf7 30.♕d7+ ♔b8 31.♗f4+ ♔a8 32.♕xc6+ ♔a7 33.♖d7#]

29...♔a8 30.♖d8+ ♖xd8 31.♕xd8+ ♔b7 32.♕e7+ ♔a8 33.♕d8+ [As brancas já poderiam jogar imediatamente 33.♖d1! ver 35.♖d1!]

33...♔b7 34.♕e7+ ♔a8 35.♖d1! ♗d5 36.♕d8+ ♔b7 37.♕d7+ ♔a8 38.♗f4

1–0

(41) R. Nezhmetdinov - V. Sherbakov [B94]

Spartak por equipes (ch), 1963

1.e4 c5 2.♘f3 d6 3.d4 cxd4 4.♘xd4 ♘f6 5.♘c3 a6 6.♗g5 ♘bd7 7.♗c4 ♕a5 8.♕d2 e6

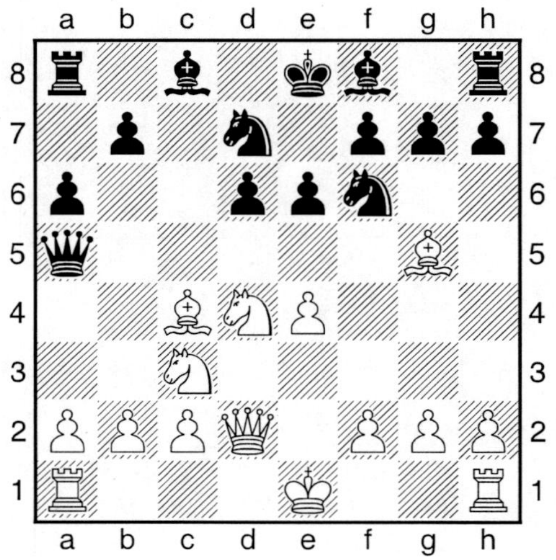

9.0–0 [Nezhmetdinov opta pelo roque pequeno para a ala do rei. O outro plano é o roque grande para a ala da dama com 9.0–0–0]

9...h6 10.♗h4 b5!? [Novidade Teórica. Havia duas variantes jogadas na época: 10...g5 11.♗g3 ♘h5?! *(11...b5!? 12.♗b3⩲)* 12.♗xe6!± fxe6 13.♘xe6 ♘xg3? *(13...♘df6 14.♘xf8 ♔xf8 15.♗xd6+ ♔g7 16.e5 ♘h7 17.b4 ♕d8 18.♘d5± Δ c4)* 14.fxg3! ♘e5 15.♖xf8+! ♖xf8 16.♕xd6 ♖f6 (Tal - Petrosian, Iugoslávia (ct) 1959) 17.♕c7!+–; 10...♗e7 11.♖ad1 ♘e5 12.♗b3 g5 13.♗g3 ♗d7 *(13...♘h5 14.♗a4+ b5 15.♗xe5 dxe5 16.♘c6 ♕c7 17.♘xe7 ♔xe7 18.♗b3 ♘f6 19.♕e3 ♗b7=* Tal - Korchnoi, URSS (ch) 1959*)* 14.f4 gxf4 15.♗xf4 ♘h5 16.♗xe5 *(16.♗xh6 ♘g4 17.♗e3 ♘xe3 18.♕xe3 ♘f6 19.h3 0–0–0⩱ Δ ♖dg8)* 16...♕xe5 17.♔h1 ♘f6 18.♘f3 ♕c5! *(18...♕h5? 19.e5! dxe5 20.♘e4!±* Tal - Larsen, Portoroz (izt) 1958*)* 19.e5 dxe5□ 20.♕e2 0–0–0! 21.♘xe5 ♗e8=]

11.♗b3 ♗b7

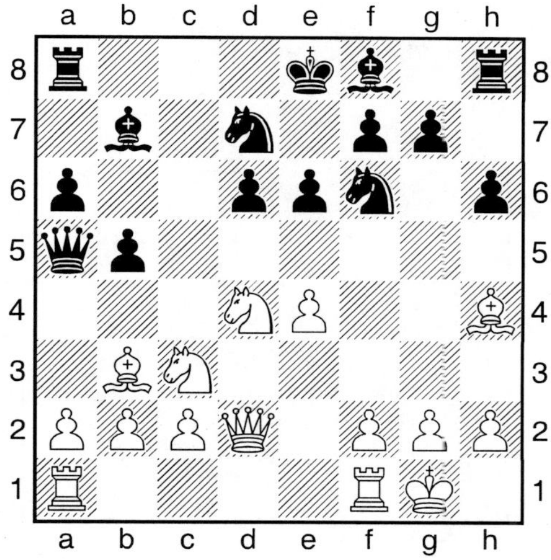

12.f4 [A variante 12.♖fe1 leva a interessantes complicações táticas após 12...♗e7!?

a) 12...b4? 13.♘d5! exd5 14.exd5+ ♔d8 15.a3!± (Δ axb4);

b) 12...g5 13.♗g3 ♗e7 *(13...b4? 14.♘d5!±)* 14.f3⩲ Δ ♗f2; Δ ♖ad1;

13.a4 *(13.♖ad1 ♕b6=)* 13...b4! 14.♘d5 ♘xe4!? *(14...exd5 15.exd5 ♔f8 16.♘f5! ♗d8 17.♘xd6 ♕b6 18.♗g3 a5 19.♖e3!⩲* Δ ♖ae1*)* 15.♖xe4 ♗xd5 16.♗xe7 *(16.♗xd5 ♕xd5 17.♗xe7 ♕xe4 18.♗xd6 ♘e5!⩱)* 16...♗xe4 17.♗xd6 ♘c5! 18.♕e1 0–0–0 19.♘b5! axb5 20.♗xc5 bxa4□ 21.♗xb4 ♕h5 22.♗xa4 ♕g4□ 23.♕c3+! ♔b8□ *(23...♔b7?? 24.f3!+–)* 24.♕e5+ ♔b7 25.♕b5+ ♔c8□=]

12...b4! 13.♘d5 exd5 14.exd5 0–0–0!? [As pretas optaram por completar o desenvolvimento da ala da dama. A alternativa era ficar com o rei no centro após 14...♘c5 15.♖fe1+ ♔d7 16.♗xf6 gxf6 17.♗c4⩲ (Δ a3)]

15.a3 ♕b6 16.axb4 g5 [Para levar o rei para um lugar seguro, as pretas abriram mão de um segundo peão em troca do cavalo sacrificado pelas brancas. Agora, as pretas poderiam jogar de maneira ativa no centro e concluir o desenvolvimento da ala do rei após 16...♘e4! 17.♕d3 g5! 18.♗e1 *(18.♕xe4 gxh4⩱; 18.fxg5 ♗g7 19.c3 hxg5 20.♗e1 ♖de8!* ver 20...♖de8!*)* 18...♗g7 19.c3 ♖de8! 20.fxg5 *(20.♗c4 ♖e7! 21.♗xa6 ♗xd4+! 22.cxd4 ♘df6!⩱)* 20...hxg5 21.♖xf7 ♗xd4+! 22.cxd4 *(22.♕xd4 ♕xd4+ 23.cxd4 ♖hf8!⩱)*

22...♘e5! 23.♕c2+ *(23.♖xb7 ♔xb7 24.♕xe4* ver 25. ♕xe4*)* 23...♔b8 24.♖xb7+ ♔xb7 25.♕xe4 ♖hf8! (Δ ♘f3+) 26.♕c2 ♕xd4+ 27.♗f2 ♕f4! 28.♗a4 ♖c8! 29.♕e2 ♖c1+ 30.♖xc1 ♕xc1+ 31.♗d1 g4!∓]

17.♕c3+! ♔b8 18.♗f2!

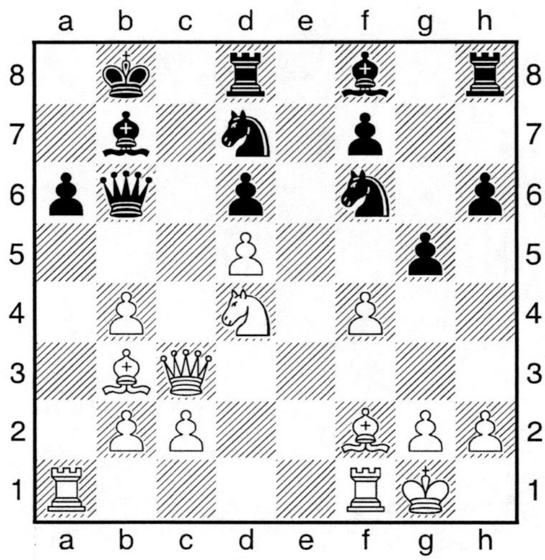

18...♖c8? [Um erro que provoca a derrota. As pretas poderiam forçar a troca de damas e simplificar a posição para jogar o final após 18...♘e4! 19.♘c6+ ♗xc6 20.♗xb6 ♘xc3 21.♗xd8 *(21.bxc3 ♘xb6 22.dxc6 ♔c7 23.♖xa6 ♔xc6 24.fxg5 ♖h7 25.♗xf7 hxg5 26.♖a7⩲)* 21...♘xd5 22.fxg5 ♗g7 23.♗xd5 ♗xd5 24.♗f6 ♗xf6 25.gxf6±]

19.♘c6+! ♖xc6 20.dxc6 ♕xc6 21.♕xc6 ♗xc6 22.♗d4 gxf4 [As pretas estão com o par de cavalos por uma torre, mas o atraso no desenvolvimento da ala do rei compromete a defesa da posição. Por exemplo: 22...♗e7 23.♖fe1 ♗d8 24.♖xa6+–]

23.♖xf4 ♗e7 24.♖e1 [Seria mais forte capturar o peão com 24.♖xa6! ♖c8 25.c3 ♗b7 26.♖a5+–]

24...♗d8□ 25.♗xf7 ♖h7 [As pretas poderiam defender melhor a posição, centralizando o cavalo, após 25...♖f8!? 26.♗b3 ♘e5 27.♖ef1±]

26.♗c4 ♖g7 [Se 26...♘d5 as brancas seguiriam com 27.♖f3! ♘e5 *(27...♘xb4 28.♖b3 a5 29.♗g8! ♖e7 30.♖xe7 ♗xe7 31.c3 ♘c5 32.♗xc5 dxc5 33.cxb4 cxb4 34.♖h3 ♗g5 35.b3+–)* 28.♗xe5 dxe5 29.♖xe5 ♘xb4 30.♖b3 ♖b7 31.c3+–]

27.g3 ♖g5 28.♖e6 ♘d5 29.♖f2 ♔c7 30.♖xh6 [30.c3 ♘e7 31.♗e3 ♖e5 32.♖xe5 ♘xe5 33.♗e2+–]

30...♘xb4 31.c3 ♘d5 32.♗xa6 ♘c5

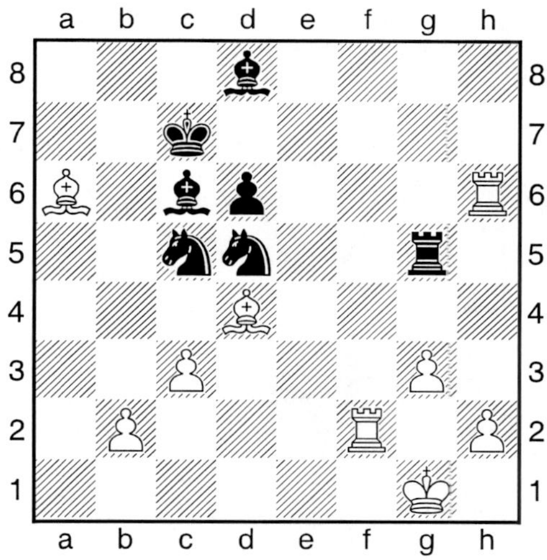

O plano das brancas, para ganhar a partida, é dobrar as torres na sétima fila e avançar o peão passado na ala da dama.

33.♖f7+ ♘d7 34.♖hh7 ♖g4 35.♗e2 ♖g5 36.b4 ♘5b6 37.b5 ♗xb5 38.♗xb5 ♖xb5 39.♗xb6+

1–0

(42) R. Nezhmetdinov - T. Ujtumen [C97]

Chigorin Memorial, 1964

1.e4 e5 2.♘f3 ♘c6 3.♗b5 a6 4.♗a4 ♘f6 5.0–0 ♗e7 6.♖e1 b5 7.♗b3 d6 8.c3 0–0 9.h3 ♘a5 10.♗c2 c5 11.d4 ♕c7 12.♘bd2 ♗d7 13.♘f1 ♖ac8

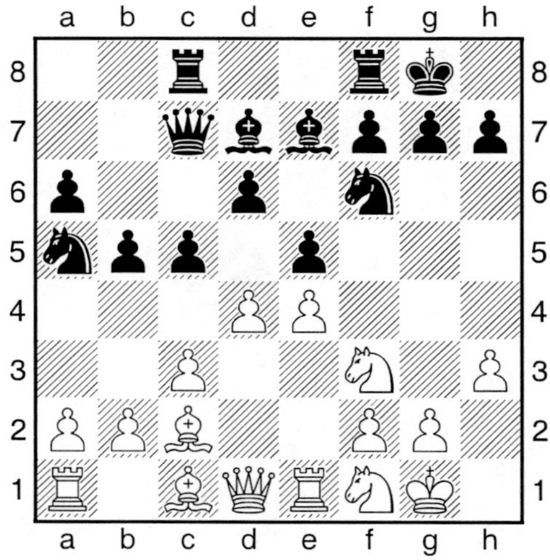

14.dxe5 [Outra alternativa para as brancas é manter a estrutura de peões flexível e jogar 14.♘e3 cxd4 *(14...g6 15.♗d2 ♖fe8 16.♕e2 ♗f8 17.dxc5 dxc5 18.c4 ♘xc4 19.♘xc4 bxc4 20.♕xc4 ♗b5 21.♕c3±* J. Aitken - K. Kirby, Munique (ol) 1958*; 14...♖fe8 15.♗d2 cxd4 16.cxd4 ♘c6 17.d5 ♘d4 18.♗d3 ♕b6 19.♘xd4 ♕xd4 20.♗c3±* B. Rabar - W. Jaeger, Campeonato Europeu (por equipes) 1957*; 14...♗d8 15.dxe5 dxe5 16.♘h2 ♗e6 17.♘hg4 ♘xg4 18.hxg4 ♗g5 19.♘d5 ♕d8=* F. Bindrich - D. Rogic, Campeonato Europeu 2006*)* 15.cxd4 ♖fe8 (15...♘c6 16.d5 ♘b4 17.♗b1 a5 18.a3 ♘a6 19.b4 axb4 20.axb4 ♕b7 *(20...♘xb4? 21.♗d2+–)* 21.♗d2± P. Leko - G. Kamsky, Wijk aan Zee 2006) 16.♗d2 ♘c6 17.d5 ♘d4 18.♗d3 ♘xf3+ 19.♕xf3 g6 20.♘c2?! *(20.♖ac1 ♕b7 21.♘c2±* Δ ♘b4*)* 20...♘h5 *(20...♘xe4! 21.♗xe4 f5!=)* 21.♖ac1 ♖f8 *(21...♕b7 22.♗f1±* Δ ♕a3; Δ ♘b4*)* 22.♘d4! ♕b6 *(22...♕b7?! 23.♘f5!±* A. Fauland - A. Dueckstein, Áustria (ch) 1989*)* 23.♘f5! ♗xf5 24.exf5 ♖xc1 25.♖xc1 ♕d4 26.♖c7±]

14...dxe5 15.♘3h2 ♖fd8 16.♕f3 ♘b7 17.♘e3 c4 18.♘hg4 ♗xg4 19.hxg4

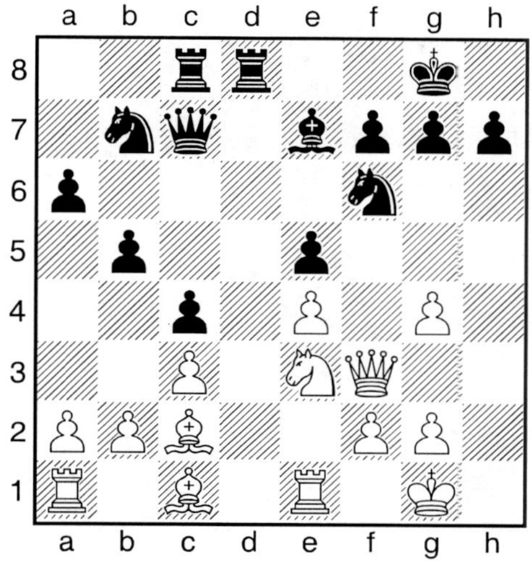

19...♘c5?! [Com vantagem de espaço na ala da dama, as pretas poderiam manter a igualdade com 19...h6!= Δ ♘c5]

20.g5! ♘e8 21.♘d5 ♕b7 22.♕g3 [As brancas poderiam continuar jogando de maneira ativa para manter uma clara vantagem após 22.b4! ♘d3 *(22...♘a4 23.♕g3±; 22...♘e6 23.a4±; 22...cxb3 23.axb3 ♗f8 24.♖e3±)* 23.♗xd3 cxd3 24.♕xd3 ♗f8 25.a4 ♘c7 26.axb5 axb5 27.♖d1±]

22...♗d6 [As pretas também estariam em posição inferior após 22...♗f8 23.♖e3! *(23.♕xe5 ♘c7!? 24.♘xc7 ♗d6 25.♕f5 g6 26.♕g4 ♕xc7 27.♗e3 ♘e6 28.♖ad1±)* 23...♘d3 *(23...♘d6 24.♕h4!+– Δ ♘f6+)* 24.♗xd3 cxd3 25.♖xd3 ♘c7 26.♕xe5 ♘xd5 27.♖xd5 ♖c5 28.♗e3 ♖cxd5 29.exd5 ♖xd5 30.♕e8±]

23.♕h4! ♘c7 24.♖e3!

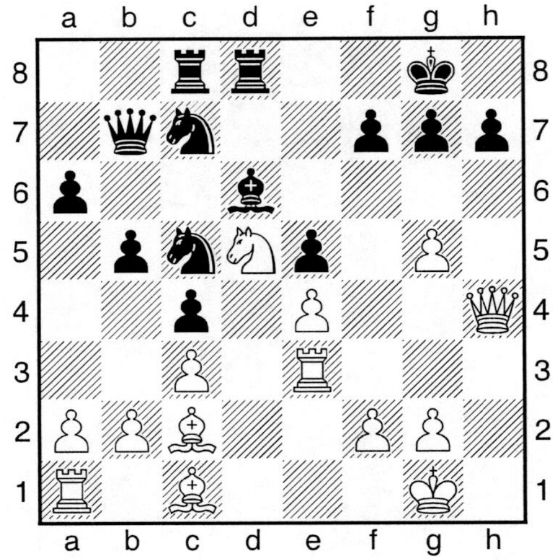

24...♘5e6 [A troca de cavalos no centro não alivia a posição das pretas, pois as brancas continuariam o ataque na ala do rei após 24...♘xd5 25.exd5 e4 26.♖h3! ♕xd5 27.♕xh7+ ♔f8 28.♗e3 ♘d3 29.g6±]

25.♖h3! ♘xd5?! [Oferecia uma maior resistência defender a posição com 25...♘f8 26.♗e3 ♘xd5 27.exd5 g6 28.♗e4±]

26.exd5 ♕xd5 27.♕xh7+ ♔f8 28.♗e3 [As brancas teriam uma posição ganhadora também após 28.g6+– Δ gxf7]

28...♕b7 [As pretas também estariam perdidas após 28...♗c5 29.♗f5! ♗xe3 30.♖xe3 ♖c5 *(30...♖c7 31.♕h8+ ♔e7 32.♗xe6 ♕xe6 33.♕xg7 ♖d5 34.♖ae1 ♖cc5 35.b4 cxb3 36.axb3+– Δ b4)* 31.♖ae1 ♘f4 32.♗e4 ♕e6 33.♕h8+ ♔e7 34.♕xg7 ♖d2 35.b4 cxb3 36.axb3+– Δ b4]

29.♗e4 ♕b8 30.♖f3 ♔e7 31.g6 f6 32.♖xf6!

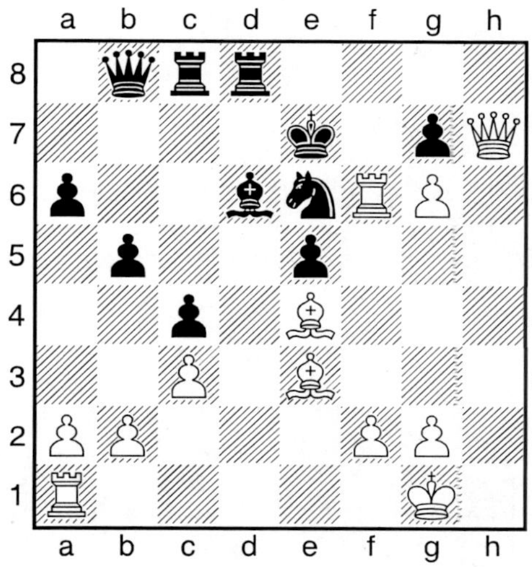

32...♖f8 33.♖xe6+ ♔xe6 34.♕h3+ ♔e7 35.♗g5+ [As pretas abandonaram, pois seguiria 35...♖f6 36.♗xf6+ ♔xf6 37.♕f5+ ♔e7 38.♕f7+ ♔d8 39.♖d1+–.]

1–0

(43) R. Nezhmetdinov - B. Spassky [C92]

Chigorin Memorial, 1964

1.e4 e5 2.♘f3 ♘c6 3.♗b5 a6 4.♗a4 ♘f6 5.0–0 ♗e7 6.♖e1 b5 7.♗b3 0–0 [Na ordem normal de lances, há várias variantes principais jogadas pelas pretas após 7...d6 8.c3 0–0 9.h3 sendo que as mais importantes são: 9...♘a5 (Variante Chigorin) *(9...♘b8* Variante Breyer*; 9...h6* Variante Smyslov*; 9...♗b7* Variante Zaitsev*; 9...♘d7* Variante Karpov*; 9...a5* Variante Keres*; 9...♗e6* Variante Kholmov*)*]

8.h3 ♗b7 9.d3 d6

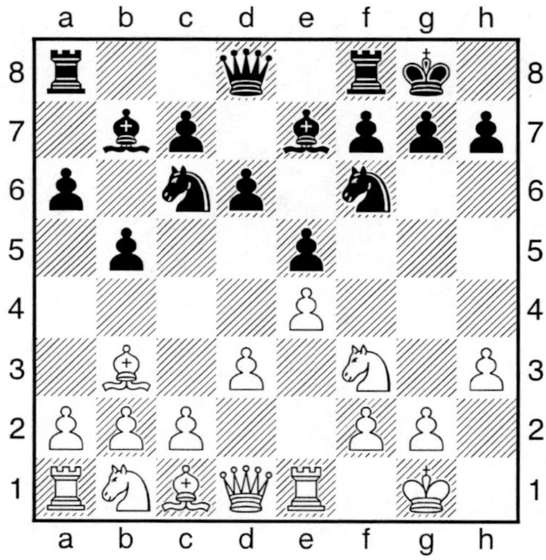

10.c3 h6 11.a4 [A variante principal é 11.♘bd2 ♖e8 12.♘f1 ♗f8 13.♘g3 cujo plano é pressionar a ala do rei adversária.]

11...♖e8 [Outra alternativa é jogar 11...♘a5 12.♗c2 c5 13.♘bd2 ♖e8 (13...b4 14.♘f1 ♖e8 15.♘g3 ♗f8 16.c4?! *(16.cxb4 cxb4 17.d4=)* 16...♘c6 17.♘f5 ♗c8 18.♘g3 ♘h7 19.♗e3 ♖b8 20.b3?! *(20.a5 Δ ♗a4)* 20...♗e7∓ Gesos - Smagin, Naleczow 1985) 14.♘f1 *(14.d4 cxd4 15.cxd4=)* 14...♗f8 15.♘g3 *(15.♘e3=)* 15...d5!? 16.axb5 axb5 17.♕e2?! *(17.exd5=)* 17...♗c6 *(17...b4!∓)* 18.♗d2 *(18.♘f5!?)* 18...dxe4! 19.dxe4 *(19.♘xe4 ♘xe4 20.dxe4 ♕e7∓ Δ ♘c4)* 19...♘c4 20.♖xa8 ♕xa8∓ H. Garcia - O. Panno, Buenos Aires 1971]

12.axb5 [Posteriormente, nesta posição foi jogado 12.♘bd2 ♗f8 *(12...♘a5 Δ c5)* 13.♘f1 d5 *(13...♘a5 Δ c5)* 14.exd5 ♘xd5 15.axb5 axb5 16.♖xa8 ♗xa8 17.♘g3 *(17.d4!?)* 17...♘f6 18.♗a2 ♕d7 19.♘e4 ♘xe4 20.dxe4 ♕xd1 21.♖xd1 ♗d6= Vilerte - Rosenzweig, Moscou 1966]

12...axb5 13.♖xa8 ♕xa8 14.♘a3 b4

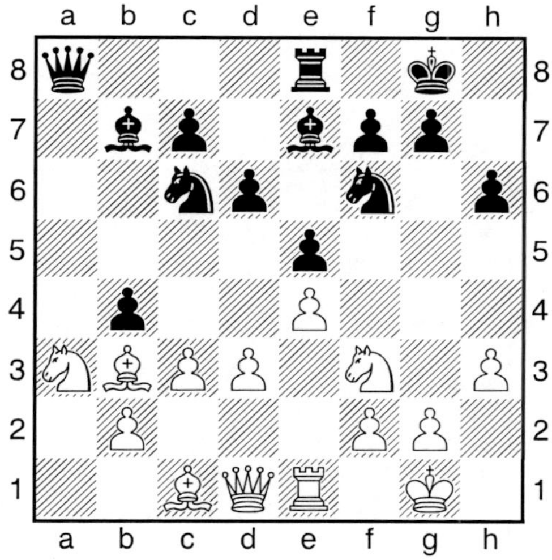

15.♘b5 [O plano mais natural e lógica seria jogar 15.♘c4 Δ ♘e3]

15...♕b8 [As pretas também poderiam equilibrar a posição ao atacar o cavalo branco com 15...♕a5 16.♗c4 ♖b8 17.♗d2 *(17.♕b3 ♔f8!=)* 17...♗a6 18.cxb4 ♘xb4 19.♘a3 ♗xc4 20.♘xc4 ♕a6 21.♕b3 ♘c6 22.♕c3 ♘d7 23.♗e3 ♘f8= Δ ♘e6]

16.♗a4 d5?! [Seria um erro jogar 16...♗a6? por causa de 17.♘bd4! ♘xd4 18.cxd4 ♗b5 19.dxe5 dxe5 20.♘xe5±; O correto era 16...♗f8=]

17.♘h4?! [As brancas poderiam jogar de maneira ativa no centro com 17.exd5! ♘xd5□ 18.d4! ♗f6 *(18...exd4? 19.♘bxd4+–)* 19.♗b3 ♘b6 20.dxe5 ♘xe5 21.♘xe5 ♖xe5 22.♖xe5 ♗xe5 23.cxb4 ♕e8 24.♘c3⩲]

17...dxe4 [Seria um erro a tomada do peão com 17...♘xe4? pois as brancas seguiriam com 18.dxe4 ♗xh4 19.exd5 ♘e7 20.♕g4±]

18.dxe4 bxc3?! [Desnecessária troca de peão. As pretas poderiam explorar a má colocação do cavalo branco em b5 e jogar de maneira ativa com 18...♗f8 19.♘f5 ♘e7! 20.♘xe7+ ♖xe7 21.cxb4 (se *21.f3?? ♖d7 22.♕e2* *c6*–+ ganhando o cavalo*)* 21...♗xe4∓ trocando um peão lateral pelo peão central.]

19.♘xc3 ♗f8 20.♕d3 [As pretas conseguiriam uma boa atividade para o par de bispos, em caso das brancas jogarem 20.♘f5 ♖d8!? 21.♕f3 ♘d4 22.♕g3 ♘xf5 23.exf5 ♗a6! 24.♕xe5 ♗d3!⩱ Δ ♗d6]

20...♖e6 [As pretas igualariam a posição com 20...♖d8!? 21.♕g3 ♘h5 22.♕g4 *(22.♕f3 ♘f4=)* 22...♘f6=]

21.♘f5

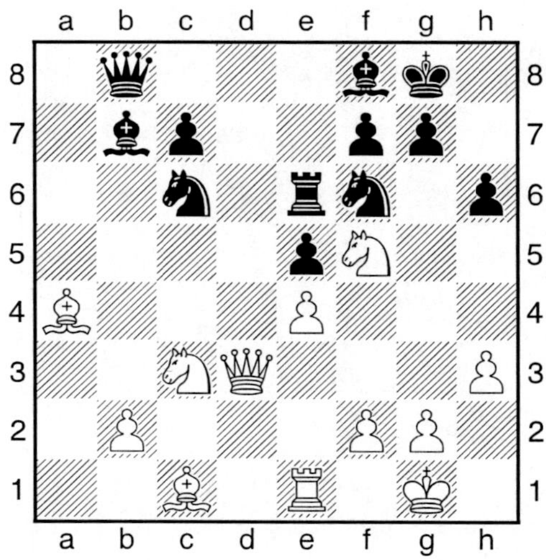

21...♔h7? [Um erro, pois o rei preto não pode abandonar a defesa do peão em f7. Era necessário reforçar a defesa da posição com 21...♘e7! 22.♗b3 ♖b6 23.♕c4 ♕e8 24.♗a2 ♗c6=]

22.♗b3! ♗a6 23.♕d1! ♘b4 [Se 23...♖e8 as brancas seguiriam com 24.♗xf7 ♖d8 25.♘d5 ♘xd5 26.exd5 ♘e7 27.♘xe7 ♗xe7 28.♖xe5 ♗d6 29.♗xh6! ♗xe5 30.♕h5+–]

24.♗xe6 fxe6 25.♘g3 ♘d3 26.♖e3 ♕d8 [As pretas também estariam perdidas após 26...♘xb2 27.♗xb2 ♕xb2 28.♘h5 ♘xh5 29.♕xh5 ♗c5 30.♘d1 ♕d4 31.♖g3 ♕d7 32.♘e3 ♗xe3 *(32...♗d4 33.♘g4+–)* 33.♖xe3+–]

27.♖f3 [As brancas poderiam ganhar a partida jogando de maneira mais posicional com 27.♖e2 c5 28.♗e3 c4 29.♖d2+– Δ b3]

27...♕d6 28.b3 ♗e7 29.♘a4 ♕c6 [Se 29...♕d4 as brancas seguiriam com 30.♗e3 ♕d6 31.♕a1 ♗b5 32.♘b2 ♘xb2 33.♕xb2+–]

30.♗b2 ♘xb2 31.♘xb2 ♗c5 32.♕c2! ♕b5

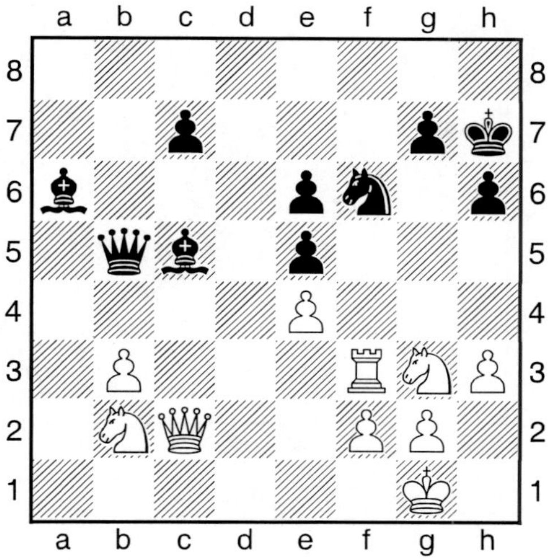

33.♘c4 [As brancas também ganhariam com 33.♘d3 ♗d6 34.b4 h5 *(34...♗xb4 35.♖xf6 gxf6 36.♕xc7+ ♔g6 37.♘h5+–)* 35.♘c5+–]

33...♗d4 34.♘e2 c5 35.♘g3 [A penetração da dama branca é decisiva após 35.♕a2 ♔g8 36.♘c3 ♕c6 37.♕a5 ♔h7 38.♔h2 ♗b7 39.♕d8+–]

35...♕b4 36.♕e2 ♕b8 37.♔h2 ♗b7 38.♘a5 ♗c8 39.♘c4 ♗a6 40.♕a2 ♗b7 [Para atingir o controle de tempo dos 40 lances, os dois lados fizeram apenas lances estáticos sem alterar a dinâmica da posição.]

41.♕e2 ♕a8 42.♘d6 ♗a6 43.♕a2 ♕c6 44.♘c4

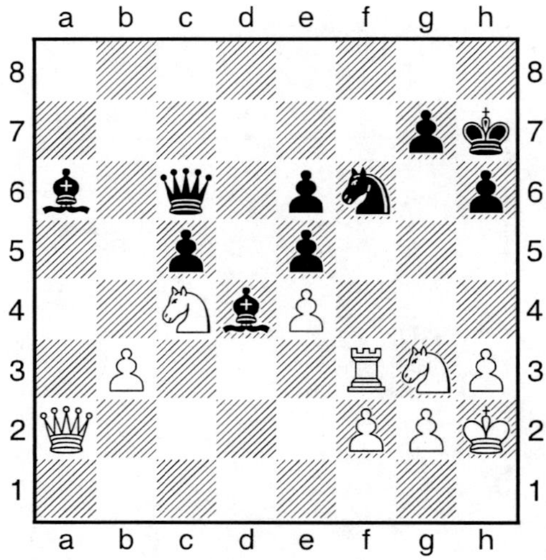

As brancas definiram o plano de penetrar com a dama pela coluna a.

44...h5 [As pretas estão perdidas. Por exemplo: 44...♕b5 45.♘e2 ♕c6 46.♘xd4 exd4 47.e5 ♘e4 48.♖f8 d3 49.♖d8 ♗xc4 50.bxc4 d2 51.♕b1+–; 44...♗b5 45.♕a7 ♔g6 46.♘a3 ♗a6 47.♕e7 ♕b7 *(47...♗b7 48.♖xf6+! gxf6 49.♘h5! ♕xe4 50.♕g7+ ♔xh5 51.g4+ ♔h4 52.♕xh6#)* 48.♕xe6 ♕c8 49.♕d6 ♔h7 50.♖xf6 gxf6 51.♘f5+–]

45.♖xf6 gxf6 46.♘xh5 f5 [46...♔g6 47.♕e2 f5 48.♘g3 f4 49.♕h5+ ♔g7 50.♕g5+ ♔f7 51.♘h5 ♗xc4 52.bxc4 ♗xf2 53.♕xe5 ♗e3 54.♕f6+ ♔e8 55.e5 ♔d7 56.♘xf4 ♗xf4+ 57.♕xf4+–]

47.♕a5 ♔h6 48.♕d8 ♕c8 [48...♔xh5 49.h4 ♔g6 50.♘d6! ♔g7 *(50...♗b5 51.♕g8+ ♔h6 52.♘f7+ ♔h5 53.♕g5#)* 51.♕e7+ ♔g8 52.♕f7+ ♔h8 53.♕f6+ ♔h7 *(53...♔g8 54.♕g6+ ♔h8 55.♘f7#)* 54.h5 ♕xd6 55.♕f7+ ♔h8 56.h6+– Δ ♕g7#]

49.♕f6+ ♔xh5 50.exf5 exf5 51.♘d6

1–0

(44) R. Nezhmetdinov - V. Sergievsky [C41]

Spartak (ch), 1966

1.e4 d6 2.d4 ♘f6 3.♘c3 ♘bd7 4.♘f3 e5 5.♗c4 ♗e7 6.0–0 0–0 7.a4 c6

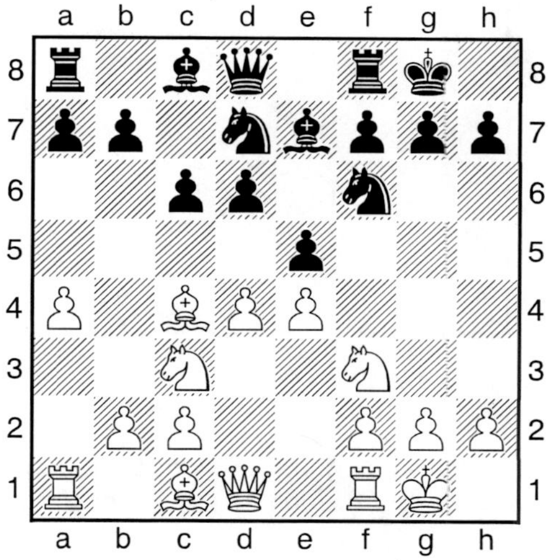

8.♗a2 [A variante principal nesta posição da Defesa Philidor é continuar o desenvolvimento com 8.♖e1]

8...h6 [As pretas decidem manobrar o cavalo na ala do rei. Outro plano de desenvolvimento é jogar na ala da dama com 8...b6 Δ ♗b7]

9.♕e2 [Outras alternativas para as brancas são: 9.h3 ♘h7 *(9...♖e8 10.♖e1±)* 10.dxe5 *(10.♖e1±)* 10...dxe5 11.♕e2 ♘g5 *(11...♕c7!?)* 12.♖d1± Konguvel - Koshy, Sakthi 1996; 9.♖e1 ♕c7 *(9...♘h7 10.♗e3±)* 10.♘h4 ♖e8 *(10...exd4 11.♘g6! ♘e5 12.♘xe7+ ♕xe7 13.♕xd4±)* 11.♘f5 ♗f8 12.♗e3 exd4 13.♗xd4 ♘e5 14.♘e3± Cuasnicu - Rubintti, Buenos Aires 1972]

9...♘h7 [9...exd4 10.♘xd4 ♖e8 11.♗e3± Baimuratov - Nestrov, Bishkek (zt) 1993]

10.♗e3 ♘g5

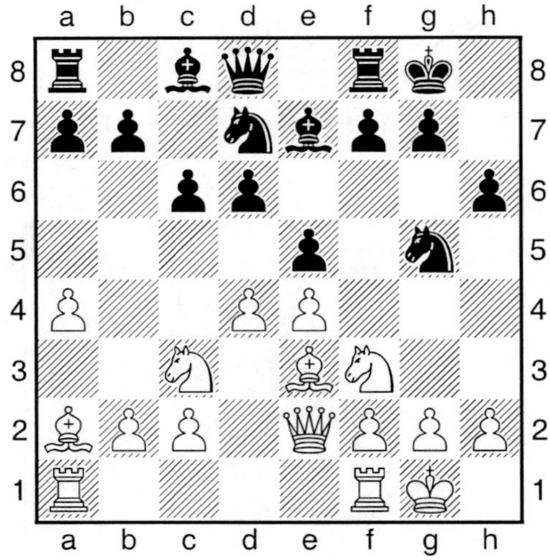

11.♘xg5 [Neste mesmo ano, outra partida seguiu com 11.♖ad1 ♘xf3+ 12.♕xf3 ♗g5 13.dxe5 dxe5 14.♖d6⩲ Haag - Besztercsenyi, Hungria (ch) 1966]

11...hxg5 [Se 11...♗xg5 as brancas poderiam seguir com 12.f4 exf4 13.♗xf4 ♗xf4 14.♖xf4 ♘f6 *(14...♕b6 15.♕d2⩲)* 15.♖af1⩲]

12.♖ad1 g6 [Se 12...a6 13.b4⩲ com vantagem de espaço *(13.g3 b5!=)*]

13.g3 ♗f6 14.f4! gxf4 15.gxf4 exd4 16.♗xd4 ♗xd4+ [Se 16...♕e7 as brancas seguiriam com 17.♕d2 ♔g7 18.♖f3±]

17.♖xd4 ♕b6 18.♕f2 [O ataque das brancas seria mais decisivo com 18.♕d2! ♔g7 19.♔h1 d5 *(19...♘f6 20.f5!)* 20.f5!+–]

18...d5 [Seria um erro capturar o peão com 18...♕xb2? porque as brancas seguiriam com 19.f5!! d5 *(19...♕xc3 20.fxg6 ♕h3 21.gxf7+ ♔g7 22.♖d3 ♕h6 23.♖g3+ ♔h8 24.♖g8++–)* 20.♕e3! ♘e5 *(20...♘f6 21.fxg6 ♘g4 22.♕d2 fxg6 23.♖b1 ♕a3 24.exd5+–)* 21.fxg6 ♘xg6 22.exd5+–]

19.exd5

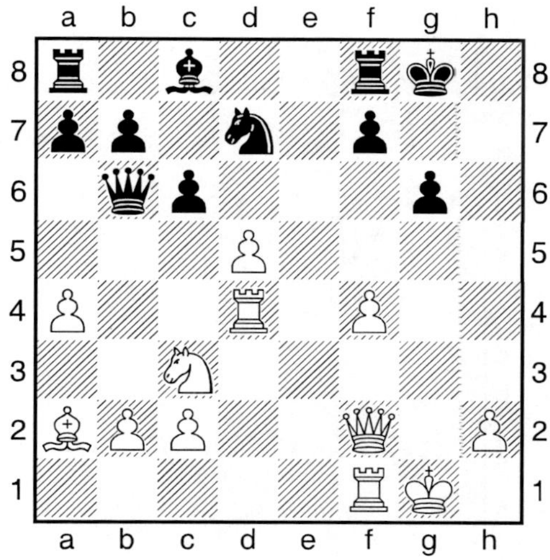

19...♕xb2? [As pretas poderiam defender melhor a posição com 19...♘f6 20.dxc6 ♕xc6 (Se 20...♘g4 as brancas poderiam sacrificar o bispo e as duas torres para dar xeque-mate após 21.♘d5! ♕xb2 *(21...♘xf2 22.♘xb6 ♘h3+ 23.♔g2 axb6 24.cxb7 ♗xb7+ 25.♔xh3 ♖fe8 26.f5 ♗c8 27.♗d5 ♖a5 28.♗e4 ♖xe4 29.♖xe4 ♗xf5+ 30.♖xf5 ♖xf5 31.♖c4+–)* 22.♕d2! ♕xa2 *(22...bxc6 23.♘e7+! ♔h7 24.f5!+–)* 23.f5! ♗xf5 24.♖xf5! gxf5 25.♖xg4+!+–) 21.♘d5 ♘xd5 22.♗xd5 ♕f6 23.c3±]

20.dxc6! bxc6 21.♕g3 ♔g7 22.f5 ♕b8 [As pretas também estariam perdidas após 22...♕b6 23.f6+! ♘xf6 *(23...♔h7 24.♕h4+ ♔g8 25.♖ff4 ♖e8 26.♕h6+– Δ ♕xg6+)* 24.♕e5 c5 25.♖d6+–]

23.♖d6 ♘f6 24.♘e4! [As pretas abandonaram. O cavalo branco em e4 não pode ser capturado, pois há xeque-mate em três lances com sacrifício de torre em g6.]

1–0

(45) R. Nezhmetdinov - V. Sergievsky [B49]

Rússia (ch), 1966

1.e4 c5 2.♘f3 e6 3.d4 cxd4 4.♘xd4 a6 5.♘c3 ♕c7 6.♗e2 ♘f6 7.0–0 ♘c6 8.♗e3 ♗b4 9.♘xc6 bxc6 10.♕d4

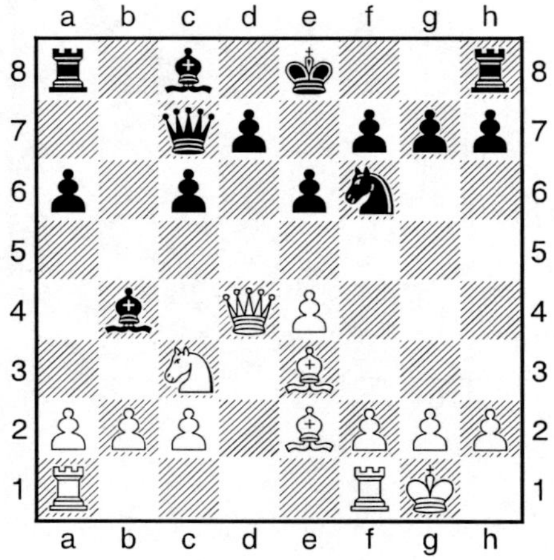

10...♗d6 [Posição Teórica, onde a continuação normal das pretas é jogar 10...c5 11.♕c4 ♗b7 12.♗f3±]

11.f4!± e5 12.♕d2 exf4 13.♗xf4 ♗xf4 14.♖xf4

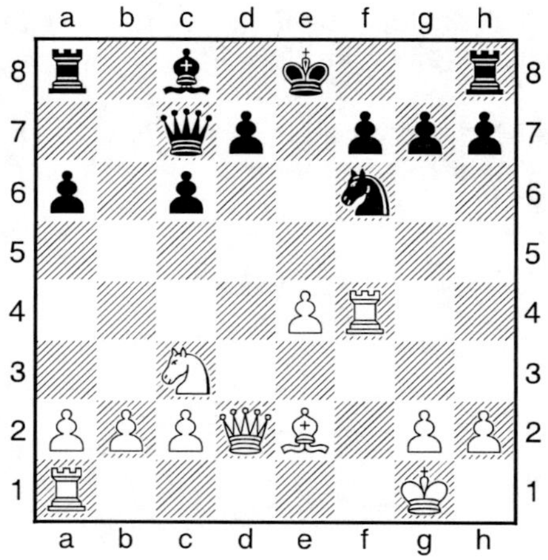

14...d6 [O plano das brancas é dobrar as torres na coluna f, por exemplo: 14...0–0 15.♖af1±; 14...♖b8 15.b3 0–0 16.♖af1±]

15.♖d1 ♔e7 16.♖f2 h6?! [Lance passivo. As pretas perdem um tempo importante. Era necessário jogar 16...♖d8 17.♗c4 h6 *(17...♕b6 18.h3 ♗e6 19.♗xe6 fxe6 20.♕g5± Δ e5)* 18.♗b3 ♕a7 19.♔h1 ♗e6 20.♖df1±]

17.♕d4!

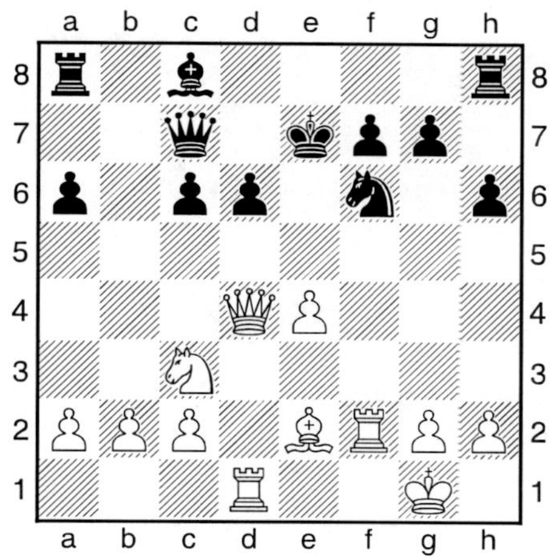

17...♗e6 [Mesmo com um tempo de atraso, oferecia uma maior resistência jogar 17...♖d8 18.e5! dxe5 19.♕c5+ ♔e8 20.♖xd8+ ♕xd8 *(20...♔xd8 21.♖xf6!+–)* 21.♗c4±]

18.e5!+– dxe5 [As pretas também estariam perdidas após 18...♘e8 19.♗c4 ♗xc4 *(19...d5 20.♗xd5 cxd5 21.♘xd5+ ♗xd5 22.♕xd5+–)* 20.♕xc4 f6 21.exd6+ ♘xd6 22.♘d5+ ♔f7 23.♕c3 ♕d8 *(23...♕a7 24.♘xf6!+–)* 24.♘f4+–]

19.♕c5+! ♔e8 20.♖xf6! gxf6

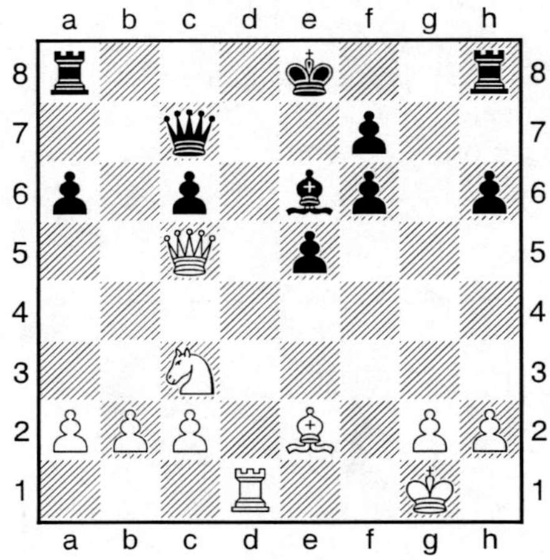

As pretas abandonaram, pois seguiria 21.♘e4!+– (Δ ♘xf6+).

1–0

(46) R. Nezhmetdinov - V. Mikenas [A07]

URSS (ch), 1967

1.♘f3 d5 2.g3 c6 3.♗g2 ♗f5 4.0–0 e6 5.d3 ♘f6 6.♘bd2 ♘bd7

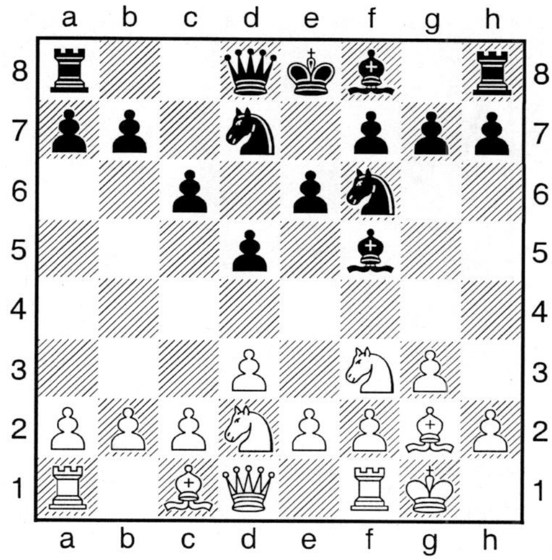

7.e3 h6 8.♕e2 ♘c5!? 9.♘e1 [Outro plano seria manter o cavalo centralizado com 9.♘e5 ♗d6 10.f4 apoiado pelo peão f.]

9...♗e7 10.e4 ♗g6?! [O problema estratégico deste lance é que permite o avanço do peão das brancas (f4–f5) com ganho de tempo. Seria mais preciso jogar 10...♗h7!?]

11.e5 ♘fd7 12.b3 ♕b6 13.a3 [13.♗b2? ♘a4!∓]

13...a5 14.♔h1 a4?! [O lances das pretas permite o avanço dos peões brancos na ala da dama com ganho de espaço. Era melhor jogar 14...0–0 15.f4 f6 16.♘df3±]

15.b4 ♘a6 16.♖b1 ♘c7

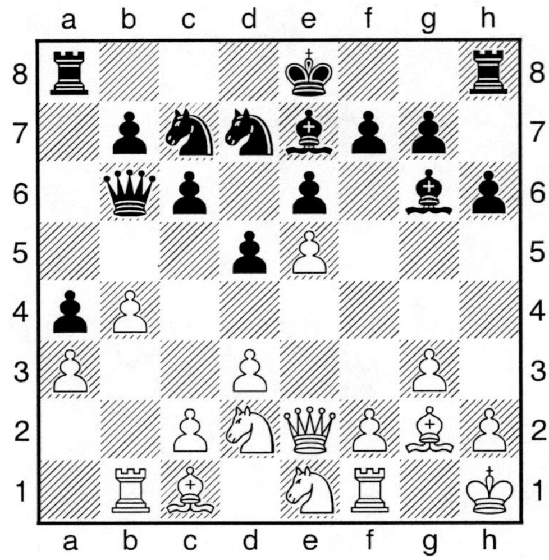

17.c4 ♕a7 [Se 17...dxc4 as brancas seguiriam com 18.♘xc4 ♕a6 19.f4 ♘d5 20.♗d2 0–0 21.g4!→ (Δ f5)]

18.f4 h5 [Se 18...dxc4 as brancas seguiriam com 19.♘xc4 ♘d5 20.♗b2 0–0 21.g4!→ (Δ f5)]

19.♘c2 0–0–0?! [Era preferível permanecer com o rei no centro e jogar 19...♖d8!?]

20.b5 [As brancas poderiam continuar o desenvolvimento e jogar de maneira mais ativa com 20.♘f3! h4 21.♗e3 ♕a8 22.♘xh4 ♗xh4 23.gxh4 dxc4 *(23...♖xh4 24.f5! ♗xf5 25.♗g5±)* 24.dxc4 ♖xh4 25.♖b2± (Δ ♘d4; Δ b5)]

20...♘c5? [As pretas poderiam defender melhor a posição com 20...dxc4 neste caso, as brancas sacrificariam uma qualidade por uma vantagem posicional após 21.♘xc4 ♘xb5 22.♖xb5 cxb5 23.♘d6+ ♗xd6 24.exd6 ♔b8 25.♗e3≅ ⊞]

21.f5! [As brancas também teriam uma posição ganhadora após 21.b6! ♗xd3 22.♕xd3 ♕xb6 23.♕e3+–]

21...♗xf5

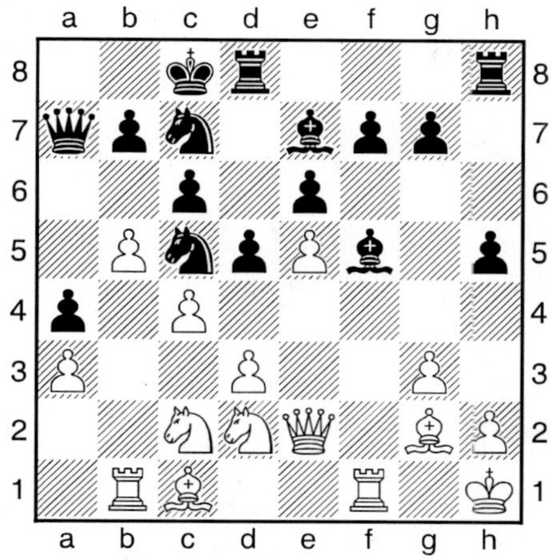

22.♖xf5! exf5 23.b6 ♕a5 24.bxc7 ♔xc7 25.cxd5 cxd5 26.♘d4 h4 [As pretas também estariam perdidas após 26...g6 27.e6 ♗f6 28.♘2f3+– Δ ♗f4+]

27.♘xf5 hxg3 28.♘f3 [Era mais forte ganhar a peça com 28.♘xe7! ♖xh2+ 29.♔g1 ♕c3 30.♘f3+–]

28...♗f8 29.♗f4! ♘e6 30.♗xg3 ♗xa3 31.♘d6 ♖b8 [Se 31...♗xd6 as brancas seguiriam com 32.exd6+ ♔b8 33.♘e5+–]

32.♘b5+ ♔d7

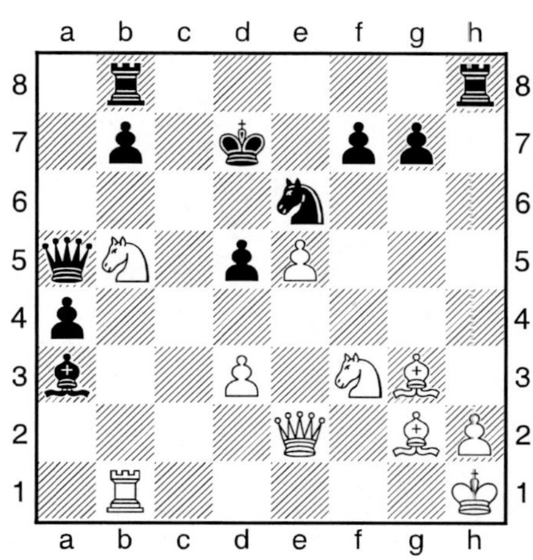

33.♕a2!? [Nezhmetdinov continua o ataque sem capturar a peça com 33.♘xa3+–]

33...♗b4 34.♕xd5+ ♔e8 35.♘fd4 ♘xd4 [35...♖d8 36.♕xb7 ♘xd4 37.♖xb4+–]

36.♘d6+ ♔e7 [36...♗xd6 37.♕xa5+–]

37.♕xf7+ ♔d8 38.♕xg7 ♕c5 [38...♖e8 39.♗h4+ ♖e7 40.♕xe7#]

39.e6! ♘xe6 40.♕xh8+

1–0

(47) V. Savon - R. Nezhmetdinov [A54]

URSS (ch), 1967

1.d4 ♘f6 2.c4 d6 3.♘c3 e5 4.♘f3 ♕e7 [O desenvolvimento normal das pretas é 4...♘bd7]

5.♗g5 c6 6.e3 h6 7.♗h4 ♗g4 8.♗e2

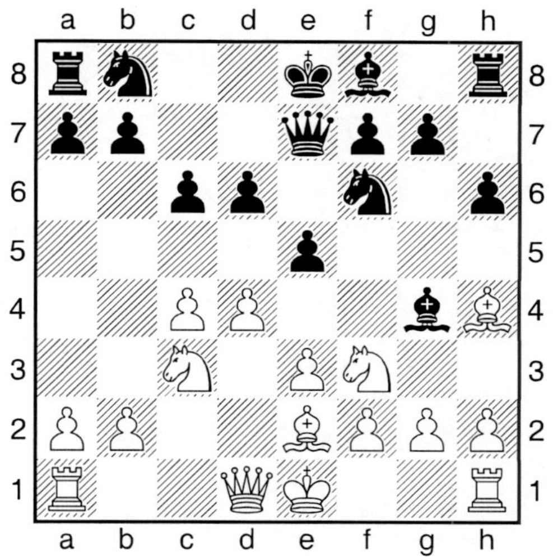

8...g5 [O condutor das pretas, em outra partida, optou por jogar 8...♘bd7 9.c5 *(9.0–0 g5 10.♗g3±)* 9...♗xf3 10.cxd6 ♕e6 11.♗xf3 e4 12.♗e2 ♗xd6= Borisenko - Nezhmetdinov, Kazan 1964]

9.♗g3 ♘bd7 10.d5 [10.h3 ♗h5 11.0–0±]

10...♘c5 11.♕c2 [11.♘d2 ♗xe2 *(11...♘d3+ 12.♔f1 ♗xe2+ 13.♕xe2 ♘c5 14.h4±)* 12.♕xe2 cxd5 13.cxd5 ♗g7 14.h4±]

11...cxd5 12.cxd5 ♖c8 13.h3 ♗d7 [Outro plano seria manter o bispo na ala do rei com 13...♗h5 (Δ ♗g6)]

14.♘d2 ♗g7 [14...♘a4 15.♕b3 ♘xc3 16.bxc3 ♗g7 17.c4 b6 18.a4± (Δ a5)]

15.a4±

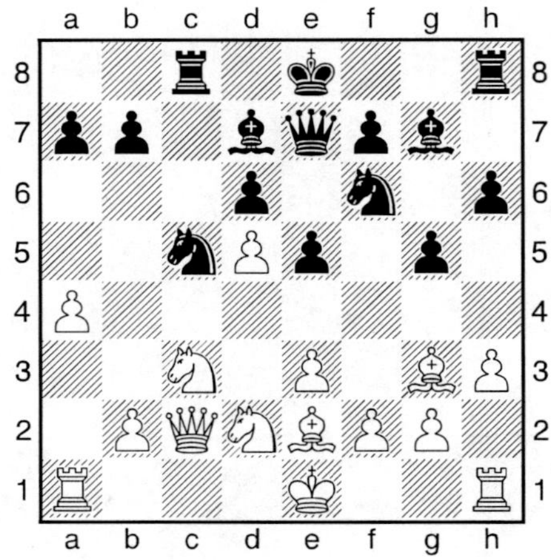

15...0–0 16.♘c4 ♘e8 17.e4 [17.b4 ♘a6 18.♕b3±]

17...f5 18.f3 ♘f6 19.♗f2 [Seria um erro capturar o peão, pois isso permitiria que as pretas manobrassem o cavalo para uma posição ativa após 19.exf5? ♘h5 20.♗f2 ♗xf5 21.♘e4 ♘f4∓]

19...♘h5 20.g4 fxg4 21.hxg4 ♘f4 22.♘e3 h5!

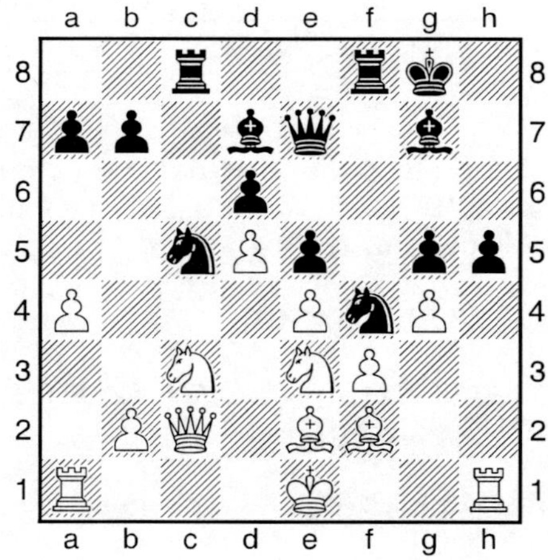

23.♘f5 [23.gxh5?! ♘xe2 24.♕xe2 ♘b3! 25.h6 ♗f6! *(25...♘xa1 26.hxg7 ♕xg7 27.♕d1 ♕f6 28.♕xa1 ♕xf3 29.♖h2 ♕f4 30.♗g1 ♖c4∞* uma complexa posição de torre e peão por dois cavalos que ainda envolve bispos de cores opostas com torres e damas no tabuleiro.*)* 26.♖a3 ♘d4 27.♕d1 ♔h7! 28.a5 ♗h8! 29.♘f5 ♘xf5 30.exf5 e4! 31.♘xe4 ♗xf5 32.0–0 ♗xb2∓]

23...♗xf5 24.gxf5 [As pretas poderiam avançar o peão central de maneira decisiva, caso das brancas jogassem 24.exf5?? e4! 25.♔f1 exf3 26.♗xf3 ♘cd3!–+]

24...♔f7 25.a5 a6 26.b4?! [Este lance enfraquece o cavalo em c3 e não permite um plano melhor para as brancas. Levar o rei em segurança para a ala da dama com 26.♔d2!? (Δ ♔c1–b1)]

26...♘d7! 27.♕b2?! [O lance de dama foi feita para a casa equivocada. Surge assim o tema do duplo de cavalo em d3. Portanto, o correto seria 27.♕b3!? ♖c7 28.♗f1 ♖fc8 29.♖c1= (Δ ♗e3, ♘e2)]

27...g4! 28.fxg4 hxg4 29.♖g1 [29.♗f1 ♘f6! 30.b5 axb5! 31.♖c1 *(31.♗xb5 ♕c7!∓* Δ ♘xe4*; 31.♖a3 ♖xc3! 32.♕xc3 ♘xe4 33.♕c2 ♘xf2 34.♔xf2□ e4! 35.♖e3 ♘xd5 36.♖xe4 ♕g5∓)* 31...♖xc3! 32.♕xc3 ♘xe4 33.♕c2 ♘xf2 34.♕xf2□ ♕d7! 35.♕c2 ♔f6∓]

29...♘f6! 30.♗f1 ♖h8!

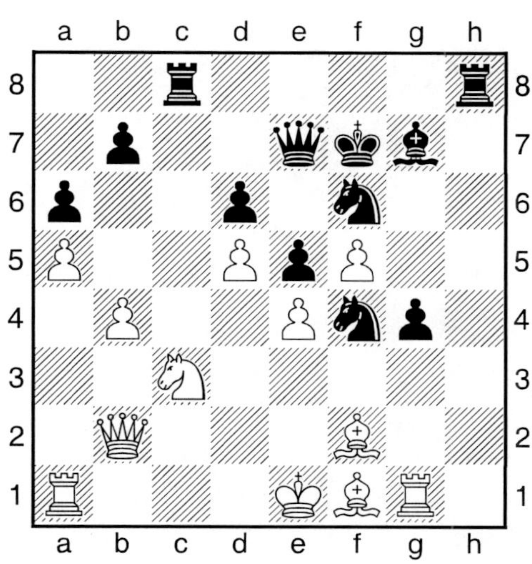

31.♗e3 [31.♗b6 ♖h3! 32.♖c1 g3! 33.♖c2 *(33.♘d1 ♕d7 34.♖xc8 ♕xc8 35.♕b1 g2!–+; 33.♘b1 ♖h2! 34.♘d2 ♖xc1+ 35.♕xc1 g2!–+)* 33...♖h2!

34.♖xg3 ♘xe4! 35.♖xg7+ ♔xg7 36.♖xh2 ♖xc3!–+ e as pretas irão capturar o peão branco em d5. A posição fechada é mais favorável ao par de cavalos frente ao par de bispos. O rei branco está mais exposto ao ataque do que o rei preto.]

31...♖h3! 32.♕d2 ♖xc3 [As pretas ganhariam material e mais rapidamente a partida com 32...♖f3 33.♖c1 ♗h6 34.♔d1 ♘e2 35.♗xh6 ♘xc3+ 36.♖xc3 ♖cxc3 37.♕g5 ♔e8–+]

33.♗xh3 [As brancas abandonaram sem esperar a resposta 33...♘xe4.]

[Também estariam perdidas se tivessem jogado 33.♕xc3 ♘xe4! 34.♕c1 ♕h4+! 35.♔d1 ♖f3! 36.♖a2 *(36.♕c7+ ♔g8! 37.f6 ♕xf6 38.♕c8+ ♕f8 39.♕xf8+ ♔xf8–+)* 36...♗f6! 37.♖c2 *(37.b5 ♗g5! 38.bxa6 ♖xe3! 39.♕xe3 ♘xd5 40.♕a7 ♘e3+ 41.♕xe3 ♗xe3 42.axb7 ♕d8–+; 37.♗g2 ♘xd5 38.♕c4 ♔g7! 39.♔c1 ♖xe3! 40.♕xd5 ♘c3 41.♕xb7+ ♔h6!–+)* 37...♗g5! 38.♖c7+ *(38.♗e2 ♖xe3 39.♖c7+ ♔f6 40.♕xe3 ♘d3–+)* 38...♔f6 39.♖xb7 *(39.♔c2 ♘xd5 40.♗xg5+ ♘xg5–+)* 39...♖xe3 40.♕xe3 ♘xd5 41.♕b3 *(41.♕d3?? ♘f2+–+; 41.♕xe4?? ♘c3+–+)* 41...♘e3+ 42.♔c1 ♕e1+ 43.♔b2 ♕d2+ 44.♔a1 ♘c2+ 45.♔a2 ♘c3+ 46.♕xc3 ♕xc3–+]

0–1

(48) R. Nezhmetdinov - A. Nikitin [B53]

D. Vasilevsky Memorial , 1970

1.e4 c5 2.♘f3 d6 3.d4 cxd4 4.♕xd4 ♘c6 5.♗b5 ♗d7 6.♗xc6 ♗xc6 7.c4 ♘f6 8.♘c3 g6 9.0–0 ♗g7

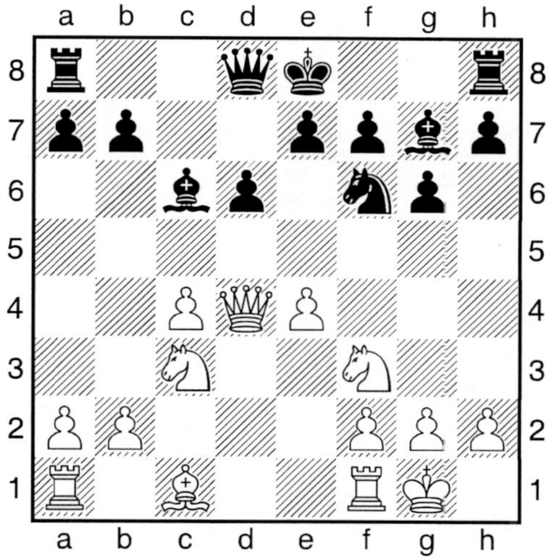

10.♖e1 [A variante principal nesta posição é jogar 10.♕d3 Δ ♘d4]

10...0–0 11.♕d2!? [11.♕d3 ♘d7!= Δ ♘c5]

11...♖c8 [Outro plano é preparar imediatamente contrajogo no centro com 11...e6!? 12.♕e2 *(12.♕c2 ♖c8= Δ d5)* 12...♕c7 *(12...d5!?=)* 13.♗d2 ♖fe8 *(13...d5!?=)* 14.♖ac1 ♕b6 15.♗e3 ♕a5 16.♘d2 b6?! *(16...♕h5=)* 17.♘b3! ♕a6 18.f3!± De Greif - Bauza, Mar del Plata 1955]

12.h3 [12.♖b1 a6 *(12...♘d7 13.b3?! b5!∓* Gil Gonzales - Ubilava, Benasque (open) 1993. Seria melhor jogar 13.♘d4=*)* 13.♘d4 (13.a4 ♘d7! 14.b3 *(14.♘d4? ♗xa4!∓)* 14...b5!∓) 13...♗d7 *(13...♕b6!? 14.♘xc6 ♕xc6 15.b3 b5! 16.♘d5 ♘xd5 17.exd5!=)* 14.b3 ♕a5= Dzhumaev - Enjuto Velasco, Ubeda (open) 2000]

12...b6 [Controlando a grande diagonal, as pretas igualariam a posição após 12...♘d7! 13.♘d4 ♕b6 14.♘xc6 ♖xc6 15.b3 ♕d4=]

13.♘d4 ♗a8 14.b3 ♕d7 15.♗b2 ♖fd8 16.♘d5 [As brancas poderiam completar o desenvolvimento e manter uma vantagem posicional com 16.♖ad1±]

16...e6? [As pretas igualariam a posição com 16...e5! 17.♘xf6+ ♗xf6 18.♘b5 a6! 19.♘c3 b5! 20.♘d5 ♗xd5 21.cxd5 ♗h4 22.♖ac1 ♖f8= Δ f5]

17.♘f5!!

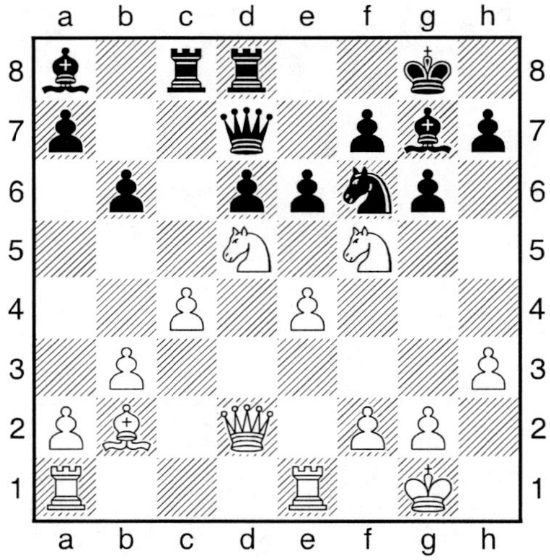

17...♗xd5 [Nezhmetdinov consegue uma posição ganhadora. As outras variantes com captura no centro são: 17...exf5 18.♘xf6+ ♗xf6 19.♗xf6 ♕e6 20.e5+–; 17...exd5 18.♘xg7 ♘xe4 19.♕d4 f6 20.cxd5 ♕xg7 21.♖xe4 ♖e8 22.♖ae1 ♖e5 23.♕d2 ♖xe4 *(23...♖xd5? 24.♖e8+ ♖xe8 25.♖xe8+ ♔f7 26.♕e2 ♖e5 27.♗xe5+–)* 24.♖xe4 ♕b7 *(24...♖f8 25.♖e6+–)* 25.♗xf6 ♕xd5 26.♕h6 ♕f7 27.♖e6+–; 17...♘xd5 18.♘xg7 e5 19.♘h5! ♕e7 20.cxd5 gxh5 21.♕h6 ♖c2 22.♖e3! f6 *(22...♔h8 23.♗a3! f6 24.♖f3 ♖f8 25.♖c1 ♖xc1+ 26.♗xc1+–)* 23.♖c1! ♖c5 *(23...♖xb2 24.♖g3+ ♔h8 25.♖c7!+–)* 24.♗a3 ♖xc1+ 25.♗xc1+–]

18.♘xg7 e5 [18...♔xg7 19.exd5+– Δ f4; 18...♘xe4 19.♕h6+– Δ cxd5]

19.exd5 ♔xg7 20.f4! ♘e8 21.fxe5 dxe5 22.♖xe5 f6 23.♕e3 fxe5 24.♕xe5+ ♔f7 25.♖f1+ ♕f5 26.♖xf5+ gxf5 27.♕xf5+ ♔g8 28.♕e6+ ♔f8 29.♗c1

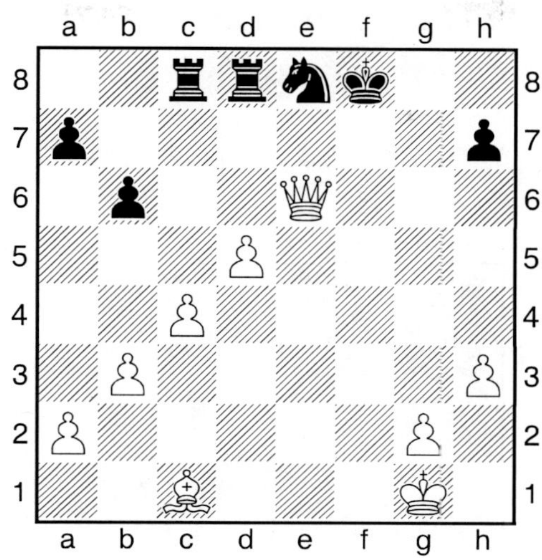

1–0

(49) V. Timofeev - R. Nezhmetdinov [E67]

D. Vasilevsky Memorial, 1970

1.d4 ♘f6 2.♘f3 d6 3.c4 ♘bd7 4.g3 g6 5.♗g2 ♗g7 6.♘c3 0–0 7.0–0 e5

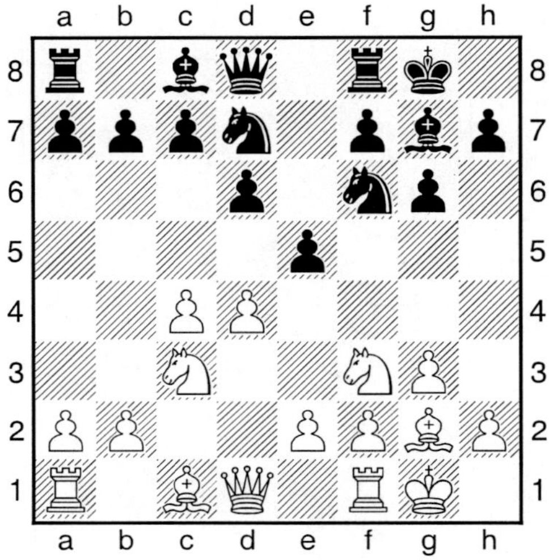

8.♕c2 [A variante principal é 8.e4]

8...c6 9.♖d1 ♖e8 10.h3?! [É necessário jogar 10.e4 para preparar o avanço do peão de torre (h3) para controlar a casa g4.]

10...e4! 11.♘h2 [Se 11.♘d2 d5 e as pretas estão com vantagem de espaço no centro para manobrar as peças menores na ala do rei.]

11...d5 12.cxd5 cxd5 13.♗f4 [As pretas poderiam jogar a torre de maneira ativa na terceira fila após 13.♘b5?! ♖e6! 14.♕c7 ♕f8 15.♕a5 ♖a6 16.♕e1 ♖c6∓]

13...a6 [13...♘b6 14.b3!? Δ ♕d2 *(14.♘b5?! ♖e6!∓)*]

14.♘g4 [Após 14.♖ac1 ♘b6 15.b3 ♗e6 as pretas podem manobrar na ala do rei para aproveitar a vantagem de espaço de centro.]

14...♘xg4 15.♘xd5! [15.hxg4 g5!∓ Δ ♘b6]

15...♘df6?! [As pretas poderiam equilibrar a posição com 15...♘b6! 16.♘c7 ♘f6 17.♗e5 ♗d7 *(17...♖e7 18.♘xa8 ♘xa8 19.g4*= Δ g5; Δ ♖ac1*)* 18.♘xe8 ♗xe8 19.♗xf6 ♕xf6 20.♕xe4 ♗c6=]

16.♘c7 e3!?

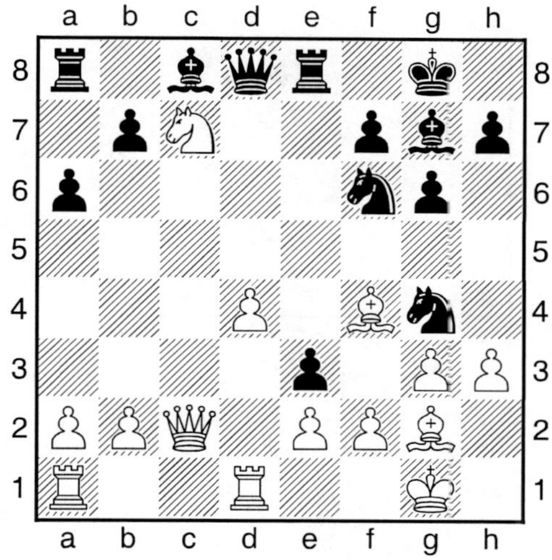

17.hxg4 exf2+ 18.♔f1! [18.♔xf2? ♘xg4+! 19.♔e1 ♘e3! 20.♗xe3 ♖xe3 21.♘xa8 ♗g4!∓]

18...♘xg4 19.♘xe8 ♕xe8 20.♕b3 [As brancas poderiam jogar a dama de maneira ativa no centro com 20.♕e4! ♕d8 21.♕d5 ♕b6 *(21...♕f6 22.♗f3±)* 22.♕d6 ♘e3+ 23.♔xf2 ♘xd1+ 24.♖xd1 ♕xd6 25.♗xd6± com peão passado central e vantagem de desenvolvimento.]

20...h6

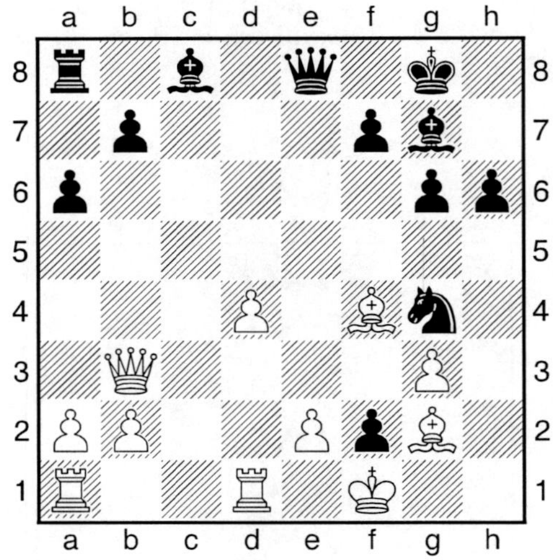

21.♗xb7? [As brancas deveriam completar o desenvolvimento para ativar a torre com 21.♖ac1!? Δ ♖c7]

21...g5?? [Um dos grandes defeitos do jogo de Nezhmetdinov aparece nesta posição e é a principal causa de suas frequentes derrotas. Após o erro das brancas, as pretas decidiram complicar uma posição que é ganhadora. Bastava trocar os bispos, ativar a torre para simplificar a posição e jogar o final após 21...♗xb7! 22.♕xb7 ♖d8! 23.♖d3 ♗xd4 24.e3 ♗xe3 25.♖xd8 ♕xd8 26.♕b8 ♕xb8 27.♗xb8 ♗d4 28.♔e2 ♘h2 29.♖d1 f1♕+ 30.♖xf1 ♘xf1 31.♔xf1 ♗xb2–+ com dois peões de vantagem num final ganho, mesmo com o peão de torre coroando na casa contrária ao bispo.]

22.♗xa8 gxf4

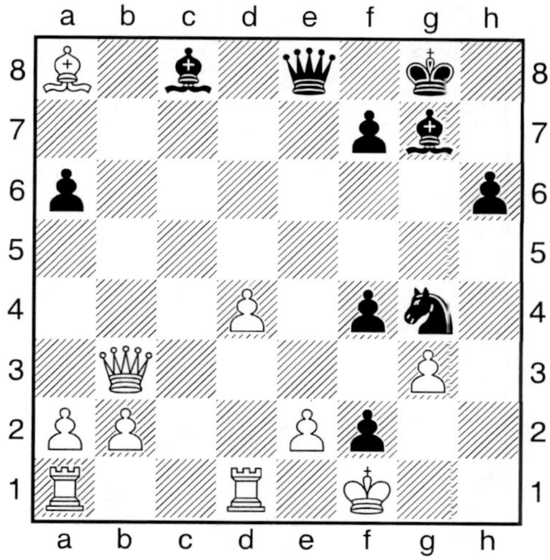

23.gxf4?! [As brancas ganhariam com a longa e complicada variante 23.♕b8! ♘h2+ 24.♔xf2□ ♕e3+ 25.♔g2□ ♕xg3+ 26.♔h1□ ♕h4 27.♔g1□ ♕g3+ 28.♗g2□ ♘g4 29.♕xc8+□ ♔h7 *(29...♗f8 30.♖d3! ♕h2+ 31.♔f1 ♕h4 32.♖f3!+–)* 30.♕f5+□ ♔h8 31.♕h5□ ♕f2+ 32.♔h1□ ♕xe2 33.♕d5+– Δ ♕f3]

23...♗e6 24.♕b7! ♗c4 [As pretas poderiam levar a partida para um complicado final, que inclui bispos de cores opostas, após 24...♗d5!? 25.♕xd5 ♘e3+ 26.♔xf2 ♘xd5 27.♗xd5 ♕d8 28.e4 ♕h4+ 29.♔e2+– uma posição complexa que depende de mais estudos, pois as brancas precisariam ativar as duas torres para evitar o xeque-perpétuo e controlar o avanço do peão passado preto após h5–h4.]

25.♕e4! ♕d8 26.♔g2 f5

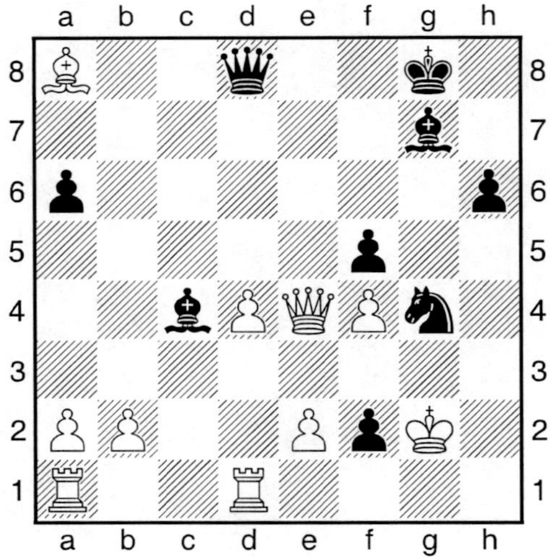

27.♕c6?! [As brancas ainda ganhariam com 27.♕f3! ♗xd4 28.♖ac1+–]

27...♔h7 [Era melhor jogar 27...♘e3+! 28.♔xf2 ♗d5! 29.♕xa6 ♘xd1+ 30.♖xd1 ♗xa8 31.♕e6+ ♔h8!∞ e não está claro se as brancas conseguem ganhar o final de torre contra par de bispos, mesmo com três peões de vantagem, por causa da presença das damas numa posição totalmente aberta para o rei branco.]

28.♔f3?? [As brancas deixaram escapar a vitória com 28.♕f3! ♕h4 *(28...♗xd4 29.♗e4!! ♔g7 30.♖ac1!+–)* 29.♕g3 ♕e7 30.♗f3!+– Δ ♗xg4]

28...f1♕+! .♖xf1 ♕h4!

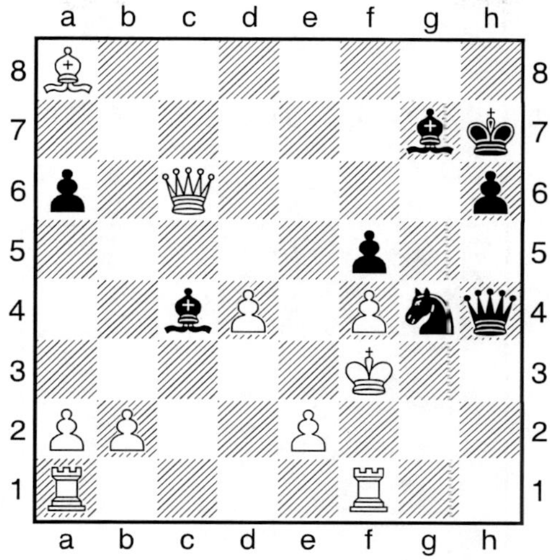

Se 30.♕xc4 ♕h3#; Se 30.♖h1 ♕f2#; Se 30.♔g2 ♕h2+ 31.♔f3 ♗xe2#!

0–1

(50) V. Karasev - R. Nezhmetdinov [A32]

Letônia (open), 1973

1.♘f3 ♘f6 2.c4 c5 3.d4 cxd4 4.♘xd4 e6 5.♘c3 ♗b4 6.♘db5 0–0

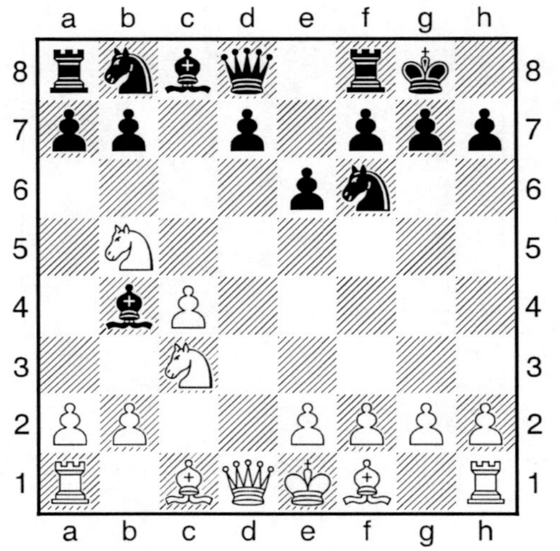

7.♗f4 [A outra opção das brancas é atacar o bispo com 7.a3 ♗xc3+ 8.♘xc3 d5 9.♗g5 h6 *(9...♘c6)* 10.♗xf6 *(10.♗h4 g5 11.♗g3 d4 12.♘b5 ♘c6 13.e3 dxe3 14.fxe3 e5 15.♗d3 ♗g4 16.♕c2 e4?! 17.♗e2 ♕a5+ 18.♔f2 ♗xe2 19.♔xe2±* Reshevsky - Polugaevsky, Palma de Mallorca (izt) 1970. Era melhor jogar 16...♕a5+ 17.♔f2 a6!=*)* 10...♕xf6 11.e3 *(11.cxd5 exd5 12.♕xd5 ♖d8 13.♕f3 ♕b6 14.♖d1 ♖xd1+ 15.♘xd1 ♘c6⩲* Uhlmann - Barcza, Capablanca Memorial 1963*)* 11...♖d8 12.cxd5 exd5 13.♕d4 ♕g5 14.h4 ♕f5 15.♗d3 ♕e6 *(15...♕h5 16.♖d1 ♘c6 17.♕f4 d4=)* 16.0–0–0 *(16.♗c2! ♘c6 17.♕d3! d4 18.0–0–0!⩲)* 16...♘c6 17.♕f4 d4= Olafsson - Tal, Alekhine Memorial 1971]

7...d5 8.a3 [8.e3 a6 9.♘c7 *(9.a3 ♗a5 10.♘d4 ♘bd7∓)* 9...♖a7 10.cxd5 exd5 11.♗e5 ♘bd7∓]

8...♗xc3+ 9.♘xc3 [9.bxc3 ♘c6! 10.cxd5 ♘xd5 11.♗d6 ♖e8 12.c4 a6! 13.cxd5 ♕a5+! 14.♕d2 ♕xd2+ 15.♔xd2 axb5! 16.e4 *(16.dxc6? ♖d8∓)* 16...exd5 17.♗xb5 ♖xe4∓]

9...d4!

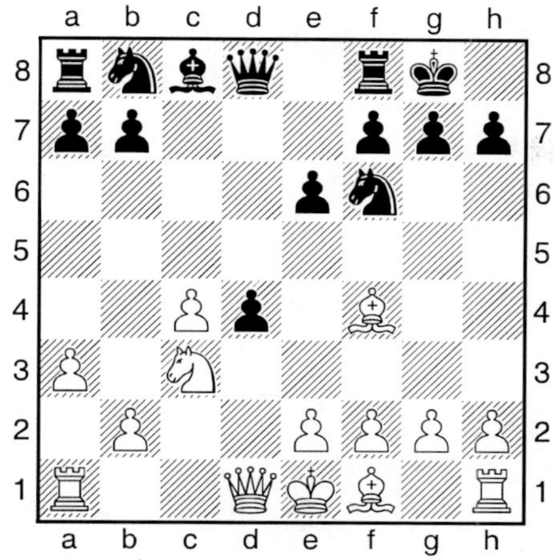

10.♘b5 a6? [10...♘c6! 11.♗c7 *(11.♘c7? e5 12.♗xe5 ♘xe5 13.♘xa8 ♗e6–+)* 11...♕d7 12.♗d6 *(12.♗g3 e5∓)* 12...♖d8 13.c5 b6 14.b4 ♗b7∓]

11.♘c7 ♖a7 12.♘b5? [As brancas poderiam equilibrar a posição com 12.♘d5! exd5 13.♗xb8 ♖a8 14.♗e5 dxc4 15.♕xd4 ♗e6 16.♕xd8 ♖fxd8 17.f3 ♘d5 18.♔f2=]

12...axb5! 13.♗xb8 bxc4!!

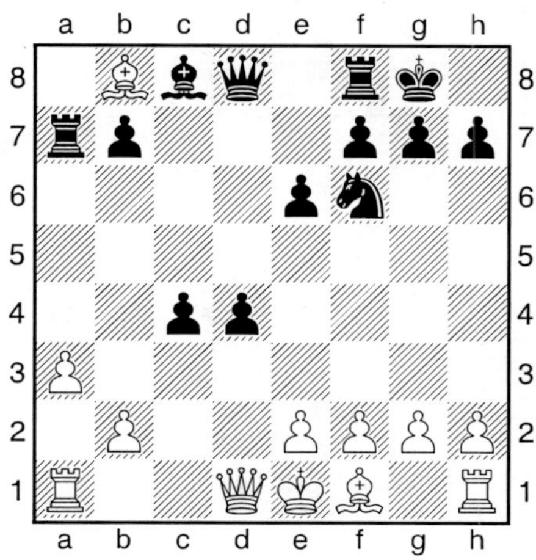

Espetacular sacrifício de qualidade!

14.♗xa7 ♕a5+ 15.♕d2 ♕xa7 16.e3 [Se 16.g3 ♘e4 17.♕b4 d3! 18.e3 d2+!

19.♔e2 ♕a6! transpõe para a posição da partida após 19...♕a6!; Oferecia uma maior resistência jogar 16.♕b4 ♕a6! 17.a4 *(17.♖c1 b5! 18.a4 ♗d7!∓; 17.g3 ♕c6! 18.♖g1 ♘d5! 19.♕d2 e5!∓)* 17...♗d7! 18.a5 ♘d5! 19.♕d2 *(19.♕c5 d3!∓)* 19...e5!∓]

16...d3! 17.g3 [As brancas estariam perdidas após 17.f3 ♘d5! 18.♔f2 f5! 19.g3 e5! 20.♗g2 f4 21.♖he1 b5–+]

17...♘e4! 18.♕b4 d2+! [As pretas estão com um peão passado na sétima fila!]

19.♔e2 ♕a6!

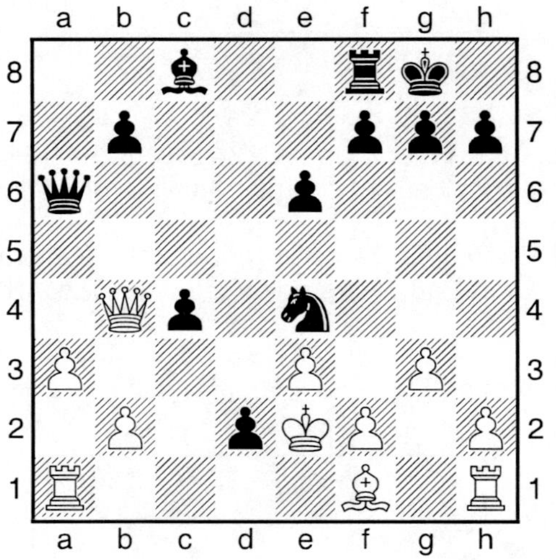

20.♔f3 [As brancas estão perdidas também após 20.f3 c3+! 21.♔d1 cxb2 22.♕xb2 ♕a4+! 23.♔e2 e5! 24.fxe4 ♕xe4 25.♖g1 *(25.♕xd2 ♕xh1–+)* 25...♗g4+ 26.♔xd2 ♖d8+ 27.♔c3 ♕xe3+ 28.♔b4 ♖c8–+]

20...♕c6 21.♔e2 [21.♗xc4 ♘c3+! 22.♗d5 *(22.♔g4 e5+ 23.♗e6 ♕xe6+ 24.♔f3 e4+ 25.♔g2 ♕h3+ 26.♔g1 ♘e2#)* 22...♕xd5+ 23.e4 ♕d3+ 24.♔g2 d1♕ 25.♖hxd1 ♘xd1–+ com duas peças menores de vantagem.]

21...♕d5 [As peças brancas ficariam totalmente imobilizadas na primeira fila após 21...c3 22.bxc3 ♖d8 23.f3 ♘xc3+ 24.♔f2 d1♕ 25.♖xd1 ♘xd1+ 26.♔g1 ♕c2 27.♕e1 ♖d2–+]

22.♖d1 [Outras opções levariam xeque-mate: 22.f3?? ♕d3+ 23.♔d1 ♘f2#; 22.♖g1?? ♕d3+ 23.♔f3 ♘g5+ 24.♔g4 *(24.♔g2 ♕e4+ 25.f3 ♕xf3#)* 24...♕f5+ 25.♔h4 ♘f3#]

22...e5 23.h3 [Outras opções levariam xeque-mate: 23.f3?? ♕d3#; 23.♗g2?? ♕d3+ 24.♔f3 ♘g5#; Apesar da igualdade de material, as brancas estão perdidas após 23.♖xd2? ♘xd2 24.♕xd2 ♕xh1–+ Δ ♗g4+; Δ ♕xh2]

23...b6 24.♖g1 [Outras opções levariam xeque-mate: 24.♗g2?? ♕d3+ 25.♔f3 ♘g5#; 24.♕xb6?? c3 25.♕c7 ♗a6+ 26.♔f3 ♘f6+ 27.e4 ♕xe4#]
24...c3 25.bxc3 ♘xc3+!

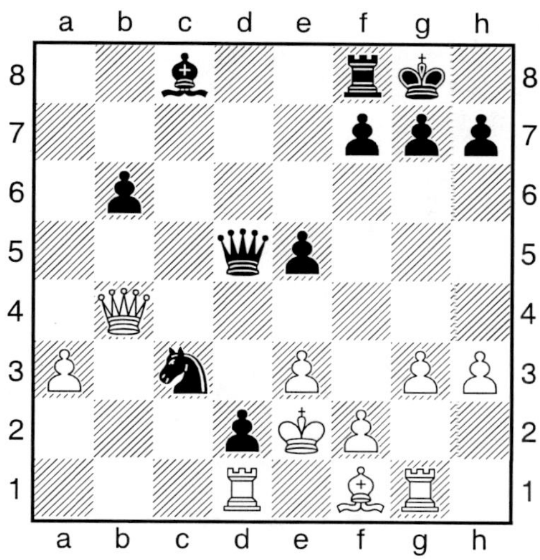

As brancas abandonaram. Após a captura do cavalo, as pretas teriam xeque de bispo em a6 com rede de mate. Nezhmetdinov ganhou o prêmio de beleza pela melhor partida do Letônia (open).

0–1

PARTE 2 – COMBINAÇÕES

(1) L. Aronin - R. Nezhmetdinov

Rússia (ch), 1947

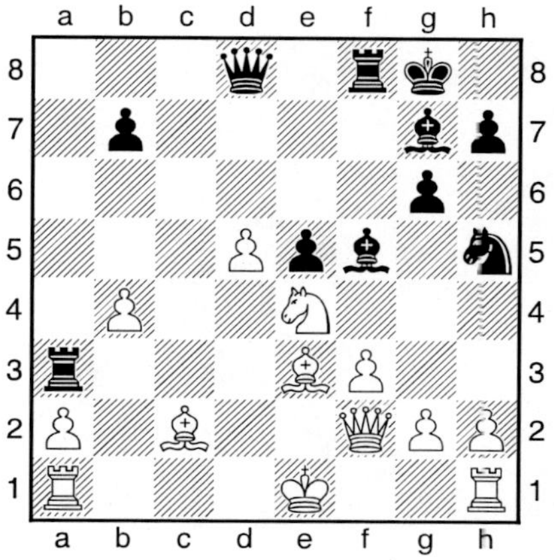

Uma complexa posição de meio-jogo, onde as pretas aproveitam a oportunidade de jogar de maneira ativa no centro e, assim, impedir que as brancas completem o desenvolvimento com o roque pequeno.

21...♗xe4! [Se 21...♕xd5? seguiria 22.0–0+–]

22.♗b6? [A melhor continuação defensiva seria 22.♗xe4 ♘f6! 23.♗b6

a) 23.♗c2 ♘g4! 24.♗b6 ♘xf2 25.♗xd8 ♘xh1 26.♗e7 e4! 27.♖d1 ♖xa2 28.♗xf8 ♔xf8 29.♗xe4 ♗c3+ 30.♔f1 ♘f2–+;

b) 23.♕e2 ♘xe4 24.fxe4 ♗h6! 25.♗xh6 ♕h4+ 26.♔d1 ♕xh6 27.♖e1 ♖c3! 28.♕d2 ♕h5+ 29.♕e2 ♕g5 30.♕d2 ♕g4+ 31.♕e2 ♕c8! 32.♖b1 ♖c4! 33.♖b3 *(33.♖b2 ♖c1+ 34.♔d2 ♕c3#)* 33...♖c1+ 34.♔d2 ♖c2+–+;

23...♘xe4 24.fxe4 *(24.♗xd8? ♘xf2 25.♔xf2 ♖xd8–+)* 24...♖xf2 25.♗xd8 ♖xg2∓ com final claramente favorável para as pretas, pois irão atacar o peão branco em e4.]

22...♕c8! 23.♖c1 [23.♗c5 ♗xc2 24.♕xc2 e4 25.♖c1 exf3 26.0–0 ♕g4–+]

23...♕c3+ 24.♕d2 ♕xd2+ 25.♔xd2 ♗h6+

0–1

(2) L. Shamaev - R. Nezhmetdinov

URSS por equipes (ch), 1948

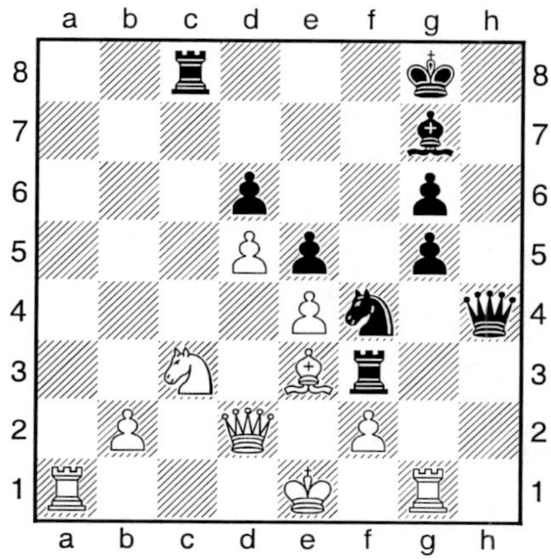

As brancas estão com o rei no centro. As pretas aproveitam a posição ativa de suas peças para impedir o roque grande das brancas.

31...♘g2+! [Se 31...♕h2?! as brancas poderiam seguir com 32.0–0–0! ♘h3 33.♖h1 ♕g2 34.♔b1 g4∓]

32.♔e2 [32.♖xg2 ♕h1+ 33.♔e2 ♕xg2–+]

32...♘f4+! 33.♔d1 [As pretas conseguiriam criar um peão passado decisivo na ala do rei após 33.♔e1 ♕h2! 34.♖f1 ♘g2+ 35.♔e2 g4 36.♔d3 ♗h6! 37.♖h1 ♗xe3 38.♖xh2 ♗xd2+ 39.♔xd2 ♖xf2+ 40.♔c1 g3 41.♖h1 ♘f4–+ Δ g2]

33...♘h3! 34.♖f1 [As pretas teriam um ataque decisivo pela coluna f, dobrando as torres, após 34.♖g2 ♖cf8 35.♔c2 ♘xf2 36.♗xg5 *(36.♖ag1 g4! 37.♗g5 ♕h3 38.♕e2 g3!–+ Δ ♕g4)* 36...♖xc3+! 37.bxc3 *(37.♔xc3 ♘xe4+–+)* 37...♕xe4+–+]

34...g4 [Também ganharia 34...♖cf8–+ Δ ♘xf2]

35.♔c2 [35.♕e2 ♖cf8 36.♔c2 ♘xf2!–+]

35...g3! 36.fxg3 ♕xe4+ 37.♕d3 ♖xe3!

0–1

(3) R. Nezmetdinov - B. Romanov

Rússia (ch-sf), 1950

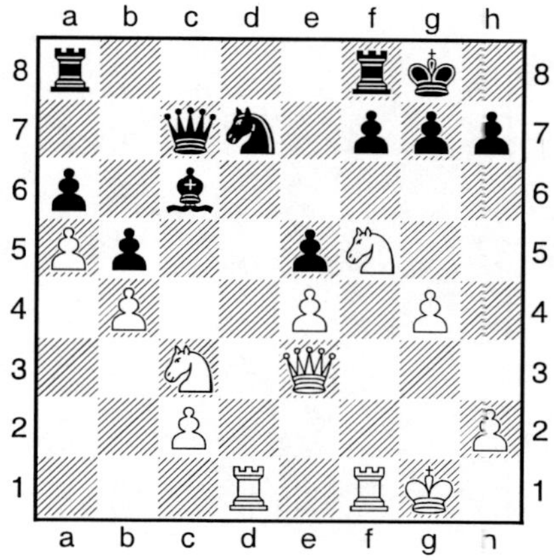

A ala do rei das pretas está desprotegida e sem defesa. As brancas aproveitam-se desta situação para deslanchar um ataque decisivo com manobra de dama e sacrifício de torre para criar uma rede de mate.

23.♕g5! g6 24.♘e7+ ♔g7 [24...♔h8 25.♖xd7!+– Δ ♕f6+]

25.♖xd7 ♗xd7 [25...f6 26.♖xc7 fxg5 27.♘xc6++–; 25...♕xd7 26.♕f6+ ♔h6 27.♘f5+ ♕xf5 28.♖xf5 ♗d7 29.♖h5#]

26.♕f6+ ♔h6 27.♖f5 ♕a7+ 28.♔f1

1–0

(4) V. Zak - R. Nezhmetdinov

URSS (ch), 1951

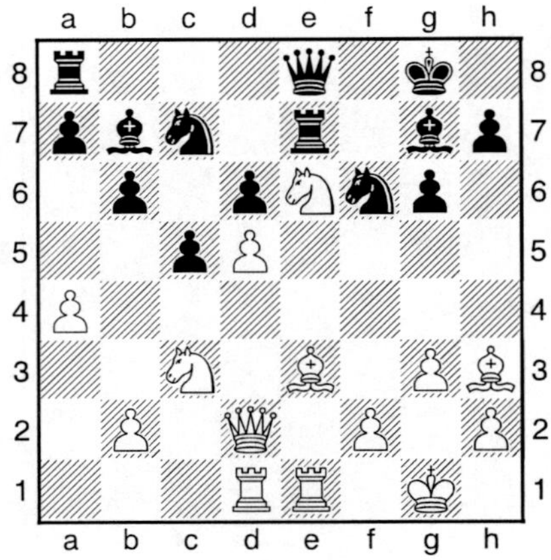

As pretas sacrificam uma qualidade para controlar a grande diagonal e explorar a ausência do bispo do fianchetto na ala do rei das brancas.

23...♘xe6! 24.♗xe6+ ♖xe6! 25.dxe6 ♕c6! 26.♔f1 ♕g2+ 27.♔e2 ♕f3+ 28.♔f1 [28.♔d3 ♕f5+ 29.♔c4 *(29.♔e2? ♗f3+! 30.♔f1 ♕h3+ 31.♔g1 ♕g2#)* 29...♕xe6+ 30.♔d3 ♕f5+ 31.♔c4 ♘e4 32.♕c2 a6 33.♔b3 b5–+]

28...♘g4! [As brancas abandonaram, pois não há como evitar o xeque-mate após 29.♘d5 ♗d4! 30.♗xd4 ♘xh2+ 31.♔g1 ♗xd5–+.]

0–1

(5) R. Nezhmetdinov - S. Szabo

Bucareste, 1954

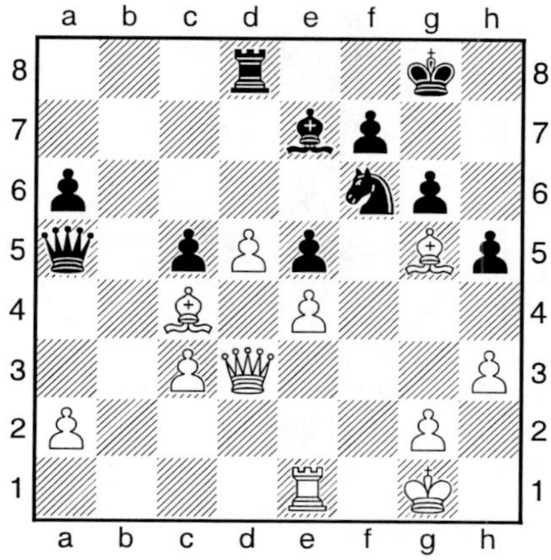

As brancas manobram a dama e jogam de maneira ativa no centro para conseguir uma vantagem decisiva.

34.♕g3! ♕c7 [As pretas defendem o peão, pois se 34...♖d7 seguiria 35.♕xe5 ♕d8 36.♖b1 ♖d6 37.♖b7 ♗f8 38.♕f4 ♕c8 39.♖b1+– (Δ e5).]

35.♗xf6! ♗xf6 36.d6! ♖xd6 37.♕xg6+ ♔f8 38.♕xh5 ♗g7 [Se as pretas controlassem a coluna b com 38...♖b6 as brancas seguiriam o ataque pela coluna f após 39.♖f1 ♔e8 40.g4+– (Δ g5).]

39.♖b1 ♖f6 [Se 39...♔g8 as brancas poderiam atacar pela coluna f após bloquear a coluna d com 40.♗d5 ♖d7 41.♕f5 ♕d8 42.♖d1 ♕e8 43.♖f1 ♕e7 44.g4+– (Δ g5)]

40.♔h1 [Ganharia mais rapidamente 40.♗d5 ♕d8 41.♖b7 ♕e8 42.♖a7+–]

40...♔g8 41.♗d5 ♖h6 42.♕g4 ♖f6 43.♖b7 ♕d8 44.♔h2 [As pretas abandonaram. As brancas controlam a sétima fila com a torre e há múltiplas ameaças como ♖a7 e ♕h5.]

1–0

(6) M. Yudovich - R. Nezhmetdinov

URSS (ch-sf), 1954

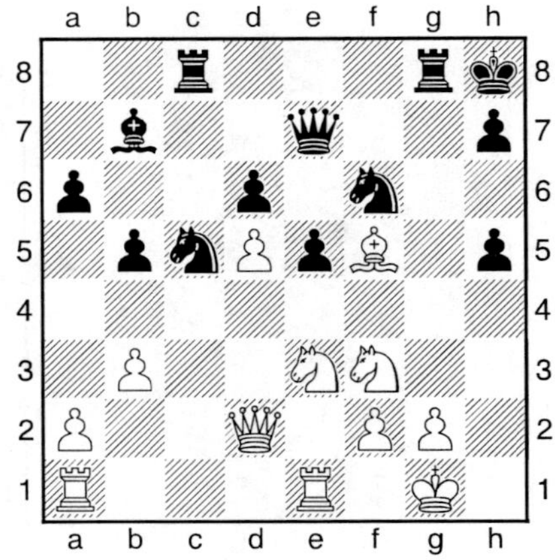

As pretas jogam de maneira ativa para controlar as duas colunas semi-abertas na ala do rei.

29...♖cf8! 30.b4 ♘ce4! 31.♕d3 [O ataque das pretas pela coluna g com as peças pesadas é decisivo. Por exemplo: 31.♕c2 ♕g7! 32.♗e6

a) 32.♗xe4 ♘xe4 33.♕xe4 ♖f4! 34.♕d3 *(34.♕c2 ♗xd5!–+)* 34...♖xf3!–+;

b) 32.♘h4 ♕g5! 33.♘f3 *(33.♗xe4 ♕xh4 34.♗f3 ♕f4–+)* 33...♕f4! 34.♗xe4 ♘xe4–+;

32...♘xd5! 33.♗xg8 ♖xg8–+ Δ ♘f4]

31...♘xf2 [O ataque das pretas era mais promissor com 31...♕g7! 32.♗xe4 *(32.♕f1 ♘xf2 33.♕xf2 ♘xd5! 34.♘h4 ♘f4!–+)* 32...♘xe4 33.♕xe4 ♖f4! 34.♕d3 *(34.♕c2 ♗xd5!–+)* 34...♖xf3!–+]

32.♔xf2 e4 33.♕d4 exf3 34.♗e6? [Um erro que provoca a derrota. As brancas poderiam defender melhor a posição e fazer uma transição para um final inferior após 34.gxf3 ♕g7! 35.♖g1 ♘g4+! 36.♖xg4 hxg4 37.♖h1 ♖xf5 38.♕xg7+ ♖xg7 39.♘xf5 ♖g5 40.fxg4 *(40.♘e3 ♗xd5 41.♘xd5 ♖xd5 42.fxg4 ♖d4–+)* 40...♖xg4 41.♘e3 *(41.♘xd6 ♗xd5–+ Δ ♗xa2; Δ ♖xb4)* 41...♖d4∓]
34...♕g7! [O ataque é decisivo. A posição está ganha para as pretas.]

35.♕h4 ♘xd5 [35...♘e4+ 36.♕xe4 ♕b2+ 37.♘c2 ♖xg2+ 38.♔e3 ♕c3+

39.♕d3 ♕e5+ 40.♕e4 ♕g5+ 41.♔d4 *(41.♔d3?? ♕d2#)* 41...♖f4–+]

36.♘xd5 [36.♗xg8 ♘xe3–+]

36...fxg2+ 37.♔g1 ♖f1+ 38.♖xf1 gxf1♕+ 39.♔xf1 ♕xa1+

0–1

(7) E. Vasiukov - R. Nezhmetdinov

URSS (ch-sf), 1956

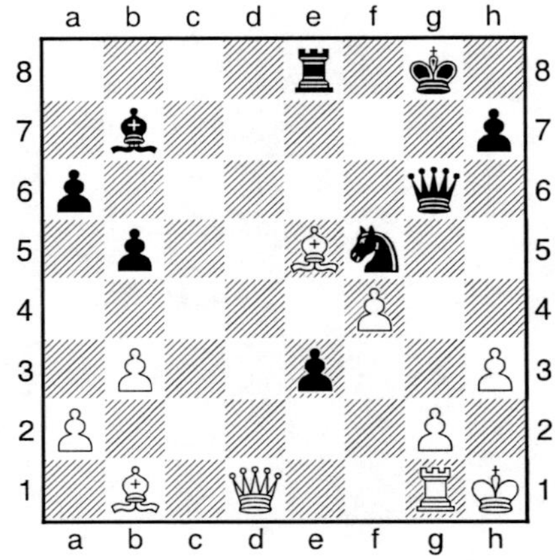

As pretas controlam a grande diagonal com o bispo. As posições ativas da dama e do cavalo permitem ganho de material.

35...e2! 36.♕e1 [As pretas ganhariam uma peça menor se as brancas aceitassem o sacrifício de peão após 36.♕xe2 ♘g3+ 37.♔h2 ♘xe2 38.♗xg6 hxg6 39.♖d1 *(39.♖e1 ♘xf4!–+)* 39...g5! 40.♖d7 gxf4–+]

36...♘g3+ 37.♔h2 ♘f1+! 38.♔h1 ♕g3! 39.♕xg3+ ♘xg3+ 40.♔h2 ♘f1+! [As brancas abandonaram, pois não há como evitar a coroação do peão preto.]

0–1

(8) G. Ilivitzky - R. Nezhmetdinov

Rússia (ch), 1956

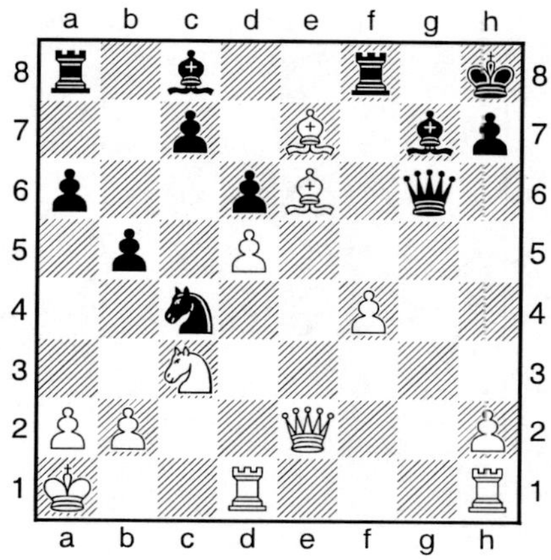

As pretas controlam a grande diagonal com o bispo, estão com o cavalo numa posição ativa e podem atacar o rei branco na ala da dama após

23...♗xc3! 24.♖b1 [24.bxc3 ♕g7! 25.♖d3 ♕xe7–+; 24.♗xf8 ♘xb2 25.♖c1 ♗d4–+]

24...♗xe6 25.dxe6 [O ganho de material é decisivo para as pretas também após 25.♗xf8 ♗g4 26.♕f2 ♘xb2 27.♖xb2 ♖xf8–+]

25...♖xf4 26.bxc3 ♕g7! 27.♖bc1 ♕xe7

0–1

(9) R. Nezhmetdinov - A. Bannik

URSS (ch-sf), 1957

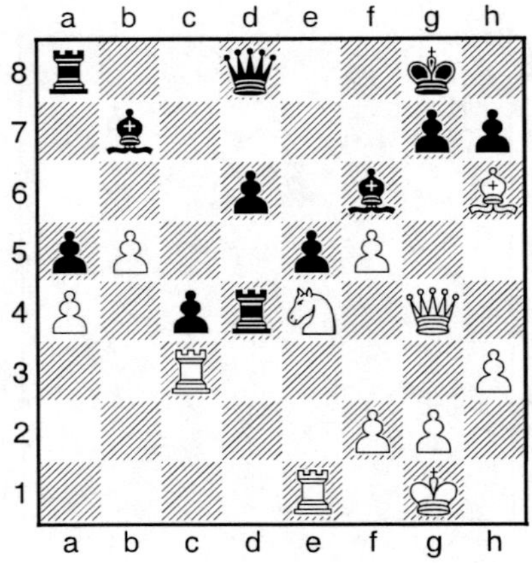

Uma espetacular posição, onde as brancas demonstram seu enorme poder de cálculo, em decorrência da vantagem decisiva do peão passado na ala da dama.

27.♗xg7! ♖xe4 [Em caso de 27...♗xg7 as brancas seguiriam com 28.f6 ♕f8 29.♖g3 ♖xe4 30.♖xe4 ♗xe4 31.♕xe4 ♖a7 *(31...♖c8 32.♕d5+ ♔h8 33.fxg7+ ♕xg7 34.♖xg7 ♔xg7 35.♕b7++–)* 32.♕xc4+ ♔h8 33.b6 ♖b7 34.fxg7+ ♖xg7 35.♖xg7 ♔xg7 *(35...♕xg7 36.♕c8+ ♕g8 37.b7+–)* 36.♕c7+ ♔f6 37.b7+–]

28.♖xe4 ♗xg7 29.♖exc4 h5 [29...♖c8 30.f6 ♕xf6 31.♖xc8+ ♗xc8 32.♖xc8+ ♔f7 33.♖c7+ ♔g8 34.b6+– Δ b7]

30.♕xh5 ♖c8 31.♖xc8 ♗xc8 32.b6 ♗d7 33.b7 ♔f8 34.♕g6

1–0

(10) R. Nezhmetdinov - V. Antoshin

URSS (ch), 1957

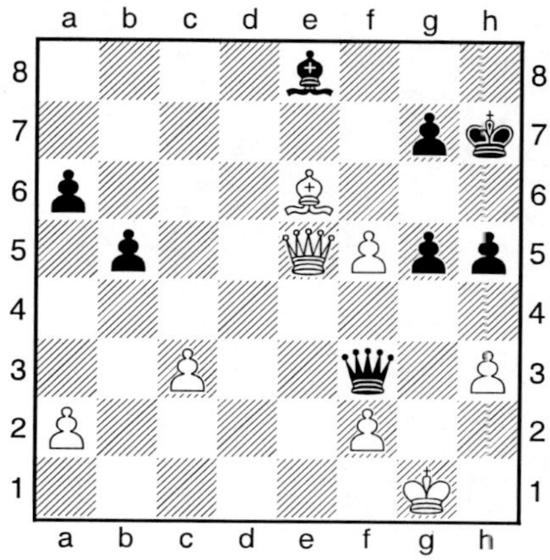

As brancas manobram o bispo para a grande diagonal e criam múltiplas ameaças que são decisivas para o ganho de material.

38.♗d5! ♕d1+ [38...♕xh3 39.f3! ♗d7 *(39...♗f7 40.♗xf7 ♕xf3 41.♕e6!+–)* 40.♗e4+– Δ f6+]

39.♔g2 ♗d7 40.f6 [As brancas ganhariam a partida imediatamente com 40.♕d6!+– por causas das múltiplas ameaças (bispo, xeque a descoberto e xeque-mate).]

40...♗xh3+ 41.♔xh3 ♕f1+ 42.♗g2 ♕xf2 43.♕xg5 gxf6 [As brancas ficariam com um bispo de vantagem no final após a troca de damas com 43...♕xf6 44.♕xf6 gxf6 45.♗b7 a5 46.♗a6 b4 47.c4 a4 48.c5 b3 49.a3+–]

44.♗e4+ ♔h8 45.♕h6+

1–0

(11) R. Nezhmetdinov - L. Shamkovich

Rússia (ch), 1957

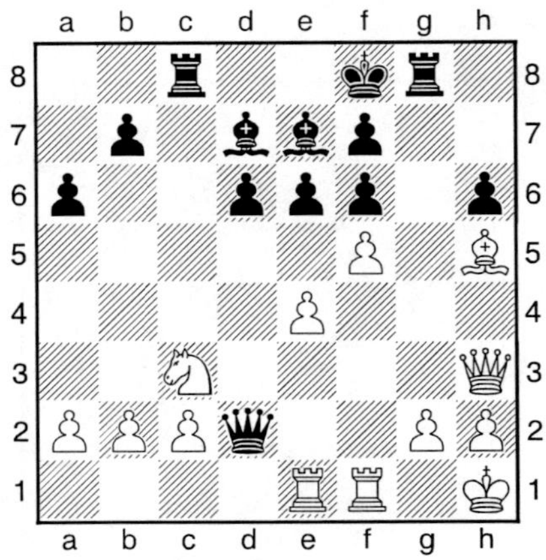

Um espetacular avanço de peão central cria múltiplos problemas defensivos.

22.e5!! ♗c6 [22...dxe5?? 23.♖d1+–; 22...fxe5?? 23.♖e2 ♕g5 24.fxe6+–; Uma melhor opção defensiva seria jogar 22...exf5!? 23.exd6 ♗d8 (23...♕xd6 24.♖d1 ♕c7 25.♘d5 ♕d8 *(25...♕xc2 26.♗f3+–; 25...♕c5 26.♖fe1+–)* 26.♖fe1 ♗d6 27.♕b3 ♖g7 28.♗f3+–) 24.♗f3 ♖g6 25.♖e2± (Δ ♖d1; ♘d5)]

23.♖e2! ♕g5 [As brancas ficariam com um cavalo de vantagem por dois peões após 23...♗xg2+ 24.♖xg2 ♕xg2+ 25.♕xg2 ♖xg2 26.♔xg2 dxe5 27.♗e2! ♔g7 28.♗d3+–]

24.fxe6! fxe6 25.exf6! ♗xf6 26.♘e4! ♗xe4 27.♖xe4 ♖xc2 28.♖xe6 ♖f2 [Se 28...♔g7 as brancas poderiam seguir com 29.g3 ♖c5 *(29...♕d5+ 30.♗f3 ♕d4 31.♗xb7 ♖f2 32.♖xf2 ♕xf2 33.♕g4+ ♔h8 34.♕f3+–* trocando as damas e ganhando um segundo peão*)* 30.♖exf6 ♕xh5 31.♕d7+ ♔h8 32.♕xd6+– com um peão de vantagem]

29.♖e8+ ♔g7 30.♖xg8+ ♔xg8 31.♕c8+ ♔g7 32.♖xf2 ♕xh5 33.♕xb7+ ♔g6 [As pretas já poderiam ter abandonado a partida aqui, mas preferiram prosseguir até o controle de tempo dos 40 lances.]

34.♕f3 ♕xf3 35.gxf3 ♔f5 36.♔g2 d5 37.♖c2 ♔f4 38.♔f2 a5 39.b3 h5 40.♔e2 ♗d4 41.♖c6 ♗g1

1–0

(12) R. Nezhmetdinov - A. Usov

Rússia (ch), 1957

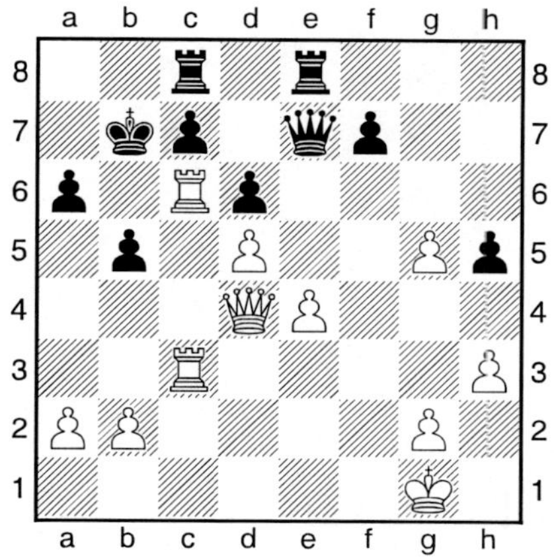

Um golpe tático é decisivo na posição com torres dobradas na coluna c.

28.♖xa6! ♖a8 [As pretas não podem aceitar o sacríficio com 28...♔xa6?? pois seguiria 29.♖a3+ ♔b7 30.♕a7#]

29.♖ac6 [As pretas abandonaram. Não há como evitar a criação de peões passados brancos após 29...♖ec8 30.♕b4 ♖cb8 31.e5! ♔c8 32.g6! fxg6 33.♖xc7+ ♕xc7 34.♖xc7+ ♔xc7 35.♕xd6+ ♔b7 36.♕c6+ ♔a7 37.♕c5+ ♔a6 38.d6+–.]

1–0

(13) R. Nezhmetdinov - E. Stoliar

Rússia (ch), 1958

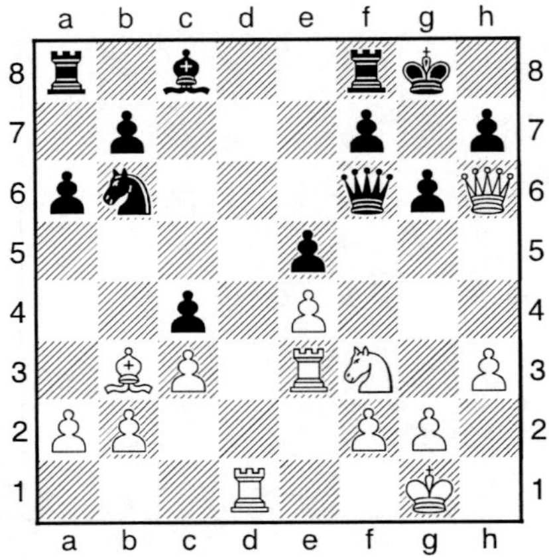

Um lance intermediário provoca grandes problemas defensivos para as pretas.

23.♖d6! ♕e7 [Se 23...♕xd6?? as brancas ganhariam imediatamente com 24.♘g5!+–; Se 23...♗e6? as brancas seguiriam com 24.♖xb6 cxb3 25.axb3+– com um peão de vantagem; Se 23...♕g7 as brancas teriam uma vantagem posicional decisiva após a troca de damas com 24.♕xg7+ ♔xg7 25.♖xb6 cxb3 26.axb3 f6 *(26...♖e8 27.♖d3+–)* 27.♘d2+– Δ ♘c4]

24.♖xb6 cxb3 25.axb3 f6 [Se 25...♖d8?? as brancas ganhariam imediatamente com 26.♘g5!+–]

26.♖d3! ♗e6 [As brancas conseguiram uma posição ativa com uma torre e controlam a coluna aberta com a outra torre. Se agora 26...♖d8? as brancas seguiriam com 27.♘xe5! ♖xd3 *(27...fxe5 28.♖xg6+! hxg6 29.♕xg6+ ♔h8 30.♕h6+ ♔g8 31.♖g3++–)* 28.♘xd3 ♕xe4 29.♖xf6 ♗f5 30.♖d6 ♕e2 31.♕h4 ♗xd3 32.♖d7! ♕e1+ 33.♔h2 ♕e5+ 34.f4! g5 35.fxe5 gxh4 36.♖xd3+– posição de final de torres com vantagem decisiva para as brancas.]

27.♘h4! ♗f7 [Não há tempo de ativar a torre da ala da dama para uma coluna central com 27...♖ad8 pois as brancas jogariam um decisivo sacrifício com 28.♖xe6 ♕xe6 29.♘xg6 ♕f7 30.♖g3 hxg6 31.♖xg6+ ♕xg6 32.♕xg6++– com três peões de vantagem]

28.♖g3 [As brancas também ganhariam com 28.♘f5 gxf5 29.♖g3+ ♗g6 30.exf5 ♕g7 31.♕e3 ♖ad8 32.♕e4+–]

28...♗e8 29.♘f5 ♕d7 30.♖d6 ♕c7 31.♖e6 ♖f7 32.h4 [As brancas poderiam sacrificar a torre com 32.♖xg6+ hxg6 33.♕xg6+ ♔h8 (33...♔f8 34.♘h6 ♖g7 35.♕xf6+ ♗f7 36.♘f5 ♖h7 37.♖e7 ♕xe7 *(37...♕c6 38.♖xf7+ ♖xf7 39.♕h8#)* 38.♕xe7+ ♔g8 39.♕xb7+–) 34.♖xf6 ♖xf6 35.♕xf6+ ♔h7 *(35...♔g8 36.♘e7+ ♔h7 37.♕g5 ♗f7 38.♕h4+ ♔g7 39.♘f5+ ♔g8 40.♕g5+ ♔f8 41.♕g7+ ♔e8 42.♕h8+ ♔d7 43.♕xa8+–* recuperando a torre sacrificada para obter um final ganhador com quatro peões de vantagem*)* 36.♕h6+ ♔g8 37.♕g5+ ♔f8 38.♕f6+ ♔g8 39.♘e7+ ♔h7 40.♕g5 ♗f7 41.♕h4+ ♔g7 42.♘f5+ ♔f8 43.♕h6+ ♔e8 44.♕h8+ ♔d7 45.♕xa8+– recuperando a torre sacrificada para obter um final ganhador com quatro peões de vantagem]

32...♕d8 33.h5 g5 34.♖d6 [As brancas também ganhariam com 34.♘d6 ♖f8 35.♖f3+–]

34...♗d7 35.♖gd3 ♖c8 36.♖xd7 ♖xd7 37.♖xd7 ♕xd7 38.♕xf6 ♕d1+ 39.♔h2 ♕xh5+ 40.♔g3! [e as pretas abandoram, pois não há defesa contra as múltiplas ameaças.]

1–0

(14) R. Nezhmetdinov - B. Katalymov

Frunze, 1959

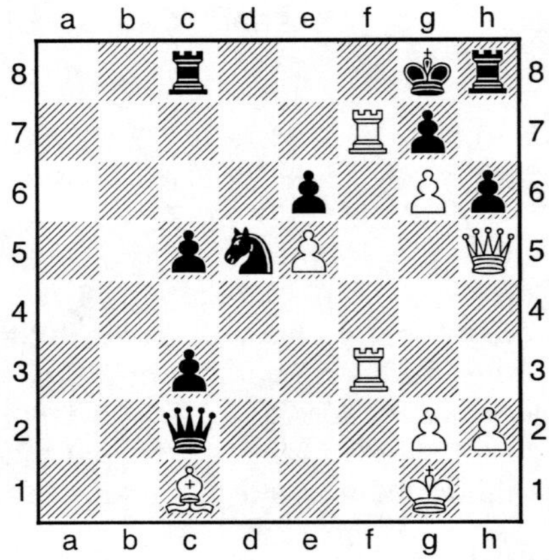

As brancas estão com as torres dobradas na coluna f, em posição de ataque, enquanto as pretas estão com um peão passado muito avançado na coluna c.

30.♕g4 [Outro plano ganhador seria sacrificar a torre para ativar o bispo após 30.♖xg7+ ♔xg7 31.♗xh6+! ♔g8 *(31...♖xh6 32.♖f7+ ♔g8 33.♕xh6 ♕d1+ 34.♖f1 ♕xf1+ 35.♔xf1 ♖c7 36.g7 ♖xg7 37.♕xe6+ ♖f7+ 38.♔e1+–)* 32.g7! ♕d1+ 33.♔f2 ♕xf3+ 34.gxf3 ♖h7 35.♕g6! ♖xh6 36.♕xh6 ♔f7 37.f4! c2 38.f5+–]

30...♕d1+ [30...♕xc1+ 31.♖f1 ♕e3+ 32.♔h1 ♕xe5 33.♕f3 ♘f6 *(33...♕f6 34.♕e4+–)* 34.♕b7!+–]

31.♔f2 ♕d4+ 32.♕xd4 cxd4 [A troca de damas não aliviava a posição. As brancas conseguem dar xeque-mate em poucos lances.]

33.♗a3! ♘f6 34.exf6 [Seria mais rápido 34.♖3xf6 gxf6 35.exf6 ♖h7 36.♖xh7 ♖f8 37.♗xf8 c2 38.♗g7 c1♕ 39.f7#]

1–0

(15) G. Bastrikov - R. Nezhmetdinov

Rússia (ch), 1959

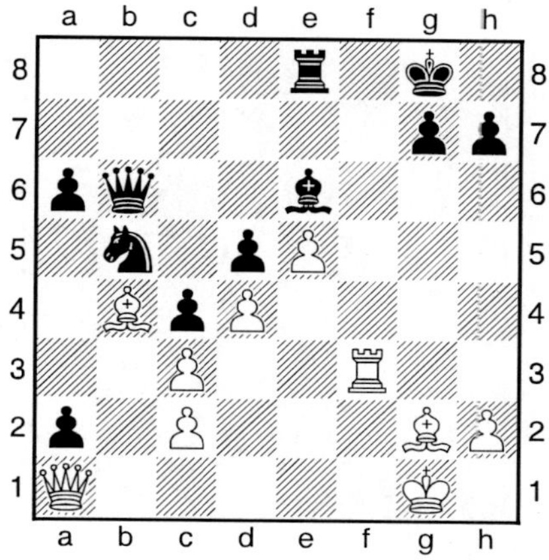

As pretas ampliam a vantagem material e simplificam a posição para atingir um final ganhador após

31...♘xd4! 32.cxd4 [32.♖f2 ♘xc2 33.♕xa2 ♘xb4 34.cxb4 ♖f8–+]

32...♕xb4 33.♕xa2 [33.c3? ♕b1+ 34.♖f1 ♖b8–+]

33...♕e1+ 34.♖f1 [34.♗f1 ♕e4–+ Δ ♕xd4+]

34...♕e3+ 35.♔h1 ♕xd4 36.♕a4 ♖f8 37.♖xf8+ [37.♖e1 ♕c3 38.♕a1 ♕xc2 39.♕xa6 ♕f5 40.♕d6 c3! 41.♗xd5 *(41.♖f1 c2!–+)* 41...♗xd5+ 42.♕xd5+ ♔h8–+]

37...♔xf8 38.♕b4+ ♔f7 39.♕b7+ ♔g6

0–1

(16) R. Nezmetdinov - B. Gurgenidze

URSS (ch), 1959

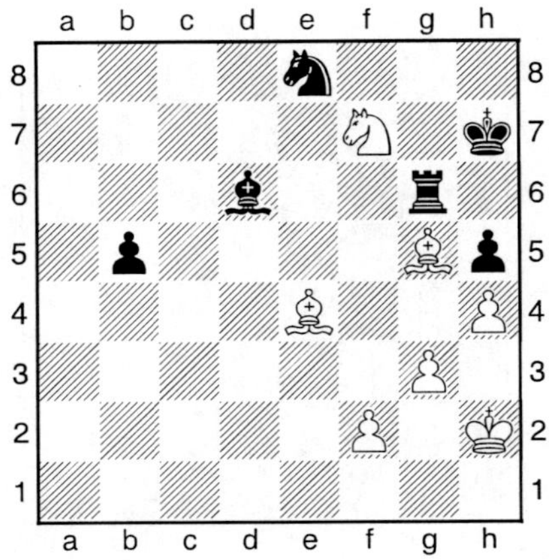

As brancas encontram um lance espetacular para ganhar o final.

51.♘h8!! [O final estaria empatado após 51.♗xg6+? ♔xg6 52.♘xd6 ♘xd6=]

51...♔xh8 52.♗xg6 ♘g7 53.♗f6! ♔g8 54.♗xg7 ♔xg7 55.♗xh5 b4 56.♗d1! ♔f6 57.♔h3 ♗c5 58.f4 ♗f2 59.♔g4 ♗e1 60.h5 b3 [Não há como deter o avanço de três peões passados unidos. Por exemplo: 60...♗f2 61.♔f3 ♗c5 62.g4 ♗d6 63.♗c2 ♗c5 64.g5+ ♔g7 65.♔g4 ♗d6 66.h6+ ♔g8 67.f5 ♗e7 68.f6 ♗d8 69.♗b3+ ♔h7 70.♔h5 ♔h8 71.♗c4 ♗c7 72.g6 ♗e5 73.g7+ ♔h7 74.g8♕#]

61.♗xb3

1–0

(17) R. Nezhmetdinov - R. Bobekov

Chigorin Memorial, 1961

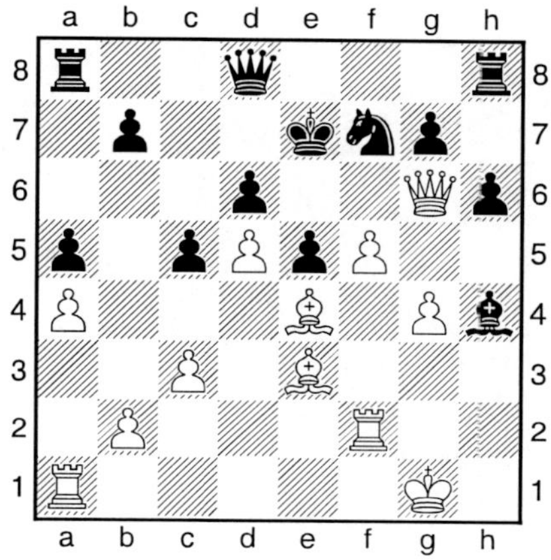

As brancas jogam a posição de maneira ativa ao sacrificar um peão.

34.f6+! gxf6 [Se 34...♗xf6 as brancas realizariam um sacrifício de qualidade para poder penetrar com a outra torre pela coluna f após 35.♖xf6! gxf6 36.♖f1 ♖f8 37.♖xf6 ♘h8 38.♖e6+! ♔d7 39.♖xd6+ ♔c7 40.♖xd8 ♘xg6 41.♖xa8 ♖xa8 42.♗xg6+– obtendo um final ganhador de par de bispo contra torre.]

35.♖xf6! ♗xf6 36.♖f1! ♔d7 [36...♖f8 37.♖xf6 ♘h8 *(37...b6 38.♗f5 ♕c7 39.♖e6+ ♔d8 40.♕f6+ ♔c8 41.♖e7+ ♔b8 42.♖xc7+–)* 38.♖e6+! ♔d7 39.♖xd6+ ♔c7 40.♖xd8 ♘xg6 41.♖xa8 ♖xa8 42.♗xg6+– obtendo um final ganhador de par de bispo contra torre.]

37.♖xf6 ♔c7 38.♖xf7+ ♔b8 [Em caso de 38...♔b6 as brancas poderiam dar xeque-mate de maneira artística com 39.♗xc5+! ♔xc5 *(39...♔a6 40.♗d3+ b5 41.axb5#)* 40.♕f5! ♕h4 *(40...♕c8 41.♕f2+ ♔c4 42.♕e2+ ♔b3 43.♕c2+ ♔a2 44.♕b1+ ♔b3 45.♗c2+ ♔c4 46.♕f1+ ♔xd5 47.♗b3+ ♔c6 48.♕b5#)* 41.♖c7+! ♔b6 42.♖xb7+! ♔a6 *(42...♔xb7 43.♕d7+ ♔b8 44.♕xd6+ ♔c8 45.♗f5+ ♔b7 46.♕c6+ ♔a7 47.♕c7+ ♔a6 48.♗d3#)* 43.♗d3+ ♔xb7 44.♕d7+ ♔b8 45.♕xd6+ ♔c8 *(45...♔b7 46.♕c6+ ♔b8 47.♕b6+ ♔c8 48.♗f5#)* 46.♗f5+ ♔b7 47.♕c6+ ♔a7 48.♕c7+ ♔a6 49.♗d3#]
39.♕f6 ♕xf6 40.♖xf6

1–0

(18) D. Ciric - R. Nezhmetdinov

Chigorin Memorial, 1961

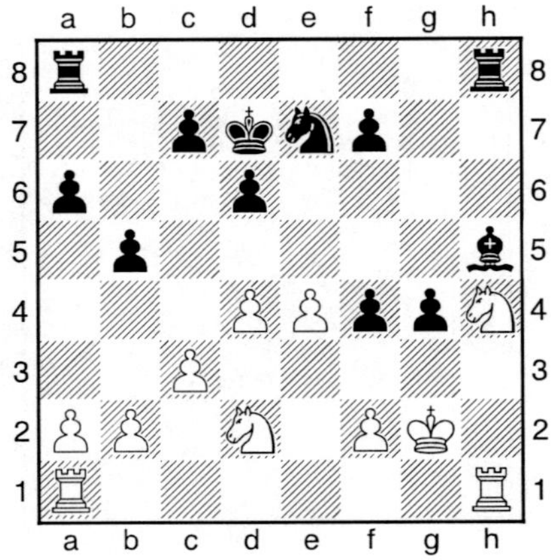

As pretas conseguem uma posição ganhadora porque podem manobrar o bispo para a grande diagonal.

22...f6!! 23.b3 [A simplificação levaria a posição para um final de torres ganhador para as pretas após 23.♘f5 ♘xf5 24.exf5 ♗f7 25.f3 ♗d5 26.♘e4 ♗xe4 27.fxe4 ♖xh1 28.♖xh1 ♖e8–+]

23...♗f7 24.d5 [O plano das brancas de fechar o centro e dobrar as torres na coluna h é insuficiente para defender a posição. As brancas também estariam perdidas após 24.♖ag1 ♖h5 (Δ ♖ah8) 25.♘f5 ♖xh1 26.♖xh1 ♘xf5 27.exf5 ♗d5+ 28.f3 ♖e8–+]

24...♖h6 25.♖h2 ♖ah8 26.♖ah1 ♘xd5 27.exd5 ♗xd5+ 28.f3 g3

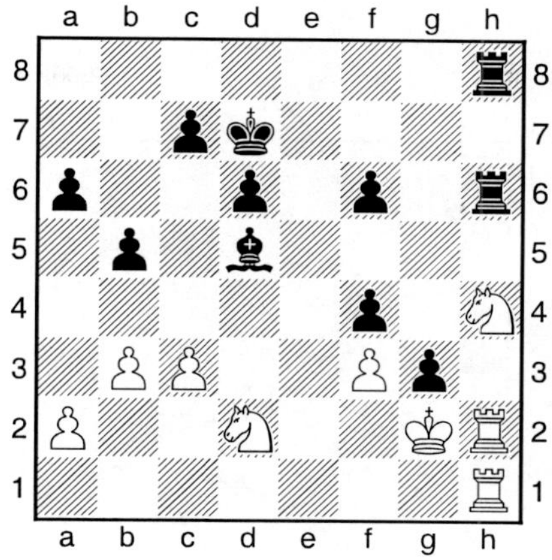

0–1

(19) R. Nezhmetdinov - V. Tatarintsev

Kazan, 1964

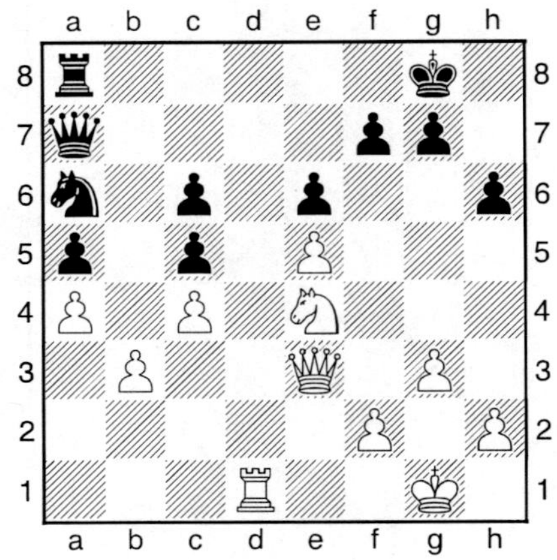

A ala do rei das pretas está sem defesa e isso permite um sacrifício tático por parte das brancas com a penetração da dama após

35.♘f6+! gxf6 [35...♔f8 36.♖d7+–; 35...♔h8 36.♖d7+–]

36.exf6 ♔h7 [Se 36...♕b8 as brancas seguiriam com 37.♕xh6 ♕f8 38.♕h5 ♘c7 39.♖e1 ♕d8 *(39...♘e8 40.♖e5+–)* 40.♖e4 ♕xf6 41.♖g4+ ♔f8 42.♕xc5+ ♕e7 *(42...♔e8 43.♕xc6+ ♔f8 44.♕d6+ ♕e7 45.♖g8+ ♔xg8 46.♕xe7+–)* 43.♖g8+ ♔xg8 44.♕xe7+–]

37.♕e4+ ♔h8 38.♕g4

1–0

(20) G. García Gonzales - R. Nezhmetdinov

Chigorin Memorial, 1964

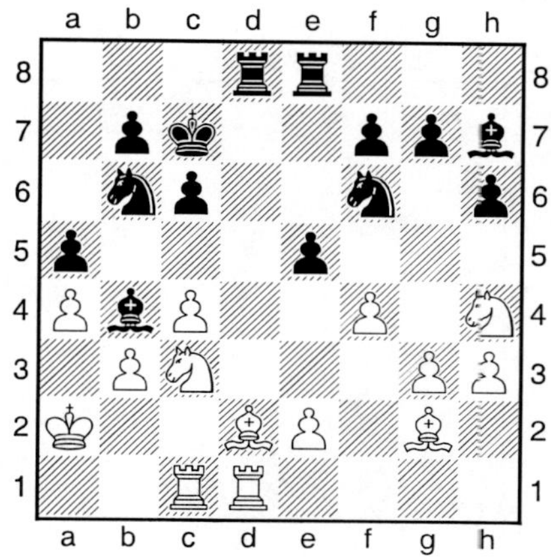

Um sacrifício de qualidade seguido da penetração da outra torre na sexta fila permite manter a pressão contra uma posição das brancas totalmente imobilizada.

21...♖xd2+! 22.♖xd2 exf4! 23.gxf4 ♖e3! 24.♔b2 g5! 25.fxg5 [25.c5 ♘bd7 26.fxg5 *(26.♘f3 ♘e4–+)* 26...hxg5 27.♘f3 ♘e4!–+]

25...hxg5 26.♘f3 ♘e4! 27.♘xe4 ♗xe4 28.♖cd1 ♗xd2 29.♖xd2 ♘d7 30.h4 [As pretas recuperaram a qualidade sacrificada e agora podem manobrar o cavalo para uma posição ativa. Por exemplo: 30.♔a2 ♘c5 31.♖b2 f5 32.♔a3 f4 33.♔a2 ♔d6 34.♖d2+ ♔e7 35.♖b2 ♔f6 36.♔a3 ♗xf3 37.♗xf3 ♘d3 38.♖d2 ♘e5–+ com iminente ganho de material.]

30...♘c5 31.h5 ♘xb3 32.♖c2 [32.♖d1 ♖xe2+ 33.♔xb3 ♗c2+–+]

32...♗xc2 33.♔xc2 ♖xe2+ 34.♔d1 [34.♔xb3 ♖xg2 35.h6 ♖g3–+]

34...♖xg2 35.h6 ♖g3

0–1

(21) A. Chernikh - R. Nezhmetdinov

Spartak (ch), 1964

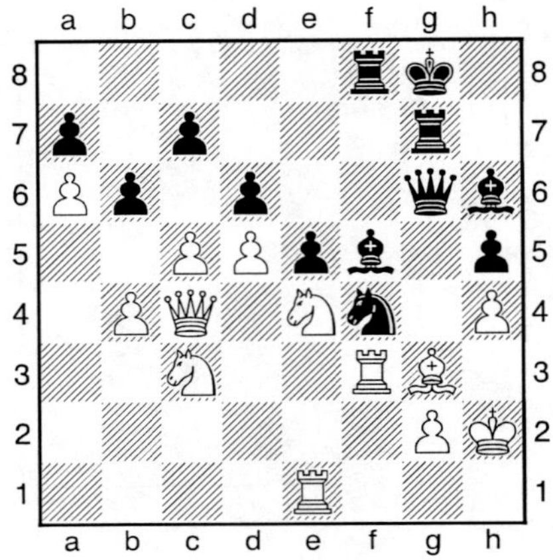

Uma posição tática bem complicada ao estilo do condutor das pretas.

29...♘xg2! 30.♔xg2 ♗h3+! 31.♔f2 [31.♔xh3 ♖xf3 32.♖g1 ♗f4 33.♘e2 ♕g4+ 34.♔h2 *(34.♔g2 ♗xg3 35.♘2xg3 ♖xg3+–+)* 34...♗xg3+ 35.♖xg3 ♕xh4+ 36.♔g2 ♖fxg3+ 37.♘2xg3 ♖xg3+–+]

31...♖xf3+ 32.♔xf3 ♕f5+ 33.♔e2 ♖xg3! 34.♔d1 [34.♘xg3?? ♕c2+ 35.♔f3 ♗g2#]

34...♖g2 35.♖f1 ♗g4+ 36.♔e1 ♗d2+! 37.♘xd2 ♕c2! 38.♘ce4? [Um erro que leva xeque-mate, mas de qualquer forma a posição está completamente perdida após 38.♘e2 ♕xc4 39.♘xc4 ♖xe2+ 40.♔d1 ♖e4+ 41.♔d2 ♖xc4–+]

38...♕d1#

0–1

(22) R. Nezhmetdinov - V. Zagorovsky

Leningrado, 1967

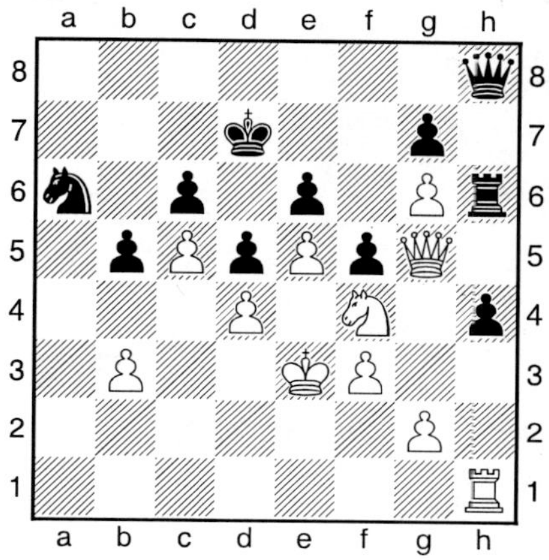

Um espetacular sacrifício de cavalo, no centro do tabuleiro, abre a posição para permitir a penetração da dama (pela ala do rei) ou da torre (pela ala da dama).

48.♘xd5!! exd5 [Recusar o sacrifício levaria a uma derrota mais rápida após 48...♕d8 49.♘f6+ ♔c7 *(49...♔c8 50.♕xh6! gxh6 51.g7+–)* 50.♖xh4 ♖xh4 51.♕xh4 ♔c8 52.♕h7 ♕f8 53.♘h5+–; Em relação à partida, a outra opção seria a captura do cavalo com o peão c após 48...cxd5 neste caso, as brancas seguiriam com 49.c6+! ♔xc6 50.♕e7 ♔b6 51.♖c1! ♕b8 *(51...h3 52.♕d6+ ♔a7 53.♕d7+ ♔a8 54.♕c6+ ♔a7 55.♖a1+–)* 52.♕xg7 ♖h8 53.♕d7! ♖e8 54.g7 ♘b4 55.g8♕ ♖xg8 56.♕xe6+ ♔a7 57.♕e7+ ♕b7 *(57...♔b6 58.♕c5++–)* 58.♖c7+–]

49.♖a1 [49.♕xf5+ ♔c7 50.♖a1+–]
49...♘c7 [49...♖h5 50.e6+! ♔xe6 51.♕f4 ♔f6 *(51...♕c8?? 52.♕d6#; 51...♕h6 52.♖xa6+–)* 52.♖xa6+–]

50.♕xf5+ ♔d8 51.♖a7! ♕e8 [51...h3?? 52.♕f7 hxg2 53.♕xc7+ ♔e8 54.♖a8#]

52.♖b7! ♕xg6 [52...♕e6 53.♖b8+ ♔d7 54.♕f8 ♘e8 55.♖xe8 ♕xe8 56.♕xg7+ ♔c8 57.♕xh6+–]

53.♖b8+ ♔e7 54.♕f8+ ♔e6 55.♕c8+ [As pretas abandonaram, pois levariam mate após 55...♔e7 56.♕xc7+ ♔e6 57.♕c8+ ♔e7 (57...♔f7 58.♕d7#) 58.♖b7#.]

PARTE 3 – FINAIS

(1) R. Nezhmetdinov - G. Stahlberg

Bucareste, 1954

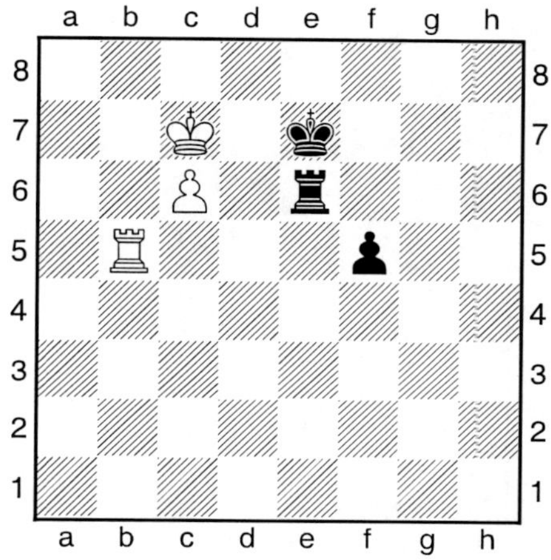

Um instrutivo final de torres, onde o lance automático de rei leva à derrota.

46...♔f6? [O plano para empatar o final é avançar o peão com 46...f4! 47.♖f5 ♖e4 48.♔b6 ♔d6 49.♖f6+ ♔d5! *(49...♔e5?? 50.c7! ♖c4 51.♖c6+–)* 50.c7 ♖b4+! (a defesa lateral do peão permite que ocorra este xeque intermediário) 51.♔a7 ♖c4 52.♔b7 ♖xc7+! 53.♔xc7 ♔e4 54.♔d6 f3 55.♔c5 ♔e3 56.♔c4 f2 57.♔c3 ♔e2 58.♖e6+ ♔d1 59.♖f6 ♔e2=]

47.♔b7 ♔g5 48.c7 ♖e8 49.♔c6! [Seria um erro a coroação do peão porque o rei branco na oitava fila não consegue voltar a tempo para impedir o avanço do peão preto após 49.c8♕? ♖xc8 50.♔xc8 ♔g4! 51.♔d7 f4! 52.♔e6 f3! 53.♖f5 ♔g3! 54.♔e5 ♔g2 55.♔e4 f2=]

49...♖c8 50.♖b8 ♖xc7+ 51.♔xc7 ♔f4 [Com o rei na sétima fila, as brancas conseguem chegar um tempo antes, a fim de impedir a coroação do peão, após 51...f4 52.♔d6 f3 53.♔e5 ♔g4 54.♖f8 ♔g3 55.♔e4 f2 56.♔e3+–]

52.♔d6

1–0

(2) M. Shakhov - R. Nezhmetdinov

Rússia (ch), 1954

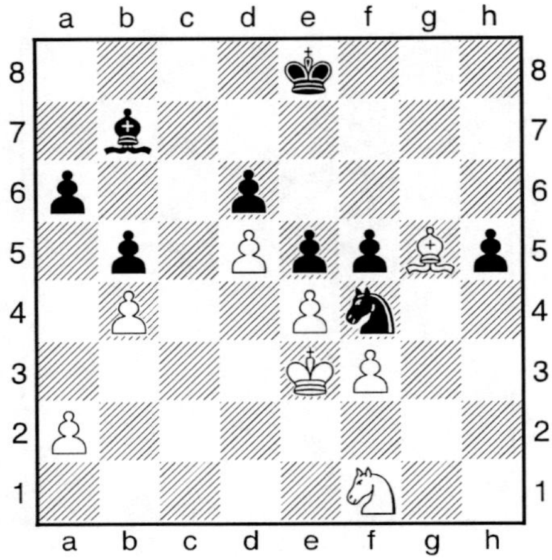

As pretas estão com um peão de vantagem e, agora, decidem seguir com um interessante plano de sacrifício de uma peça menor pelos dois peões centrais adversários para potencializar o final com peões passados.

57...♗xd5! 58.exd5 [As brancas entrariam num final perdido após 58.♗xf4 exf4+ 59.♔xf4 fxe4 60.fxe4 ♗xa2–+]

58...♘xd5+ 59.♔d2 ♘xb4 60.f4 ♔f7! [As pretas ativam o rei na ala do rei para defender os peões.]

61.♘g3 ♔g6 62.♗e7 ♘d5 63.♗xd6 exf4 64.♘h1 [A penetração do rei preto também é decisiva após 64.♘f1 ♔g5 65.♘h2 ♔h4–+]

64...♔g5 65.♘f2 ♔h4 66.♘d3 ♔g3 67.♘xf4 ♘xf4 68.♔e3 h4 69.♗xf4+ ♔g2 70.♔d4 ♔f3! [Um ganho de tempo decisivo no final. O plano das pretas é criar peões passados nas duas alas, de tal forma que o bispo branco não possa evitar ambas as coroações. Entretanto, seria precipitado jogar 70...h3?? pois as brancas poderiam fazer a transição para um final de peões empatado após 71.♔e5! h2 72.♗xh2 ♔xh2 73.♔xf5 ♔g3 *(73...b4 74.♔e4 a5 75.♔d3 a4 76.♔c4 b3=)* 74.♔e5 ♔f3 75.♔d4 ♔e2 76.♔c5 ♔d3 77.♔b6 ♔c3 78.♔xa6 ♔b4 79.a3+ ♔a4 80.♔b6!=]

71.♔e5 [71.♗h2 a5 72.♔c5 f4 73.♔xb5 ♔g4 74.♔c4 f3 75.♗g1 h3 76.♔d3 f2 77.♗xf2 h2–+]

71...b4 72.♗h2 [72.♔xf5 a5 73.♔e5 a4 74.♗h2 b3–+]

72...a5

0–1

(3) S. Flohr - R. Nezhmetdinov

URSS (ch), 1954

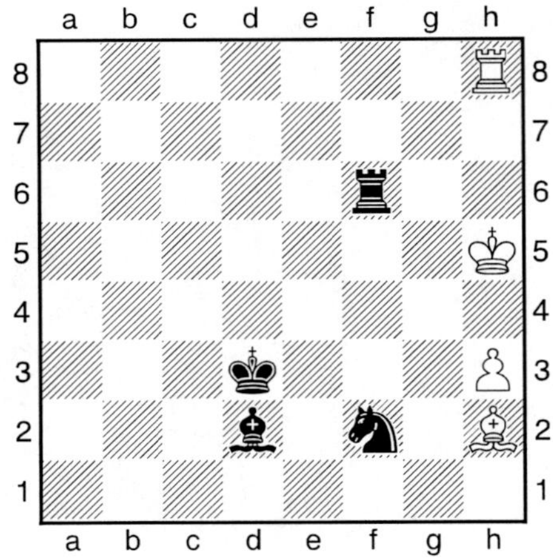

As pretas conseguem uma surpreendente posição de ataque no final. Jogando de maneira ativa, as pretas conseguem explorar a má colocação das peças brancas.

84...♔e4! 85.♗c7 [As pretas teriam um pouco mais de trabalho para obter a vitória, com variantes um pouco mais longas, após 85.♔h4 ♔f3! 86.♔h5 *(86.♗e5 ♖f5 87.♖h5 ♖f7 88.♖h8 ♘d3 89.♗g3 ♖f6 90.♗h2 ♖f5 91.♖g8 ♗e1+ 92.♗g3 ♘f4–+)* 86...♘e4 87.♖h7 ♗f4 88.♗xf4 *(88.♗g1? ♘g3+ 89.♔h4 ♖f5 Δ ♗g5#)* 88...♔xf4 89.♖h8 ♘g3+! 90.♔h4 ♖f7 91.♖h6 ♘f5+ 92.♔h5 ♖g7 Δ ♖g5#]

85...♔f5! 86.♗d8 [86.♔h4 ♘e4 87.♔h5 ♖f7–+; 86.♗g3 ♘e4 87.♗c7 ♖f7–+]

86...♘e4! [O rei branco também está em rede de mate após 86...♖f7! Δ ♘e4]

87.♗c7 [As brancas perceberam tarde que era infrutífera a manobra de bispo para capturar a torre, pois havia xeque-mate em dois lances: 87.♗xf6?? ♘xf6+ 88.♔h4 ♗e1#!]

87...♗g5 88.♖h7 [88.h4 ♗e3 89.♖h7 ♘c3 90.♖h8 ♘e2 91.♖h7 ♗f4! Δ ♘g3#]

88...♖f8 [O lance final 88...♖d6! seria mais artístico, por causar interferência no bispo, pois ameaçaria xeque-mate de cavalo tanto em f6 como em g3.]

0–1

(4) R. Nezhmetdinov - L. Shamkovich

Rússia (ch), 1956

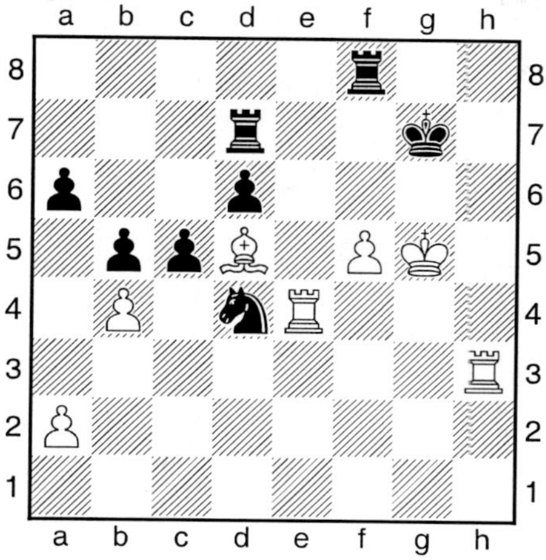

A posição ativa do bispo branco, numa casa no centro do tabuleiro, cria muitos problemas defensivos para o rei preto.

49.f6+ [As brancas também ganhariam com um lance bem mais forte que é 49.♖f4 Δ f6+]

49...♖xf6 50.♖h7+! ♔xh7 51.♔xf6 ♘f3 52.♖f4 [A posição ativa do rei branco cria múltiplas ameaças contra o rei adversário. As brancas também ganhariam após 52.♖e8 ♘g5 53.♖e2+–]

52...♖g7 53.♖xf3 [As brancas poderiam levar a posição para um final de peão ganhador após 53.♗e4+ ♔g8 54.♖xf3 ♖f7+ 55.♔e6 ♖xf3 56.♗xf3 cxb4 57.♔xd6 a5 58.♗d5+ ♔f8 59.♔c5 a4 60.♔xb5 b3 61.♗xb3 axb3 62.axb3+–]

53...♖g6+ [As pretas entrariam em rede de mate após 53...♔h8? 54.♖e3 cxb4 55.♖e8+ ♔h7 56.♗e4+ ♔h6 57.♖h8+ ♖h7 58.♖xh7#]

54.♔f7 ♖g7+ 55.♔f8 ♖g4 56.♖f6 cxb4 [As pretas entrariam em rede de mate após 56...♖xb4? 57.♗g8+ ♔h8 58.♖h6#]

57.♗e6 ♖h4 58.♔f7 [As brancas dariam xeque-mate mais rápido com 58.♗f5+ (Δ ♖g6).]

1–0

(5) E. Stoliar - R. Nezhmetdinov

URSS (ch), 1957

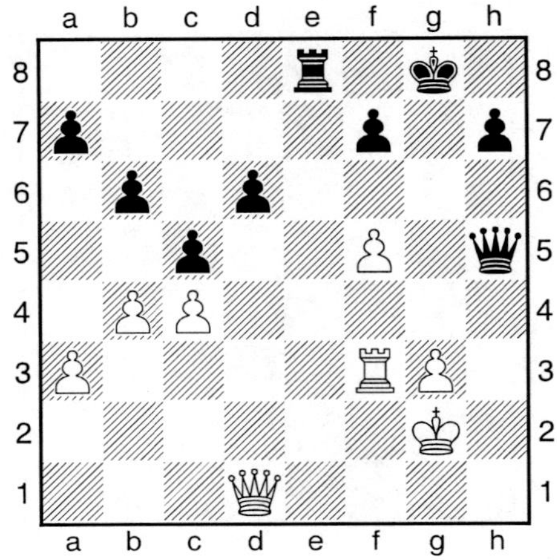

As pretas encontram uma espetacular manobra de torre para ganhar o final.

34...♖e3! 35.bxc5 [O final de peões está ganho para as pretas após 35.♕f1 ♕xf3+ 36.♕xf3 ♖xf3 37.♔xf3 cxb4 38.axb4 a5! 39.bxa5 bxa5 40.♔e3 ♔g7 41.♔d4 ♔f6 42.g4 a4 43.♔c3 ♔g5 44.♔b4 ♔xg4 45.♔xa4 ♔xf5–+]

35...♖xa3! [As brancas abandonaram. O final de peões está ganho para as pretas após 36.♕f1 ♕xf3+ 37.♕xf3 ♖xf3 38,♔xf3 dxc5–+ (Δ a5).]

0–1

(6) R. Nezhmetdinov/N. Krogius

Shakhmaty v URSS, 1956

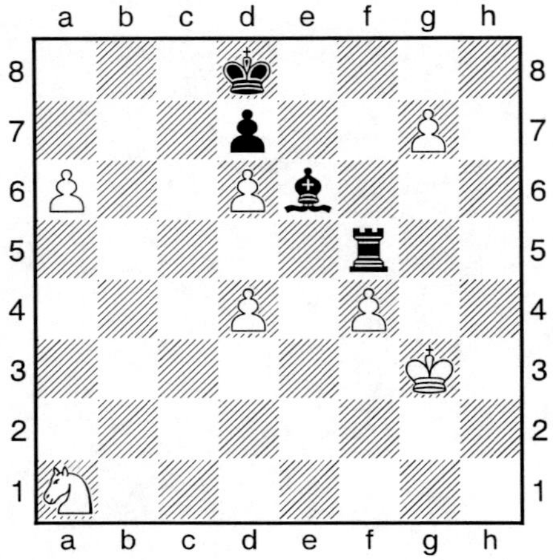

Estudo de Final composto em parceria (MI Nezhmetdinov e GM Krogius). Publicado em prestigiada revista de xadrez em 1956. O plano das brancas é criar um terceiro peão passado.

1.♘b3! ♖b5 [1...♗xb3 2.d5! ♗xd5 3.a7+–; 1...♖f6 2.f5! ♖xf5 3.a7 ♖g5+ 4.♔f4+–; 1...♔c8 2.a7 ♔b7 3.♘c5+ ♖xc5 4.dxc5 ♗d5 *(4...♔xa7 5.f5 ♗d5 6.c6!+–)* 5.f5+– Δ c6; 1...♔e8 2.a7 ♗d5 3.a8♖+ ♗xa8 4.g8♕+ ♖f8 5.♕g7 ♖f7 6.♕e5+ ♔d8 *(6...♔f8 7.♕h8#)* 7.♕h8+ ♖f8 8.♕xf8#]

2.♘c5! ♖xc5 [2...♗d5 3.a7 ♖a5 4.♘b7+! ♔e8 5.♘xa5 ♔f7 6.♘c4! ♔xg7 7.♘b6+–; 2...♗g8 3.a7 ♖a5 4.♘b7+ ♔c8 5.♘xa5 ♗d5 6.a8♕+ ♗xa8 7.g8♖#; Uma variante longa com três peões passados ocorre após 2...♔e8 3.♘xe6 ♔f7 4.♘c5 ♖a5 5.f5 ♔xg7 6.♔f4 ♔f7 7.♘xd7 ♖xa6 8.♔e5 ♖a1 9.♘c5 ♖e1+ 10.♔d5 ♔f6 11.d7 ♔e7 12.f6+ ♔d8 13.♔d6! e mate no próximo lance.]

3.dxc5 ♔c8 4.a7 ♔b7 5.c6+! dxc6 6.d7!

1–0

ANOTAÇÕES

Impressão e acabamento
Gráfica da Editora Ciência Moderna Ltda.
Tel: (21) 2201-6662